权威·前沿·原创

皮书系列为

“十二五”“十三五”“十四五”时期国家重点出版物出版专项规划项目

智库成果出版与传播平台

中国公共数据开放发展报告（2022）

ANNUAL REPORT ON OPEN PUBLIC DATA IN CHINA (2022)

主　编／郑　磊　刘新萍

副主编／张忻璐　吕文增

社会科学文献出版社
SOCIAL SCIENCES ACADEMIC PRESS (CHINA)

图书在版编目（CIP）数据

中国公共数据开放发展报告．2022 / 郑磊，刘新萍主编．--北京：社会科学文献出版社，2022.9

（公共数据开放蓝皮书）

ISBN 978-7-5228-0468-2

Ⅰ．①中… Ⅱ．①郑… ②刘… Ⅲ．①信息资源-数据管理-研究报告-中国-2022 Ⅳ．①G250.73

中国版本图书馆 CIP 数据核字（2022）第 128942 号

公共数据开放蓝皮书

中国公共数据开放发展报告（2022）

主　　编 / 郑　磊　刘新萍

副 主 编 / 张忻璐　吕文增

出 版 人 / 王利民

责任编辑 / 吴　敏

责任印制 / 王京美

出　　版 / 社会科学文献出版社 · 皮书出版分社（010）59367127
地址：北京市北三环中路甲 29 号院华龙大厦　邮编：100029
网址：www.ssap.com.cn

发　　行 / 社会科学文献出版社（010）59367028

印　　装 / 天津千鹤文化传播有限公司

规　　格 / 开　本：787mm×1092mm　1/16
印　张：22.75　字　数：342 千字

版　　次 / 2022 年 9 月第 1 版　2022 年 9 月第 1 次印刷

书　　号 / ISBN 978-7-5228-0468-2

定　　价 / 128.00 元

读者服务电话：4008918866

本书为国家社科基金重大项目“面向数字化发展的公共数据开放利用体系与能力建设研究”（批准号：21&ZD337）的阶段性成果之一。

《中国公共数据开放发展报告（2022）》
编　委　会

发布机构

复旦大学数字与移动治理实验室

国家信息中心数字中国研究院

合作单位

优刻得科技股份有限公司

浪潮集团有限公司

精励联讯（北京）信息技术有限公司

北京数牍科技有限公司

数据与技术支持

冥睿（上海）信息科技有限公司

中山大学数字治理研究中心

晴禾（南京）文化有限公司

汇纳科技股份有限公司

主要编撰者简介

郑　磊　复旦大学国际关系与公共事务学院教授、博士生导师，数字与移动治理实验室主任。获纽约州立大学洛克菲勒公共事务与政策学院公共管理与政策博士学位，研究方向为数字治理、政府数据开放、治理数字化转型等。担任联合国全球电子政府评估专家组成员、上海市公共数据开放专家委员会委员、浙江省政府数字化转型专家组成员和广东省“数字政府”改革建设专家委员会委员等社会职务。2017年以来带领实验室连续制作和发布《中国地方政府数据开放报告》和“中国开放数林指数”，至今已公开发布报告10余个。在《中国行政管理》、《公共行政评论》、*Government Information Quarterly* 等国内外知名期刊上发表研究论文近百篇，出版《开放的数林：政府数据开放的中国故事》《善数者成：大数据改变中国》等著作4部。正在主持或已完成国家社会科学基金重大项目、国家自然科学基金面上项目、国家社会科学基金后期资助等多项国家级、省部级课题，并承担过数字政府领域的各地各级政府决策咨询课题60余项。

刘新萍　上海理工大学管理学院副教授、硕士生导师。复旦大学管理学博士，瑞典隆德大学政治学硕士，研究方向为数字治理、数据开放、跨部门数据共享与协同。担任复旦大学数字与移动治理实验室执行副主任、上海市人工智能与社会发展研究会监事等。在《中国行政管理》、《电子政务》、*Government Information Quarterly* 等期刊上发表研究论文20余篇，出版专著《政府部门间合作的行动逻辑：机制、动机与策略》。主持国家社会科学基金青年项目、上海社科规划课题一般项目等多项国家和省部级课题，承担国家社会科学基金重大项目子课题负责人一项，作为前三参与人参与国家自然科学基金、国家社会科学基金项目三项。

张忻璐　复旦大学国际关系与公共事务学院管理学硕士，数字与移动治理实验室项目副主任。研究方向为政府数据开放。参与“中国开放数林指数”暨《中国地方政府数据开放报告》的研究、评估与发布。

吕文增　复旦大学国际关系与公共事务学院管理学硕士，复旦大学数字与移动治理实验室研究员研究方向为政府数据开放、数字治理。在《电子政务》《图书情报工作》等期刊上发表论文6篇。

前　言

自2012年上海市和北京市最早上线政府数据开放平台以来，我国地方政府数据开放平台数量逐年增长，截至2021年10月，我国已上线了193个地方政府数据开放平台，其中省级平台20个、地级（含副省级）平台173个，日渐成为我国数字政府建设和公共数据开发利用的“标配”。

近年来，国家已出台多个文件要求推进公共数据开放。2015年国务院印发的《促进大数据发展行动纲要》提出要稳步推动公共数据资源开放。2017年2月，中央全面深化改革领导小组审议通过了《关于推进公共信息资源开放的若干意见》，要求着力推进重点领域公共信息资源开放，释放经济价值和社会效应。2018年1月，中央网信办、国家发改委、工信部联合印发《公共信息资源开放试点工作方案》，确定在北京、上海、浙江、福建、贵州五地开展公共信息资源开放试点。2020年4月9日，《中共中央 国务院关于构建更加完善的要素市场化配置体制机制的意见》首次将“数据”与土地、劳动力、资本、技术等传统要素并列，提出要推进政府数据开放共享，研究建立促进企业登记、交通运输、气象等公共数据开放和数据资源有效流动的制度规范。2021年3月，《中华人民共和国国民经济和社会发展第十四个五年规划和2035年远景目标纲要》提出要扩大基础公共信息数据安全有序开放，探索将公共数据服务纳入公共服务体系，构建统一的国家公共数据开放平台和开发利用端口，优先推动企业登记监管、卫生、交通、气象等高价值数据集向社会开放。公共数据开放已经成为推动我国数字化发展，建设数字政府、数字经济和数字社会的重要内容。

为此，《中国公共数据开放发展报告（2022）》基于数据开放的基本理念和原则，立足我国公共数据开放的政策要求与地方实践，借鉴国际数据开放评估指标体系的经验，构建起一个系统、全面、可操作的地方公共数据开放评估指标体系，包括准备度、平台层、数据层和利用层四个维度及下设多个指标，从而对我国公共数据开放的能力、现状与效果进行综合评价。

本皮书共分为五篇十七个报告，围绕我国公共数据开放进行现状评估、实践分享与前沿探讨，在现状评估方面，既主推了两个层面的总报告《中国公共数据开放省域报告（2022）》和《中国公共数据开放城市报告（2022）》，也分别展示了准备度、平台层、数据层和利用层四个维度的分报告。同时，还聚焦长三角、粤港澳大湾区等区域及交通运输等行业，纳入了《长三角地区政府数据开放一体化报告》《粤港澳大湾区政府数据开放报告》《中国交通运输业公共数据开放报告》等三份地域性和行业性报告。在经验总结方面，邀请到地方官员和专家分享了浙江省、山东省、青岛市、温州市等地的实践经验，以促进各地之间的经验交流。不仅如此，考虑到公共数据开放作为前沿性话题，专设热点篇，对与公共数据开放相关的数据合规、隐私保护、数据安全、数据流通等热点问题开展了深入探讨。

《中国公共数据开放发展报告（2022）》是一部探索性、持续性的研究报告，在撰写过程中得到了政府、企业和学术界等各方面的长期关注与鼎力支持，也离不开团队成员们多年来的开拓与坚守，但仍难免留有缺憾和不足。未来，我们将一如既往地汲取各界的意见建议，立足我国国情和现实土壤，发布更多综合性、专题性报告，努力成为中国公共数据开放领域的“测量仪”和“啄木鸟”。

郑　磊　刘新萍

2022 年 3 月

摘　要

公共数据开放已成为推动我国数字化发展，建设数字政府、数字经济和数字社会的重要内容。2017 年以来，复旦大学数字与移动治理实验室团队连续发布我国首个专注于政府数据开放水平的专业指数“中国开放数林指数”及中国地方政府数据开放系列报告。开放数据，蔚然成林，“开放数林”意喻我国政府数据开放利用的生态体系。自首次发布以来，“中国开放数林指数”定期对我国地方政府数据开放水平进行综合评价，精心测量各地“开放数木”的繁茂程度和果实价值，为国家互联网信息办公室信息化发展局监测我国政府数据开放情况提供数据支持，助推我国政府数据开放生态体系的建设与发展。

自 2022 年开始，“中国开放数林指数”及其相关研究报告和论文将以“公共数据开放蓝皮书”的形式公开出版，围绕我国公共数据开放开展现状评估、经验总结与前沿探讨，基于数据开放的基本理念和原则，立足我国政府数据开放的政策要求与地方实践，借鉴国际数据开放评估指标体系的经验，构建起一个系统、全面、可操作的地方政府数据开放评估指标体系，包括准备度、平台层、数据层、利用层四个维度及下属多级指标的评估指标体系。基于这一指标体系，聚焦公共数据开放这一热点问题，形成了省域报告、城市报告、分维度报告、区域报告和行业报告等一系列成果，以反映我国政府数据开放的总体能力和水平。

总报告发现，地方政府数据开放平台数量逐年增长，整体上呈现出从东南部地区向中西部地区不断延伸扩散的趋势，政府数据开放平台日渐成为地方数字政府建设和公共数据开发利用的标配，但发展参差不齐。为此，报告从制度供给与组织保障、平台优化与持续运营、数量提升与质量保证、数据利用与生态培育等方面提出了一系列对策建议。此外，分报告进一步分析了地方政府在各个指标维度上的具体表现，并展示了标杆案例供参考借鉴。

区域与行业篇发现，区域内各地的总体发展水平悬殊，还缺乏推进区域政府数据开放协同合作的法规政策，尚未实现数据开放平台的区域互联和协同，数据标准的一致性有待提高，跨区域的数据融合利用案例也还很少。报告建议区域内应制定和完善政策法规与文件，加强区域内经验交流，探索前沿，突破难点，拓展整个区域内数据开放的广度和深度。交通运输行业报告则显示，各地法规政策制定仍相对滞后，在开放数据集总量与容量上都存在显著的地区间差距，表现为数据碎片化、低容量、更新不及时、标准不一致等问题。交通运输领域的开放数据利用促进活动类型也还较为单一，有效成果数量较少。为此，报告从制定法规政策、扩大数据开放范围、鼓励和引导数据利用等方面提出了建议。案例分享篇分享了浙江省、山东省、青岛市、温州市的实践经验，以供各地参考借鉴。热点篇对公共数据开放相关话题进行了探讨，以供理论与实践界进行研究与探索。

关键词： 政府数据开放　数据利用　数据安全　数据授权运营

目 录

Ⅰ 总报告

B.1 中国公共数据开放省域报告（2022）
…………………………… 郑 磊 刘新萍 张忻璐 吕文增 / 001
B.2 中国公共数据开放城市报告（2022）
…………………………… 刘新萍 郑 磊 吕文增 张忻璐 / 035

Ⅱ 分报告

B.3 公共数据开放准备度报告 …………………… 华 蕊 刘新萍 / 061
B.4 公共数据开放平台层报告…………………………… 张 宏 / 076
B.5 公共数据开放数据层报告…………………………… 吕文增 / 102
B.6 公共数据开放利用层报告…………………………… 侯铖铖 / 128

Ⅲ 区域与行业篇

B.7 长三角地区政府数据开放一体化报告………… 刘新萍 吕文增 / 150
B.8 粤港澳大湾区政府数据开放报告……………… 郑 磊 张忻璐 / 172

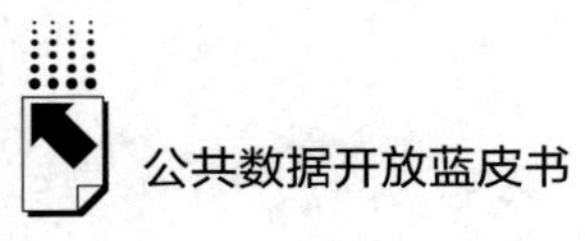

B.9 中国交通运输业公共数据开放报告
…………………………………… 吕文增　张忻璐　郑　磊 / 203

Ⅳ　案例分享篇

B.10 浙江省数据开放应用创新的实践与思考
…………………………………… 金加和　杨　宇　王沁怡 / 244

B.11 山东省公共数据开放的实践与启示
…………………………… 赵一新　郑　慧　郑　辉　杨　峰 / 253

B.12 青岛市深化公共数据开放利用的经验与启示
………………………………………… 青岛市大数据局 / 259

B.13 温州市公共数据开放创新应用案例
…………………………………… 叶茜茜　陈喜嘉　叶其蕾 / 265

Ⅴ　热点篇

B.14 公共数据开放视角下的数据合规与隐私科技发展趋势
………………………………………… 惠志斌　周雪静 / 277

B.15 中国省级政府数据开放利用政策现状与优化建议
………………………………………… 房海旭　付熙雯 / 296

B.16 公共数据安全与数据流通的实践思考 ……… 刘　杰　汤　羿 / 311

B.17 基于公共数据开放的安全隐私防护技术浅析
………………………………………… 王晓斌　李志华 / 321

Abstract ……………………………………………………………… / 328

Contents ……………………………………………………………… / 330

皮书数据库阅读**使用指南**

总 报 告

General Reports

B.1 中国公共数据开放省域报告（2022）

郑 磊 刘新萍 张忻璐 吕文增*

摘 要： 本报告首先介绍说明了中国公共数据开放省域指数的评价指标体系、数据采集与分析方法、指数计算方法，然后对全国除港澳台和直辖市以外的27个省域开展评价。截至2021年10月，我国已有193个省级和城市的地方政府上线了数据开放平台，其中省级平台20个（含省和自治区，不包括直辖市和港澳台）。省级平台数量逐年增长，整体上呈现出从东南部地区向中西部地区不断延伸扩散的趋势。总体上，浙江、山东等省域综合表现最领先。在四个单项维度上，浙江省在准备度、平台层和数据层都位列第一，山东省在利用层位列第一。报告还通过四年累计分值，

* 郑磊，复旦大学国际关系与公共事务学院教授，博士生导师，数字与移动治理实验室主任，研究方向为数字治理、政府数据开放、治理数字化转型等；刘新萍，博士，上海理工大学管理学院副教授，硕士生导师，兼任复旦大学数字与移动治理实验室执行副主任，研究方向为数字治理、数据开放、跨部门数据共享与协同；张忻璐，复旦大学数字与移动治理实验室项目副主任，管理学硕士，研究方向为政府数据开放；吕文增，复旦大学数字与移动治理实验室研究员，管理学硕士，研究方向为政府数据开放、数字治理。

反映一个地方在过去四年（2018～2021年）的开放数据水平。报告进一步展示了准备度、平台层、数据层和利用层四个维度的省域标杆，并从制度供给与组织保障、平台优化与持续运营、数量提升与质量保证、数据利用与生态培育等方面提出了对策建议。

关键词： 公共数据开放　省域　开放数林指数

“中国开放数林指数”是我国首个专注于评估政府数据开放水平的专业指数。开放数据，蔚然成林，“开放数林”意喻我国政府数据开放利用的生态体系，一棵棵开放“数木”由最初的丛然并生、成荫如盖，直至枝繁叶茂、花开结果，终将成长为一片繁盛多样、枝杈相连、持续循环的中国“开放数林”。

“中国开放数林指数”自2017年5月首次发布以来，定期对我国地方政府数据开放水平进行综合评价，精心测量各地“开放数木”的繁茂程度和果实价值，助推我国政府数据开放生态体系的建设与发展。2018年以来，“中国开放数林指数”为国家互联网信息办公室信息化发展局监测我国公共信息资源开放情况提供数据支持。

开放数林“省域”指数将省作为一个“区域”，而不仅仅是一个“层级”来进行评测，并形成了《中国公共数据开放省域报告》（以下简称“报告”）。

一　省域指标体系与评估方法

（一）评估指标体系

开放数林指数邀请国内外政界、学术界、产业界70余位专家共同参与，组成“中国开放数林指数”评估专家委员会，以体现跨界、多学科、第三方的专业视角。专家委员会基于数据开放的基本理念和原则，立足我国政府数据开放的政策要求与地方实践，借鉴国际数据开放评估指标体系的经验，构建起一个系统、全面、可操作的地方政府数据开放评估指标体系，并为每项指标分配权重，如图 1 所示。

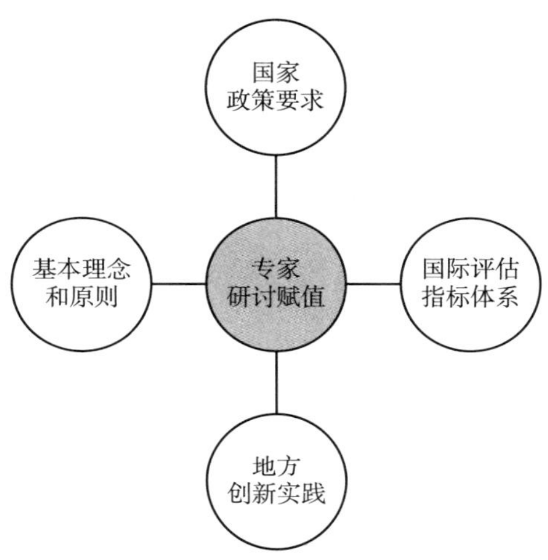

图 1　评估指标体系的构建方法

评估指标体系共包括准备度、平台层、数据层、利用层四个维度及下属多级指标，如图 2 所示。

准备度是“数根”，是数据开放的基础，包括法规政策效力与内容、标准规范、组织与领导等三个一级指标。

平台层是“数干”，是数据开放的枢纽，包括平台关系、发现预览、数据获取、成果提交展示、互动反馈、用户体验等六个一级指标。

数据层是“数叶”，是数据开放的核心，包括数据数量、数据质量、数据规范、开放范围等四个一级指标。

利用层是“数果”，是数据开放的成效，包括利用促进、利用多样性、成果数量、成果质量等四个一级指标。

图 2　2021 年中国开放数林

	层	权重	一级指标	权重	二级指标
“数果”	22% 利用层	22%	6.0% 利用促进	3.0%	比赛举办
				3.0%	引导赋能活动
			4.0% 利用多样性	1.0%	利用者多样性
				2.0%	成果形式多样性
				1.0%	成果主题多样性
			5.0% 成果数量	3.0%	有效成果数量
				2.0%	成果有效率
			7.0% 成果质量	1.0%	优质成果
				5.0%	服务应用质量
				1.0%	创新方案质量
“数叶”	38% 数据层	38%	8.0% 数据数量	2.0%	有效数据集总数
				6.0%	单个数据集平均容量
			17.0% 数据质量	4.0%	优质数据集
				9.0%	无质量问题
				4.0%	数据持续性
			7.0% 数据规范	1.5%	开放协议
				3.5%	开放格式
				2.0%	描述说明
			6.0% 开放范围	1.0%	主题覆盖
				1.0%	部门覆盖
				2.0%	常见数据集覆盖
				2.0%	关键数据集覆盖
“数干”	20% 平台层	20%	2.0% 平台关系	1.5%	省域整体性
				0.5%	区域协同性
			3.0% 发现预览	1.0%	开放数据目录
				1.0%	搜索功能
				1.0%	数据集预览功能
			6.0% 数据获取	1.0%	无条件开放数据获取
				3.0%	有条件开放数据申请
				2.0%	未开放数据请求
			2.0% 成果提交展示	1.0%	利用成果提交功能
				1.0%	利用成果展示
			5.0% 互动反馈	0.5%	数据发布者联系方式
				0.5%	用户评价
				1.5%	意见建议
				1.5%	数据纠错
				1.0%	权益申诉
			2.0% 用户体验	1.0%	账号互通性
				0.5%	收藏功能
				0.5%	推送功能
“数根”	20% 准备度	20%	7.0% 法规政策效力与内容	2.5%	数据开放要求
				1.5%	数据利用要求
				1.5%	全生命周期管理
				1.5%	保障机制
			7.0% 标准规范	1.0%	标准规范等级
				4.0%	数据标准规范
				2.0%	平台标准规范
			6.0% 组织与领导	2.0%	统筹管理机制
				2.0%	领导重视
				2.0%	年度工作计划与方案

平估指标体系（省域）

（二）评估对象

2021 年起，中国开放数林指数将原来的评估对象“省级”调整为“省域”（含省和自治区）。此前报告中的评估对象“省级”更多地将省作为一个“层级”来进行评测，“省级”主要是指“省本级”，包括省直属部门和机构。然而，省和自治区不仅是一个层级，更是一个“区域”，省和自治区政府在数据开放工作上的职责范围不仅仅限于省本级，还包括对省内下辖地市的赋能、规范和协调作用。因此，开放数林指数将“省域”（含省和自治区）作为一个整体来进行评估，并注重省、市两级在数据开放上的协同性和互通性。

根据公开报道，以及使用“数据+开放”“数据+公开”“公共+数据”“政务+数据”“政府+数据”“地名+数据”“地名+政府数据”“地名+开放数据”等关键词进行搜索，发现了截至 2021 年 10 月我国已上线的地方政府数据开放平台，并从中筛选出符合以下条件的平台。

（1）原则上平台域名中需出现 gov. cn，作为确定其为政府官方数据开放平台的依据。

（2）平台由行政级别为地级以上的地方政府建设和运营（不含港澳台）。

（3）开放形式为开设专门、统一的地方数据开放平台，或是在政府官网上开设专门栏目进行集中开放，由条线部门建设的开放数据平台不在评估范围内。

本次评估中共发现符合以上条件的省级平台 20 个（见本报告附表 1）和城市平台 169 个（不含直辖市，见本报告附表 2），为此将上线了这些平台的 27 个省域（不含港澳台和直辖市）作为评估对象。

（三）数据采集与分析方法

准备度评估主要对相关法律法规、政策、年度计划与工作方案、标准规范、新闻报道等资料进行了描述性统计分析和文本分析。搜索方法主要包括以下两种：一是在搜索引擎以关键词检索相关法规与政策文本、标准规范、年度工作计划、地方党政领导讲话的新闻报道以及数据开放主管部门的信息；二是在地方政府门户网站以及政府数据开放平台上通过人工观察和关键词检索采集数据。数据采集截止时间为 2021 年 11 月。

平台层评估主要采用人工观察法对各地政府数据开放平台上各项功能进行观测并做描述性统计分析，数据采集截止时间为 2021 年 11 月。同时，还对平台的回复时效和回复质量进行了评估，回复情况采集截止时间为 2021 年 11 月。

数据层评估主要通过机器自动抓取和处理各地政府数据开放平台上开放的数据，结合人工观察采集相关信息，然后对数据进行了描述性统计分析、交叉分析、文本分析和空间分析。数据采集截止时间为 2021 年 11 月，对“动态更新”这一指标的评测时段为 2021 年 1~11 月。

利用层评估主要对各地政府数据开放平台上展示的利用成果进行了人工观察和测试，对 2019 年以来各地开展的开放数据创新利用比赛信息进行了网络检索，并对采集到的数据进行了描述性统计分析。数据采集截止时间为 2021 年 11 月。

此外，为确保采集信息准确，避免遗漏，部分指标采取报告制作方自主采集和向各地征集相结合的方式。各地征集结果经过报告制作方验证后纳入数据范围。

同时，本次评估发现，个别已上线的地方平台出现因下线而数据供给中断的情况，或虽然平台仍在线，但实际上无法通过平台获取数据的问题。

（四）指标计算方法

指数制作方基于各地在各项评估指标上的实际表现从低到高按照 0~5 分共 6 档分值进行评分，其中 5 分为最高分，相应数据缺失或完全不符合标准则分值为 0。对于连续型统计数值类数据则使用极差归一法将各地统计数据结果换算为 0~5 分之间的数值作为该项得分。

各地平台在准备度、平台层、数据层、利用层四个维度上的指数总分等于每个单项指标的分值乘以相应权重所得到的加权总和。最终，各地开放数林指数等于准备度指数、平台层指数、数据层指数、利用层指数乘以相应权重的加权平均分。省域开放数林指数计算公式如下：

$$\text{省域开放数林指数} = \sum(\text{准备度指标分值} \times \text{权重}) \times 20\% + \sum(\text{平台层指标分值} \times \text{权重}) \times 20\% + \sum(\text{数据层指标分值} \times \text{权重}) \times 38\% + \sum(\text{利用层指标分值} \times \text{权重}) \times 22\%$$

二 省域公共数据开放概貌

截至2021年10月，我国已有193个省级和城市的地方政府上线了数据开放平台，其中省级平台20个（含省和自治区，不包括直辖市和港澳台），城市平台173个（含直辖市、副省级与地级行政区），与2020年相比，新增51个地方平台，其中包含3个省级平台和48个城市平台，平台总数增长超三成。

如图3所示，全国地级及以上政府数据开放平台数量增长显著，从2017年的20个增加到2021年10月的193个。

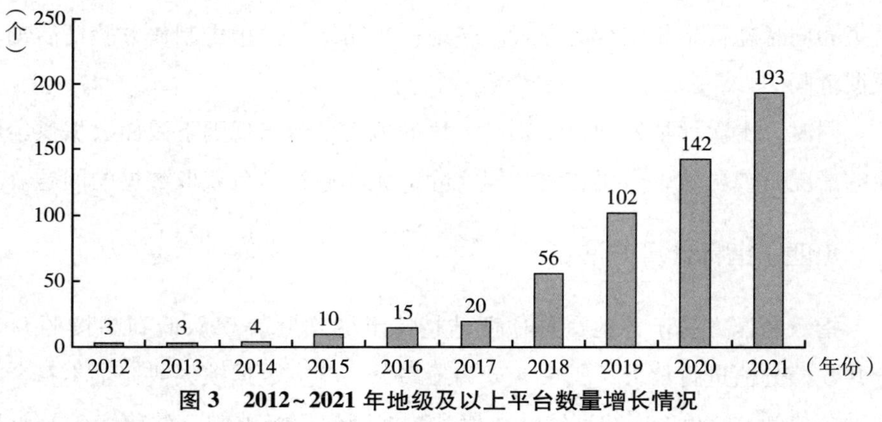

图3 2012~2021年地级及以上平台数量增长情况

注：2021年为截至10月数据。

目前，我国74.07%的省级（不含直辖市）政府已上线了政府数据开放平台。如图4所示，自2015年浙江省上线了我国第一个省级（不含直辖市）平台以来，省级平台数量逐年增长，截至2021年10月已达到20个。

近五年来，全国各地的政府数据开放平台已蔚然成林。全国各地上线的

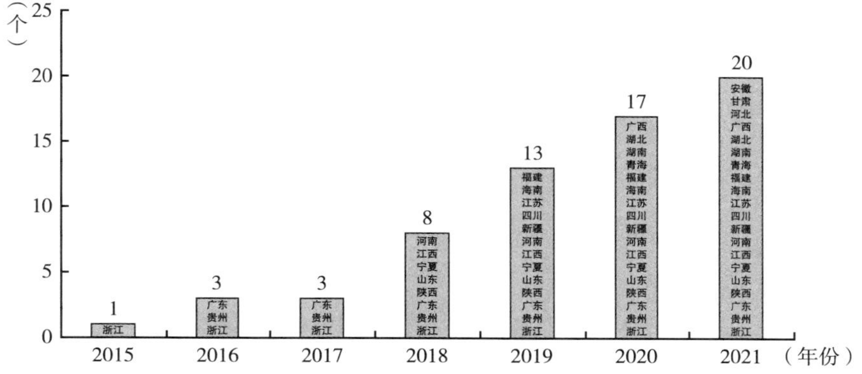

图 4　2015~2021 年省级（不含直辖市）平台上线情况

省级（不含直辖市）政府数据开放平台整体上呈现出从东南部地区向中西部地区不断延伸扩散的趋势。

省域数据开放平台包括省（自治区）本级和省（自治区）内下辖地市的平台。截至 2021 年 10 月，浙江省、广东省、山东省、四川省与广西壮族自治区等的省（自治区）本级和下辖所有地市都已上线了数据开放平台。同时，黑龙江省、山西省和内蒙古自治区等的部分下辖地市上线了数据开放平台，但省（自治区）本级平台尚未上线；而甘肃省、福建省、河北省、河南省和陕西省等虽已上线了省本级平台，但省内绝大多数地市却尚未上线平台。从整体上看，东南沿海省域的政府数据平台已经基本相连成片。然而，仍有吉林、辽宁和云南 3 个省的省本级和下辖地市均未上线任何数据开放平台。

数据容量是指将一个地方平台中可下载的、结构化的、各个时间批次发布的数据集的字段数（列数）乘以条数（行数）后得出的数量，体现的是平台上开放的可下载数据集的数据量和颗粒度。图 5 列出了省域数据容量排前十的省区，并反映了省域有效数据集总数、省域数据容量和单个数据集平均容量之间的关系。数据容量更能体现一个省域的数据开放总量，单个数据集平均容量也更能反映一个省域开放数据集的平均水平。例如，浙江省的省域有效数据集总数排名并不靠前，但省域数据容量排名在全国领先，单个数据集平均容量全国最高。

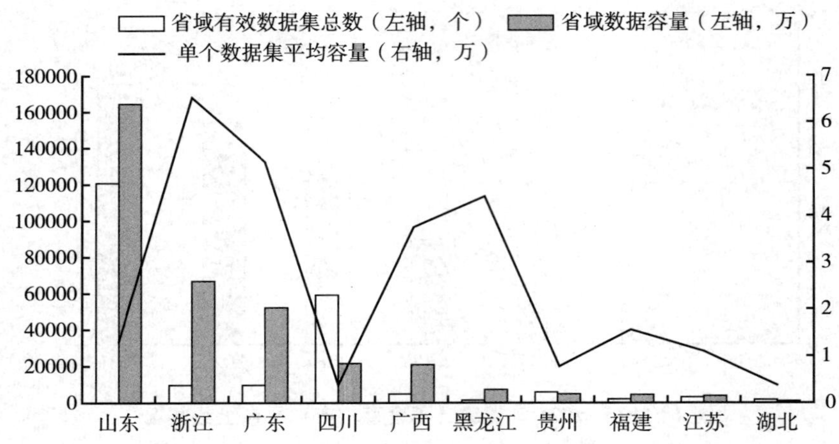

图5　省域数据容量（前十名）、省域有效数据集总数与单个数据集平均容量比较

三　省域开放数林指数

（一）省域开放数林指数

截至2021年10月，全国省域开放数林的指数分值、排名和等级如表1所示。浙江的综合表现最优，进入第一等级“五棵树”；山东也总体表现优秀，进入第二等级“四棵树”；其后是贵州、广东、四川、广西、福建等省域。在四个单项维度上，浙江在准备度、平台层和数据层上都排名第一，山东在利用层排名第一。

表1　中国开放数林指数省域综合排名

区域	准备度		平台层		数据层		利用层		综合指数	总排名	开放数级
	指数	排名	指数	排名	指数	排名	指数	排名			
浙江	15.26	1	13.88	1	30.45	1	17.10	2	76.69	1	🌲🌲🌲🌲🌲
山东	11.18	3	13.38	2	24.24	3	17.30	1	66.10	2	🌲🌲🌲🌲
贵州	12.07	2	11.95	3	11.71	10	15.40	3	51.13	3	🌲🌲🌲

续表

区域	准备度		平台层		数据层		利用层		综合指数	总排名	开放数级
	指数	排名	指数	排名	指数	排名	指数	排名			
广东	7.54	5	10.84	4	25.78	2	5.10	9	49.26	4	✳✳✳
四川	6.10	8	9.96	5	17.19	6	11.00	4	44.25	5	✳✳✳
广西	9.87	4	8.69	6	21.23	4	3.60	12	43.39	6	✳✳✳
福建	7.46	6	7.87	7	17.47	5	6.10	8	38.90	7	✳✳✳
江西	7.30	7	4.50	11	13.56	7	6.20	6	31.56	8	✳✳✳
宁夏	2.10	15	7.65	8	13.49	8	0.50	16	23.74	9	✳✳
海南	4.63	10	4.62	10	3.61	11	6.20	6	19.06	10	✳✳
河南	1.50	16	3.84	12	12.49	9	0.50	16	18.33	11	✳✳
安徽	3.43	12	5.10	9	1.99	16	2.00	13	12.51	12	✳✳
江苏	1.40	18	1.92	17	1.32	17	6.80	5	11.44	13	✳✳
河北	0.70	26	2.25	16	3.53	12	4.00	10	10.48	14	✳✳
甘肃	0.70	26	3.43	13	3.35	13	2.00	13	9.48	15	✳
湖北	5.04	9	1.68	18	0.19	19	0.00	18	6.91	16	✳
陕西	1.50	16	2.80	15	2.36	14	0.00	18	6.66	17	✳
湖南	0.80	23	3.23	14	0.14	20	1.50	15	5.67	18	✳
山西	4.44	11	1.09	19	0.00	21	0.00	18	5.53	19	✳
青海	0.80	23	0.00	24	0.00	21	4.00	10	4.80	20	
黑龙江	1.20	20	0.65	21	2.10	15	0.00	18	3.95	21	
吉林	3.14	13	0.00	24	0.00	21	0.00	18	3.14	22	
内蒙古	2.50	14	0.58	23	0.00	21	0.00	18	3.08	23	
新疆	0.80	23	0.64	22	0.69	18	0.00	18	2.13	24	
西藏	1.20	20	0.71	20	0.00	21	0.00	18	1.91	25	
辽宁	1.40	18	0.00	24	0.00	21	0.00	18	1.40	26	
云南	1.20	20	0.00	24	0.00	21	0.00	18	1.20	27	

省域开放数林指数空间分布方面，指数分值较高的地方主要集中在东南部沿海地区，与此同时，位于西部的贵州、四川也表现优秀，成为所在地区的优质“数木”。

（二）“数林匹克”指数

数据开放是一场马拉松，而不是速滑赛，不在于一个地方是否跑得早、跑得急，而在于这个地方能否跑得长、跑得稳，能持续、稳定地向社会提供优质数据，并坚持不懈地推动开放数据的开发利用。报告继续通过“数林匹克”四年累计分值，反映一个地方在过去四年（2018~2021 年）的开放数据水平。

省域的“数林匹克”指数由 2018~2021 年这四年该省域的年终（即下半年）开放数林综合指数的分值累计而成。表 2 是 2018~2021 年省域“数林匹克”累计分值排前十名的省域，浙江分值最高，其次是山东、贵州和广东，分值都在 200 分以上。

表 2　2018~2021 年省域“数林匹克”累计分值（前十名）

省域	2018~2021 年累计分值	排名
浙江	255.99	1
山东	230.51	2
贵州	214.97	3
广东	201.04	4
福建	127.19	5
河南	124.66	6
江西	117.94	7
四川	116.82	8
宁夏	82.29	9
广西	75.83	10

四　省域公共数据开放标杆

（一）数根：准备度

1. 开放数据需求征询与回应

《贵州省政府数据共享开放条例》规定了政府数据提供部门对数据开放

申请应及时回应，对不完整或者有错误的政府数据应当及时补充、校核和更正；同时，政府部门应收集公众对政府数据开放的意见建议并改进工作，具体如表 3 所示。

表 3　《贵州省政府数据共享开放条例》对开放数据需求征询与回应的规定

地方	贵州省
法规名称	《贵州省政府数据共享开放条例》
内容	第二十五条　政府数据提供部门收到数据开放申请时,能够立即答复的,应当立即答复。数据提供部门不能立即答复的,应当自收到申请之日起 15 个工作日内予以答复。如需要延长答复期限的,应当经数据提供部门负责人同意并告知申请人,延长的期限最长不得超过 15 个工作日。数据提供部门同意政府数据开放申请的,通过政府数据开放平台及时向申请人开放,并明确数据的用途和使用范围;不同意开放的,应当说明理由。 第二十六条　申请人申请开放政府数据的数量、频次明显超过合理范围的,数据提供部门可以要求申请人说明理由。数据提供部门认为理由不合理的,告知申请人不予处理;数据提供部门认为理由合理的,应当及时向申请人开放。 第二十七条　县级以上人民政府及其大数据主管部门应当定期通过政府数据开放平台或者其他渠道加强政府数据开放的宣传和推广,收集公众对政府数据开放的意见建议,改进政府数据开放工作。 第三十七条　建立政府数据使用反馈机制。使用政府数据的单位或者个人对获取的政府数据发现不完整或者有错误的,可以向数据提供部门反馈,数据提供部门应当及时补充、校核和更正

资料来源：贵州省大数据发展管理局，https：//dsj. guizhou. gov. cn/xwzx/snyw/202009/t20200928_63601143. html。

2. 年度工作计划与方案

山东省为进一步推进省直部门（单位）公共数据资源向社会开放，促进公共数据开发应用，制定了山东省直部门（单位）公共数据开放 2021 年度工作计划，规定了数据开放工作的总体目标、重点任务和保障措施等，如图 6 所示。

（二）数干：平台层

1. 省市平台整合

浙江省、山东省、四川省、广西壮族自治区、甘肃省等平台提供了省域

山东省直部门（单位）公共数据开放2021年度工作计划

发布时间：2021-04-14　信息来源：山东省大数据局

为贯彻落实国家有关工作部署和《山东省大数据创新应用突破行动方案》等有关文件要求，进一步推进省直部门（单位）公共数据资源向社会开放，促进公共数据开发应用，制定本年度工作计划。

一、总体目标

进一步健全相关政策规范，优化公共数据开放平台相关功能，对标先进省市开放一批优质数据集，重点打造一批政务数据和社会数据融合示范应用，指导各市深化数据开放，充分释放公共数据资源的经济价值和社会价值，有效赋能经济社会高质量发展。

二、重点任务

（一）完善政策规范体系

1.完善开放法制体系。年底前以山东省人民政府令出台《山东省公共数据开放管理办法》，明确公共数据开放工作的职责分工、工作机制、平台要求、安全保障等内容，为公共数据开放工作提供法律支撑。

2.制定相关规范和技术标准。按照“数字山东”标准体系建设有关要求，明确开放数据的命名规范、技术要求、操作流程、开放协议等内容，形成标准体系，并开展标准化改进。

（二）优化平台功能

根据各级各部门（单位）实际需求，进一步优化相关功能，完善公共数据开放、数据创新应用的统一技术标准，规范开放数据的数据格式、脱敏脱密等要求，明确各主体使用开放平台的具体要求以及违规行为的处理措施，探索与共享交换平台对接，实现数据资源的自动开放，为数据开放提供有力支撑。

（三）有序推进数据开放

1.明确年度公共数据开放重点。6月底前，实现社会关切、需求强烈的健康医疗、金融、交通运输、生态环境等重点领域数据深度开放。9月底前，完善公共数据依申请开放机制，推动公共企事业单位“应接尽接”，将电力、供水、供热等数据纳入开放范围。省直部门（单位）公共数据开放情况详见《山东省公共数据开放目录清单》（见附件），各市参照执行。

2.对标先进扩大数据开放范围。4月底前，对标先进省市已开放优质公共数据目录，全面梳理本部门（单位）公共数据开放清单，明确开放内容、开放形式、更新频率、开放属性、计划开放时间等要素，优先开放数据容量大的数据目录，有序推进其他数据目录开放。

3.提升开放数据质量。全面加强公共数据资源的梳理和整合，对所有数据资源进行规范化处理，杜绝数据碎片化、低容量、空行、不可机读、专属格式等问题出现。对已开放的数据资源，按照承诺的更新频率及时更新，进一步提高开放数据的真实性、规范性、完整性、及时性和可用性，促进公共数据高质量开放。4月、10月，各集中开展一次开放数据质量核查工作。

（四）提升开放数据应用成效

1.整合公共数据开放渠道。4月底前，全面梳理本部门（单位）现有的公共数据开放渠道（政府机构面向社会提供原始性数据或数据产品，供其开发利用的各类渠道或方式），将其一并接入山东公共数据开放平台，以库表或接口形式向社会提供服务。

2.创建大数据创新应用示范体系。坚持示范引领，11月底前，通过评选一系列最佳解决方案和优秀应用场景，建设一批示范标杆单位，推动全省各级政务部门、企事业单位、高校、科研机构以及社会组织，深入开展大数据创新应用。

3.营造开放应用创新氛围。4月底前，完成山东省第二届数据应用创新创业大赛初赛、决赛；6月底前，启动第三届大赛有关工作，鼓励和引导各类社会主体参与公共数据深度开发利用，对优秀参赛团队、典型应用案例等进行宣传激励和孵化服务。鼓励各市引导企事业单位、高校、科研机构以及社会组织，开展数据创新应用，营造开放应用创新氛围。

三、保障措施

1.加强督导评估。建立健全开放数据监测评估机制，以公共数据开放网数据为基础，编发《全省公共数据开放月报》，对全省公共数据开放工作情况定期开展督导评估,加快推进工作进度。

2.加强工作培训。统筹政府、高校、科研机构、企业等多方资源，并结合大数据素养培训，对各部门（单位）数据开放相关工作人员开展不少于两次相关培训，全面提升各部门大数据创新应用能力。

3.强化数据安全。开展数据安全和隐私保护自查，对本部门（单位）公共数据开放安全管理情况开展自查，定期组织数据安全攻防演练。加强保护个人隐私和商业秘密，数据开放前脱敏脱密处理，定期开展敏感字段平台核查，及时处理收到的相关意见反馈。

附件下载

山东省公共数据计划开放目录清单.xlsx (65811)

图 6　山东省直部门（单位）公共数据开放 2021 年度工作计划

资料来源：山东公共数据开放网，http：//data. sd. gov. cn/portal/news/42ac138be56c41178780886afedf5a85/notice。

内所有已上线地市平台的有效链接，如图 7 所示。

2. 历史数据集专栏

浙江省平台设置了历史数据集专栏，对从历史档案等渠道提取整理的专题数据、不再更新维护的业务数据等进行集中归总展示，如图 8 所示。

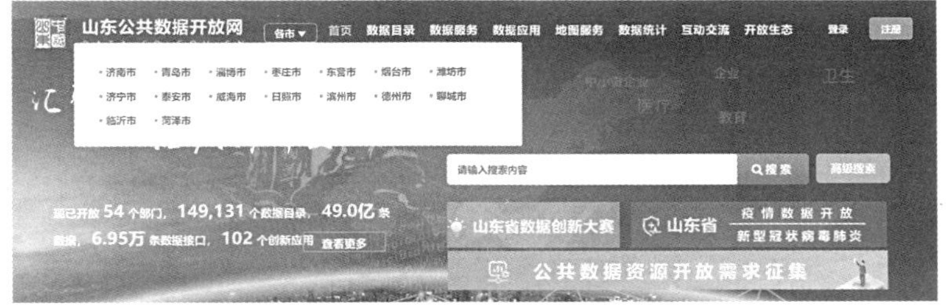

图 7　山东省平台提供的省域内地市平台链接

资料来源：山东公共数据开放网，http：//data. sd. gov. cn/。

图 8　浙江省平台设置的历史数据集专栏

资料来源：浙江省人民政府数据开放平台，http：//data. zjzwfw. gov. cn/jdop_ front/channal/data_ notupdate. do。

3. 数据集历史版本下载功能

浙江省平台提供了数据集历史版本下载功能，用户除可下载数据集的最新版本外，也能下载数据集的历史版本，如图 9 所示。

4. 有条件开放数据申请结果公开

贵州省平台对外公开了用户申请有条件开放数据的结果，如图 10 所示。

首页 » 数据集 » 农作物种子市场观测点备供种信息调查信息

农作物种子市场观测点备供种信息调查信息 ★★★★☆ 收藏 订阅 纠错

摘　要:	用于存储农村能源特有工种资格信息的数据信息		
资源代码:	30701600003034/740		
标　签:	观测点、市场、调查、信息、农作物、备、供、种子、种	更新周期:	不定期
资源格式:	数据库-sqlServer	数源单位:	省农业农村厅
数源单位地址:	浙江省杭州市凤起东路29号	联系方式:	zjsnyxxzx@163.com
数据领域:	工业农业	访问/下载次数:	74132/26684
系统名称:	浙江省数字种业	评分/评价次数:	7/7
行业分类:	暂无	数据预览:	预览 可视化
数据分级:	登录开放	数据接口:	API
开放条件:	暂无	数据范围:	全省
更新日期:	2021-12-01	发布日期:	2019-01-29
数据量:	18072	数据图谱:	数据图谱
数据下载:	XLS CSV XML JSON RDF		
历史数据下载:	XLS CSV XML JSON RDF		

图 9　浙江省平台提供的数据集历史版本下载功能

资料来源：浙江省人民政府数据开放平台，http：//data. zjzwfw. gov. cn/jdop_ front/detail/data. do？ iid＝4208&searchString＝。

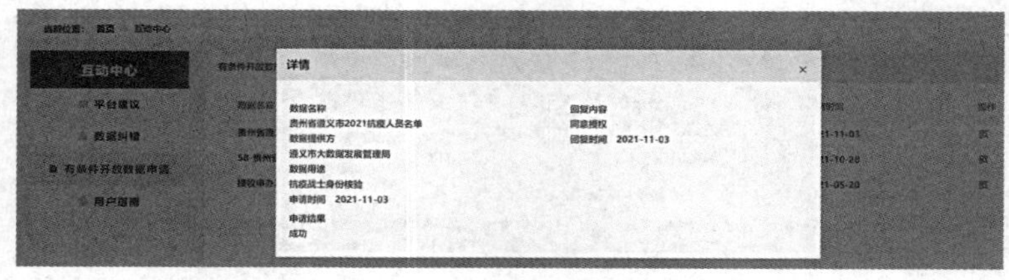

图 10　贵州省平台公开的有条件开放数据申请结果

资料来源：贵州省政府数据开放平台，http：//data. guizhou. gov. cn/information/active-center。

（三）数叶：数据层

1. 数据容量

数据容量更能反映一个地方数据开放的总量，浙江省数据开放平台所开放的无条件数据的容量在全国领先。浙江省平台提供的省本级无条件开放的数据容量将近 3. 2 亿。浙江省本级开放数据的单个数据集平均容量约 30 万；浙江全省域无条件开放的数据容量已接近 6. 7 亿，省域平均单个数据集容量约 6. 5 万，如图 11 所示。

图 11　浙江省数据开放平台

资料来源：浙江省人民政府数据开放栏目，http：//data. zjzwfw. gov. cn/。

2. 高容量数据集

高容量数据集的利用价值更高，应成为数据开放的重点。表 4 是 2021 年下半年省本级地方政府数据开放平台开放的数据容量居前十位的数据集列表，这些数据集普遍具有较高的条数、字段数和下载量，内容主要涉及市场监管、环境监测、交通等方面。

表 4　2021 年下半年省本级开放的前 10 个高容量数据集一览

序号	省域	数据集名称	行	列	数据容量
1	浙江省	食品经营许可证	980163	20	19603260
2	浙江省	空气环境监测——评价结果信息	910207	20	18204140
3	浙江省	“互联网+监管”举报信息数据标准表	866737	19	16468003
4	浙江省	水质自动监测_小时数据_采样信息	698952	20	13979040
5	浙江省	中华人民共和国道路运输证	633594	22	13939068
6	浙江省	双随机抽查对象名企业信息	737045	16	11792720
7	山东省	山东省农民专业合作社登记信息	284671	40	11386840

续表

序号	省域	数据集名称	行	列	数据容量
8	山东省	省内网约车车辆基本信息表	366216	29	10620264
9	浙江省	“互联网+监管”农专社年报基本信息	562421	18	10123578
10	浙江省	空气环境监测——监测结果日均值信息	493975	18	8891550

3. 优质 API 接口

API 接口适用于提供实时动态的高容量数据，以促进高价值数据的开放与利用。优质 API 接口需要满足接口可调用、至少每日更新、数据集容量高等标准。目前，浙江省平台提供了多个优质 API 接口，如表 5 所示。

表 5　省域优质 API 接口情况

序号	省域	优质 API 接口名称
1	浙江省	水质自动监测_小时数据_采样信息
2	浙江省	设区城市环境空气质量自动监测信息（实时）
3	浙江省	全省各设区城市 $PM_{2.5}$ 实时浓度信息

（四）数果：利用层

1. 省市大赛联动

山东省、浙江省、四川省的开放数据创新利用比赛采用了省级主办、地市分赛区参与的模式，通过省级向城市赋能，提高赛事的系统性、规范性与影响力，如图 12 所示。

省级大赛还统筹了各地市结合本地特色推出多个专题赛道，以提升赛事主题的多样性和特色性，如图 13、图 14 所示。

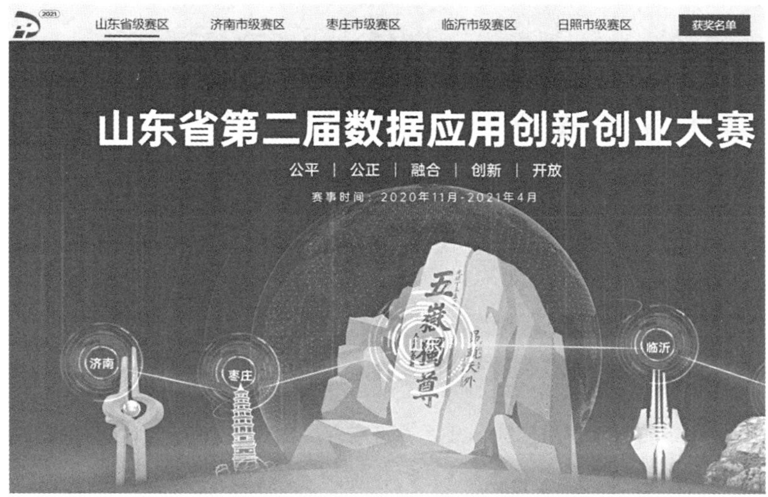

图 12　山东省第二届数据应用创新创业大赛采用了省市分赛区联动模式

资料来源：山东省数据应用创新创业大赛网，http：//data. sd. gov. cn/cmpt/sd/home. html。

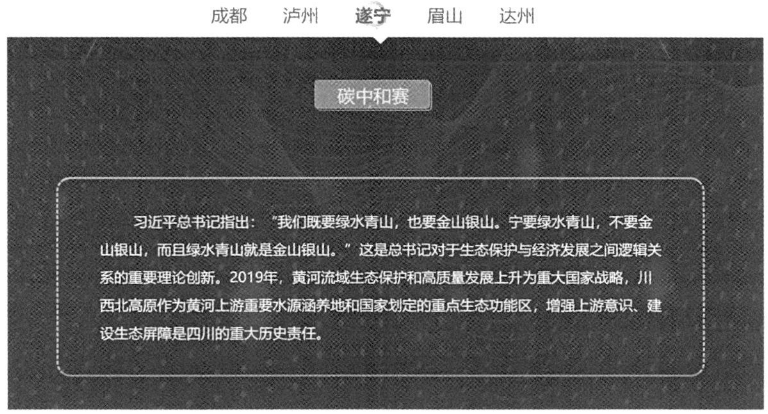

图 13　数字四川创新大赛遂宁赛区推出碳中和主题赛道

资料来源：数字四川创新大赛网，http：//www. scdata. net. cn/kfds/pages/index. html。

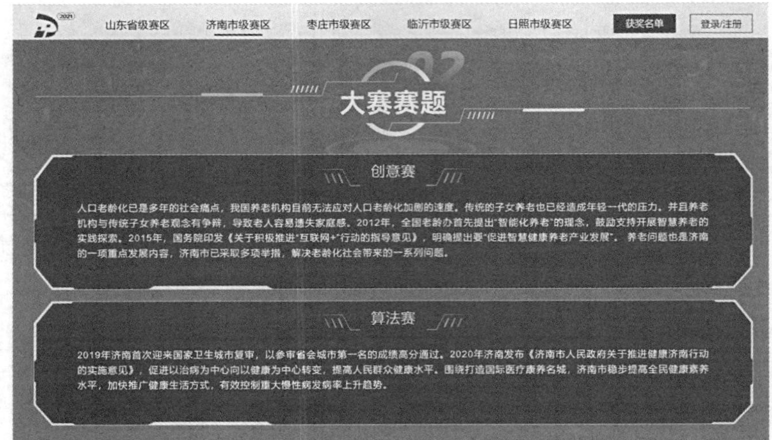

图 14　山东省数据应用创新创业大赛济南赛区推出智慧养老、医疗主题赛道

资料来源：山东省数据应用创新创业大赛网，http：//data. sd. gov. cn/cmpt/sd/home. html。

2. 组织引导赋能活动

山东省、四川省组织了公共数据供需对接活动，例如山东省平台开展了公共数据资源开放需求征集在线填报，以更好地服务于社会数据需求，如图 15 所示。

关于公开征集公共数据资源开放需求的公告

发布时间：2020-09-23　信息来源：山东省大数据局

为推动山东省公共数据资源高质量开放，鼓励社会各界对公共数据资源开发利用，加快数据要素有效流动，提高数据要素配置效率，充分发挥公共数据资源经济价值和社会效益，有效赋能产业发展、社会治理和公共服务，现向社会各界征集对山东省公共数据资源开放的具体需求。

一、征集时间

2020年9月25日—10月31日

二、征集方式

通过山东公共数据开放网在线填报，http://data.sd.gov.cn/portal/interact/。

在征集活动结束后，山东省大数据局将统一汇总需求并反馈至相关部门研究，在符合法律法规情况下，可开放的公共数据资源将在山东公共数据开放网（data.sd.gov.cn）集中开放。

图 15　山东省平台开展的公共数据资源开放需求征集活动

资料来源：山东公共数据开放网，http：//data. sd. gov. cn。

3. 优质利用成果

“高德地图（停车场板块）”应用利用浙江省数据开放平台开放的停车场数据满足用户的出行停车需求，为市民提供停车指引，可根据用户的出行特点制定停车方案并展示停车场的实时动态信息，如图16所示。

图16　浙江省平台展示的“高德地图（停车场板块）”应用

资料来源：浙江数据开放网，http://data.zjzwfw.gov.cn/。

贵州省平台展示的“追花族”应用通过调用气象数据与预警信息，为养蜂人转场提供信息服务，如图17所示。

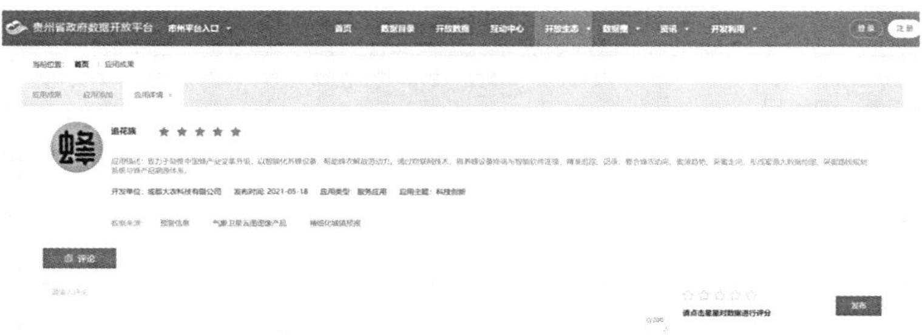

图17　贵州省平台展示的“追花族”应用

资料来源：贵州省政府数据开放平台，http://data.guizhou.gov.cn/。

五　省域公共数据开放建言

（一）制度供给与组织保障

在法规政策效力与内容方面，建议各地在制定有关数据开放的地方性法规、地方政府规章或规范性文件时明确数据开放要求、数据利用要求、全生命周期安全管理和保障机制等。

在组织与领导方面，建立数据开放工作的统筹协调机制。建议地方党政领导在公开场合发表明确支持数据开放工作的讲话，加大对政府数据开放的支持力度。制定和公开专门针对政府数据开放的年度工作计划与方案，并明确每项工作计划的责任单位。

在标准规范方面，建议制定并公开具有指导性和可操作性的有关政府数据开放的标准规范和操作指南，并对开放过程管理、分级分类、开放数据质量、数据安全与隐私保护、平台功能、平台的运维管理等方面进行规定。

（二）平台优化与持续运营

在平台关系方面，建议推动省域内地市积极上线政府数据开放平台并支持其保持自身特色，在省级平台提供地市平台的链接，探索区域数据专题等跨区域数据协同开放形式。

在发现预览方面，建议提供可下载的开放数据目录，提供覆盖数据集和利用成果的高级搜索功能，并支持无条件开放数据和有条件开放数据的预览。

在数据获取方面，建议扩大无条件开放数据可直接获取的范围，开通有条件开放数据申请功能并列明申请条件，对用户的有条件开放数据申请和未开放数据请求进行及时有效的回复并公开相关信息。

在成果提交展示方面，建议为开发者提供多种类型的开放数据利用成果的提交入口，展示多种利用成果和利用成果的来源信息，包括数据集名称、数据提供部门和利用者信息等。

在互动反馈方面，建议提供数据发布者的联系电话，公开用户对数据集和利用成果的评价，对用户的意见建议和数据纠错进行及时有效的回复并公开相关信息，提供权益申诉功能并对用户的权益申诉进行及时有效的回复。

在用户体验方面，建议推动省域内地市平台使用统一和便捷的身份认证系统，避免采集非必要的信息，并为用户订阅的数据提供更新推送功能。

（三）数量提升与质量保证

在数据数量方面，建议持续开放更多有效数据集，重点提升数据容量，开放更多高容量数据集，提高单个数据集的容量，特别是以 API 接口形式开放的、动态的、高容量的数据；省本级政府整合省域内各地市内容相同或相近的数据集进行开放。

在数据质量方面，建议清理高缺失、碎片化、低容量的数据集，保持开放数据集的不断增长和动态更新。

在数据规范方面，建议推进数据的分级分类开放，对数据集标注不同的开放类型和属性，并配备相应的、差异化的开放授权协议。提高开放数据集可机读格式、非专属格式、RDF 格式的比例，降低申请和调用 API 接口的难度，为开放数据集提供丰富的元数据信息，省域内各地市开放的相同数据集在数据项上应尽量保持一致，以便于开发利用。

在开放范围方面，建议提高开放数据集的主题覆盖面和部门覆盖面，开放更多常见数据集和关键数据集。

（四）数据利用与生态培育

在比赛举办方面，建议加强省（自治区）与地市的上下联动，发挥省（自治区）对地市的赋能作用，扩大开放数据创新利用比赛的影响力并提升赛事组织的实际效果，同时鼓励地市结合自身特色开展专项赛题。

在引导赋能方面，建议积极组织多样化、常态化、专业性的引导赋能活动，营造有利于政府数据开放利用的生态体系。

在成果数量与质量方面，建议进一步提高有效利用成果的数量和质量，清理与数据开放无关的、由政府自身开发的、无法获取或无法正常使用的成果，为展示的利用成果标明其所利用的开放数据集并提供有效链接。

在利用多样性方面，建议鼓励和引导高校、社会组织、公众等主体参与，以提高开放数据利用者类型的多样性，并通过各行业领域的促进活动提升成果形式与主题覆盖的多样性。

附录

附表 1　省本级平台一览（按拼音首字母排序）

序号	省域	省本级平台名称	平台链接
1	安徽省	安徽公共数据开放平台	http://data.ahzwfw.gov.cn:8000/dataopen-web/index
2	福建省	福建省公共信息资源统一开放平台	http://data.fujian.gov.cn/
3	甘肃省	甘肃省公共数据开放平台	http://data.gansu.gov.cn/index
4	广东省	开放广东平台	http://gddata.gd.gov.cn/
5	广西壮族自治区	广西壮族自治区公共数据开放平台	http://data.gxzf.gov.cn/portal/index
6	贵州省	贵州省政府数据开放平台	http://data.guizhou.gov.cn/home
7	海南省	海南省政府数据统一平台	http://data.hainan.gov.cn
8	河北省	河北省公共数据开放网	http://hebmgov.gov.cn/home
9	河南省	河南省公共数据开放平台	http://data.hnzwfw.gov.cn/
10	湖北省	湖北省公共数据开放平台	https://www.hubei.gov.cn/data/
11	湖南省	湖南省人民政府—政府数据	http://www.hunan.gov.cn/hnszf/zfsj/zfsj.html
12	江苏省	江苏省人民政府数据开放栏目	http://www.jiangsu.gov.cn/col/co133688/index.html

续表

序号	省域	省本级平台名称	平台链接
13	江西省	江西省政府数据开放网站	http://data.jiangxi.gov.cn/
14	宁夏回族自治区	宁夏公共数据开放平台	http://opendata.nx.gov.cn/portalVindex
15	青海省	青海省人民政府政务公开	http://zwgk.qh.gov.cn/
16	山东省	山东公共数据开放网	http://data.sd.gov.cn
17	陕西省	陕西省公告数据开放平台	http://www.sndata.gov.cn
18	四川省	四川公共数据开放网	http://www.scdata.gov.cn/
19	新疆维吾尔自治区	新疆维吾尔自治区政务数据开放网	http://data.xinjiang.gov.cn/index.html
20	浙江省	浙江省人民政府数据开放平台	http://data.zjzwfw.gov.cn/jdop_frontlindex.do

附表 2　城市平台一览

序号	城市	平台名称	城市类型	平台链接
1	福建省厦门市	厦门市大数据安全开放平台	副省级城市	http://data. xm. gov. cn/opendata/index. html#/
2	广东省广州市	广州市政府数据统一开放平台	副省级城市	http://data. gz. gov. cn/
3	广东省深圳市	深圳市政府数据开放平台	副省级城市	https://opendata. sz. gov. cn/
4	黑龙江省哈尔滨市	哈尔滨市政府数据开放平台	副省级城市	http://data. harbin. gov. cn
5	湖北省武汉市	武汉政务公开数据服务网	副省级城市	https://data. wuhan. gov. cn/
6	江苏省南京市	南京市政府数据服务网	副省级城市	http://data. nanjing. gov. cn/
7	山东省济南市	济南政府数据开放平台	副省级城市	http://data. jinan. gov. cn/
8	山东省青岛市	青岛公共数据开放网	副省级城市	http://data. qingdao. gov. cn
9	四川省成都市	成都市公共数据开放平台	副省级城市	http://www. cddata. gov. cn/
10	浙江省杭州市	杭州数据开放平台	副省级城市	http://data. hz. zjzwfw. gov. cn:8082/

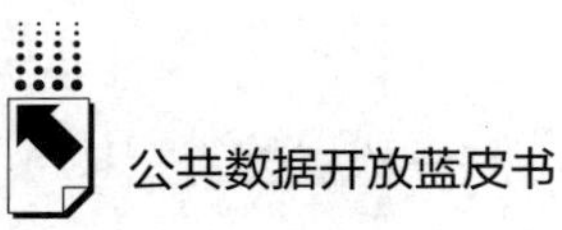

续表

序号	城市	平台名称	城市类型	平台链接
11	浙江省宁波市	宁波市政府数据服务网	副省级城市	http://data. nb. zjzwfw. gov. cn/nbdata/fore/index. html
12	安徽省蚌埠市	蚌埠市信息资源开放平台	地级城市	http://www. bengbu. gov. cn/sjkf/index. html
13	安徽省亳州市	亳州市人民政府数据开放网	地级城市	http://www. bozhou. gov. cn/open-data-web/index/index. do
14	安徽省池州市	池州市人民政府数据开放	地级城市	http://www. chizhou. gov. cn/OpenData/
15	安徽省阜阳市	阜阳市公共数据开放平台	地级城市	http://www. fy. gov. cn/openData/
16	安徽省淮北市	淮北市人民政府政府数据栏目	地级城市	http://www. huaibei. gov. cn/sjkf/index. html
17	安徽省黄山市	黄山市人民政府数据开放栏目	地级城市	http://www. huangshan. gov. cn/site/tpl/4653
18	安徽省六安市	六安市信息资源开放平台	地级城市	http://data. luan. gov. cn/
19	安徽省马鞍山市	马鞍山市人民政府数据开放栏目	地级城市	http://www. mas. gov. cn/content/column/4697374
20	安徽省宿州市	宿州市人民政府数据开放栏目	地级城市	https://www. ahsz. gov. cn/sjfb/index. html
21	安徽省铜陵市	铜陵市人民政府数据开放	地级城市	http://www. tl. gov. cn/sjtl/sjkf/
22	安徽省芜湖市	芜湖市政务数据开放平台	地级城市	https://data. wuhu. cn/
23	安徽省宣城市	宣城市人民政府数据开放网	地级城市	http://sjkf. xuancheng. gov. cn/index/index. do
24	福建省福州市	福州市政务数据开放平台	地级城市	http://data. fuzhou. gov. cn
25	甘肃省兰州市	兰州市政务数据开放门户	地级城市	http://data. zwfw. lanzhou. gov. cn/index
26	甘肃省陇南市	陇南市公共数据开放网	地级城市	http://data. zwfw. longnan. gov. cn/
27	广东省潮州市	开放广东—潮州市	地级城市	http://gddata. gd. gov. cn/data/dataSet/toDataSet/dept/515

续表

序号	城市	平台名称	城市类型	平台链接
28	广东省东莞市	数据东莞	地级城市	http://dataopen.dg.gov.cn/
29	广东省佛山市	开放广东—佛山市	地级城市	https://gddata.gd.gov.cn/data/dataSet/toDataSet/dept/38
30	广东省河源市	开放广东—河源市	地级城市	http://gddata.gd.gov.cn/data/dataSet/toDataSet/dept/510
31	广东省惠州市	开放惠州	地级城市	http://data.huizhou.gov.cn/
32	广东省江门市	开放江门	地级城市	http://data.jiangmen.gov.cn/
33	广东省揭阳市	开放广东—揭阳市	地级城市	http://gddata.gd.gov.cn/data/dataSet/toDataSet/dept/516
34	广东省茂名市	开放广东—茂名市	地级城市	http://gddata.gd.gov.cn/data/dataSet/toDataSet/dept/31
35	广东省梅州市	开放广东—梅州市	地级城市	http://gddata.gd.gov.cn/data/dataSet/toDataSet/dept/58
36	广东省清远市	开放广东—清远市	地级城市	http://gddata.gd.gov.cn/data/dataSet/toDataSet/dept/512
37	广东省汕头市	开放广东—汕头市	地级城市	http://gddata.gd.gov.cn/data/dataSet/toDataSet/dept/28
38	广东省汕尾市	开放广东—汕尾市	地级城市	http://gddata.gd.gov.cn/data/dataSet/toDataSet/dept/59
39	广东省韶关市	开放广东—韶关市	地级城市	http://gddata.gd.gov.cn/data/dataSet/toDataSet/dept/37
40	广东省阳江市	开放广东—阳江市	地级城市	http://gddata.gd.gov.cn/data/dataSet/toDataSet/dept/511
41	广东省云浮市	开放广东—云浮市	地级城市	http://gddata.gd.gov.cn/data/dataSet/toDataSet/dept/517
42	广东省湛江市	开放广东—湛江市	地级城市	http://gddata.gd.gov.cn/data/dataSet/toDataSet/dept/32
43	广东省肇庆市	开放广东—肇庆市	地级城市	http://gddata.gd.gov.cn/data/dataSet/toDataSet/dept/518
44	广东省中山市	中山市政府数据统一开放平台	地级城市	http://zsdata.zs.gov.cn/web/index
45	广东省珠海市	珠海市民生数据开放平台	地级城市	http://data.zhuhai.gov.cn

续表

序号	城市	平台名称	城市类型	平台链接
46	广西壮族自治区百色市	百色市公共数据开放平台	地级城市	http://bs. data. gxzf. gov. cn/
47	广西壮族自治区北海市	北海市公共数据开放平台	地级城市	http://bh. data. gxzf. gov. cn/
48	广西壮族自治区崇左市	崇左市公共数据开放平台	地级城市	http://cz. data. gxzf. gov. cn/
49	广西壮族自治区防城港市	防城港市公共数据开放平台	地级城市	http://fcg. data. gxzf. gov. cn/
50	广西壮族自治区贵港市	贵港市公共数据开放平台	地级城市	http://gg. data. gxzf. gov. cn/
51	广西壮族自治区桂林市	桂林市公共数据开放平台	地级城市	http://gl. data. gxzf. gov. cn/
52	广西壮族自治区河池市	河池市公共数据开放平台	地级城市	http://hc. data. gxzf. gov. cn/
53	广西壮族自治区贺州市	贺州市公共数据开放平台	地级城市	http://hz. data. gxzf. gov. cn/
54	广西壮族自治区来宾市	来宾市公共数据开放平台	地级城市	http://lb. data. gxzf. gov. cn/
55	广西壮族自治区柳州市	柳州市公共数据开放平台	地级城市	http://lz. data. gxzf. gov. cn/
56	广西壮族自治区南宁市	南宁市公共数据开放平台	地级城市	http://nn. data. gxzf. gov. cn/
57	广西壮族自治区钦州市	钦州市人民政府数据开放平台	地级城市	http://qz. data. gxzf. gov. cn/
58	广西壮族自治区梧州市	梧州市公共数据开放平台	地级城市	http://wz. data. gxzf. gov. cn/
59	广西壮族自治区玉林市	玉林市公共数据开放平台	地级城市	http://yl. data. gxzf. gov. cn/
60	贵州省毕节市	毕节市人民政府数据开放栏目	地级城市	http://www. bijie. gov. cn/bm/bjsgyhxhj/dsj/sjkf 5126305/
61	贵州省贵阳市	贵阳市政府数据开放平台	地级城市	https://data. guiyang. gov. cn/city/index. htm
62	贵州省六盘水市	六盘水市政府数据开放平台	地级城市	https://data. gzlps. gov. cn/home

续表

序号	城市	平台名称	城市类型	平台链接
63	贵州省黔东南苗族侗族自治州	黔东南苗族侗族自治州人民政府数据开放平台	地级城市	http://www.qdn.gov.cn/ztzl 5872570/sjkfzl/
64	贵州省黔南布依族苗族自治州	黔南布依族苗族自治州人民政府数据开放平台	地级城市	http://www.qiannan.gov.cn/zfsj/sjkfpt/
65	贵州省铜仁市	铜仁市政府数据开放平台	地级城市	http://www.gztrdata.gov.cn/
66	贵州省遵义市	遵义市政府数据开放平台	地级城市	http://data.zunyi.gov.cn/home
67	海南省三亚市	三亚市政府数据统一开放平台	地级城市	http://dataopen1.sanya.gov.cn/
68	河北省承德市	承德市政府数据开放平台	地级城市	http://www.chengde.gov.cn/shuju/web/index
69	河北省衡水市	衡水市人民政府数据开放栏目	地级城市	http://www.hengshui.gov.cn/col/col51/index.html
70	黑龙江省大庆市	大庆公共数据开放平台	地级城市	http://dataopen.daqing.gov.cn/
71	黑龙江省佳木斯市	佳木斯市公共数据开放网	地级城市	http://data.jms.gov.cn/
72	黑龙江省双鸭山市	双鸭山市政府数据开放平台	地级城市	http://www.shuangyashan.gov.cn/NewCMS/index/html/shujupt/index.jsp
73	湖北省鄂州市	鄂州市人民政府数据开放平台	地级城市	http://www.ezhou.gov.cn/sjkf/sjkf/
74	湖北省恩施土家族苗族自治州	恩施州公共数据开放平台	地级城市	http://www.enshi.gov.cn/data/
75	湖北省黄冈市	黄冈市人民政府数据开放栏目	地级城市	http://www.hg.gov.cn/col/col7161/index.html
76	湖北省荆门市	荆门市人民政府数据开放	地级城市	http://data.jingmen.gov.cn/
77	湖北省荆州市	荆州市人民政府网数据开放栏目	地级城市	http://www.jingzhou.gov.cn/zfwsj/

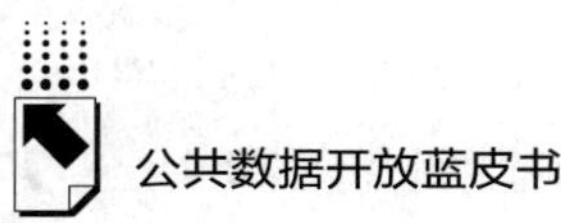

续表

序号	城市	平台名称	城市类型	平台链接
78	湖北省十堰市	十堰市人民政府门户网站数据开放平台	地级城市	http://opendata. shiyan. gov. cn/
79	湖北省随州市	随州市公共数据开放平台	地级城市	http://www. suizhou. gov. cn/data/
80	湖北省孝感市	孝感市人民政府—数据开放栏目	地级城市	http://www. xiaogan. gov. cn/themeList. jspx
81	湖北省宜昌市	宜昌市人民政府数据统一开放平台	地级城市	http://www. yichang. gov. cn/list-56264-1. html
82	湖南省常德市	常德市人民政府政务数据栏目	地级城市	http://dataopen. changde. gov. cn/
83	湖南省郴州市	郴州市人民政府数据开放平台	地级城市	http://www. czs. gov. cn/webapp/czs/dataPublic/index. jsp
84	湖南省娄底市	娄底市人民政府政府数据栏目	地级城市	http://nyncj. hnloudi. gov. cn/loudi/zfsj/zfsj. shtml
85	湖南省湘潭市	湘潭市政府数据开放平台	地级城市	http://www. xiangtan. gov. cn/wmh/#
86	湖南省益阳市	益阳市人民政府数据开放平台	地级城市	http://www. yiyang. gov. cn/webapp/yiyang2019/dataPublic/index. jsp
87	湖南省永州市	永州市数据开放平台	地级城市	http://www. yzcity. gov. cn/u/sjfb/cnyz/index
88	湖南省岳阳市	岳阳市人民政府政府数据栏目	地级城市	http://www. yueyang. gov. cn/webapp/yydsj/index. jsp
89	湖南省长沙市	长沙市政府门户网站数据开放平台	地级城市	http://www. changsha. gov. cn/data/
90	江苏省常州市	常州市人民政府数据开放栏目	地级城市	http://opendata. changzhou. gov. cn/
91	江苏省淮安市	淮安市公共数据开放网	地级城市	http://opendata. huaian. gov. cn/dataopen/
92	江苏省连云港市	连云港市公共数据开放网	地级城市	http://www. lyg. gov. cn/data/
93	江苏省南通市	南通市公共数据开放网	地级城市	http://data. nantong. gov. cn/home/index. html#/home
94	江苏省苏州市	苏州市政府数据开放平台	地级城市	http://www. suzhou. gov. cn/OpenResourceWeb/home

续表

序号	城市	平台名称	城市类型	平台链接
95	江苏省宿迁市	宿迁市公共数据开放平台	地级城市	http://data.suqian.gov.cn/sjkfpt.shtml
96	江苏省泰州市	泰州市政务数据开放平台	地级城市	http://opendata.taizhou.gov.cn/
97	江苏省无锡市	无锡市数据开放平台	地级城市	http://data.wuxi.gov.cn/
98	江苏省徐州市	徐州市公共数据开放平台	地级城市	http://data.gxj.xz.gov.cn/#/Home
99	江苏省盐城市	盐城市人民政府数据盐城	地级城市	http://www.yancheng.gov.cn/col/col8/index.html
100	江苏省扬州市	扬州政务数据服务网	地级城市	http://data.yangzhou.gov.cn
101	江苏省镇江市	镇江市公共数据开放平台	地级城市	http://data.zhenjiang.gov.cn/portal/index;jsessionid=ED7716343DFB1DE965B05161B7B61655
102	江西省抚州市	开放抚州门户	地级城市	http://data.jxfz.gov.cn
103	江西省赣州市	赣州市政府数据开放平台	地级城市	http://zwkf.ganzhou.gov.cn/Index.shtml
104	江西省吉安市	吉安市政务数据开放平台	地级城市	http://ggfw.jian.gov.cn/
105	江西省景德镇市	景德镇市人民政府数据开放栏目	地级城市	http://www.jdz.gov.cn/sjkf/
106	江西省九江市	九江市人民政府数据开放栏目	地级城市	http://www.jiujiang.gov.cn/sjkf/
107	江西省南昌市	南昌市人民政府数据开放栏目	地级城市	http://www.nc.gov.cn/ncszf/sjkfn/2021_sjkf.shtml
108	江西省萍乡市	萍乡市数据开放平台	地级城市	http://data.pingxiang.gov.cn/
109	江西省上饶市	上饶市政府数据开放网站	地级城市	http://data.zgsr.gov.cn:2003/
110	江西省新余市	新余市数据开放平台	地级城市	http://data.xinyu.gov.cn:81/
111	江西省宜春市	宜春市数据开放平台	地级城市	http://data.yichun.gov.cn/extranet/openportal/pages/default/index.html
112	江西省鹰潭市	鹰潭市人民政府数据开放栏目	地级城市	http://www.yingtan.gov.cn/col/col26/index.html
113	内蒙古自治区阿拉善盟	阿拉善盟行政公署数据开放栏目	地级城市	http://www.als.gov.cn/col/col130/index.html

续表

序号	城市	平台名称	城市类型	平台链接
114	内蒙古自治区乌海市	乌海市数据开放平台	地级城市	http://whdata. wuhai. gov. cn/odweb/index. htm
115	宁夏回族自治区石嘴山市	石嘴山政府数据开放平台	地级城市	http://szssjkf. nxszs. gov. cn/
116	宁夏回族自治区银川市	银川市城市数据开放平台	地级城市	http://data. yinchuan. gov. cn
117	宁夏回族自治区中卫市	中卫市人民政府—数据开放	地级城市	http://www. nxzw. gov. cn/ztzl/sjkf/
118	山东省滨州市	滨州公共数据开放网	地级城市	http://bzdata. sd. gov. cn/
119	山东省德州市	德州公共数据开放网	地级城市	http://dzdata. sd. gov. cn/
120	山东省东营市	东营公共数据开放网	地级城市	http://data. dongying. gov. cn/
121	山东省菏泽市	菏泽公共数据开放网	地级城市	http://hzdata. sd. gov. cn/
122	山东省济宁市	济宁公共数据开放网	地级城市	http://jindata. sd. gov. cn/
123	山东省聊城市	聊城公共数据开放网	地级城市	http://lcdata. sd. gov. cn/
124	山东省临沂市	临沂公共数据开放网	地级城市	http://lydata. sd. gov. cn/
125	山东省日照市	日照公共数据开放网	地级城市	http://rzdata. sd. gov. cn/
126	山东省泰安市	泰安公共数据开放网	地级城市	http://tadata. sd. gov. cn/
127	山东省威海市	威海公共数据开放网	地级城市	http://whdata. sd. gov. cn/
128	山东省潍坊市	潍坊公共数据开放网	地级城市	http://wfdata. sd. gov. cn/
129	山东省烟台市	烟台公共数据开放网	地级城市	http://ytdata. sd. gov. cn/
130	山东省枣庄市	枣庄公共数据开放网	地级城市	http://zzdata. sd. gov. cn/
131	山东省淄博市	淄博公共数据开放网	地级城市	http://zbdata. sd. gov. cn/
132	山西省大同市	大同市数据开放公共平台	地级城市	http://www. dt. gov. cn/Dataopen/index
133	山西省长治市	长治市公共数据开放平台	地级城市	http://www. changzhi. gov. cn/odweb/
134	四川省阿坝藏族羌族自治州	阿坝州政务信息资源开放门户网	地级城市	http://data. abazhou. gov. cn/index/index. html
135	四川省巴中市	巴中市公共数据开放平台	地级城市	https://www. bzgongxiang. com/#/home
136	四川省达州市	达州市公共数据开放平台	地级城市	http://data. dazhou. gov. cn/odweb/index. htm
137	四川省德阳市	德阳市公共数据开放平台	地级城市	http://data. deyang. gov. cn/dexchange/open/? state = &app id = 5418910&/Home#/DataSet

续表

序号	城市	平台名称	城市类型	平台链接
138	四川省甘孜藏族自治州	甘孜藏族自治州政务信息开放网站	地级城市	http://data.gzz.gov.cn/index/index.html
139	四川省广安市	广安市数据开放网站	地级城市	http://data.guang－an.gov.cn/opendoor/base/zh-cn/code/index.html
140	四川省广元市	广元市公共数据开放网	地级城市	http://data.cngy.gov.cn/open/index.html
141	四川省乐山市	乐山市数据开放门户	地级城市	http://data.leshan.gov.cn/#/home
142	四川省凉山彝族自治州	凉山州数据开放网站	地级城市	http://data.lsz.gov.cn/index/index.html
143	四川省泸州市	泸州市政府数据开放平台	地级城市	https://data.luzhou.gov.cn/portal/index;jsessionid=80F1ADCC699983089D92A94F338C49F9
144	四川省眉山市	眉山市公共数据资源开放平台	地级城市	http://data.ms.gov.cn/portal/index
145	四川省绵阳市	绵阳市人民政府数据开放栏目	地级城市	http://data.my.gov.cn/
146	四川省南充市	南充市人民政府政务信息开放	地级城市	http://data.nanchong.gov.cn/index/index.html
147	四川省内江市	内江市数据开放平台	地级城市	http://data.neijiang.gov.cn/#/
148	四川省攀枝花市	攀枝花市政务数据开放平台	地级城市	http://data.pzhszwfw.com/odweb/
149	四川省遂宁市	遂宁市人民政府网—数据开放栏目	地级城市	http://data.suining.gov.cn/
150	四川省雅安市	雅安市人民政府数据开放栏目	地级城市	http://data.yaan.gov.cn/index/index.html
151	四川省宜宾市	宜宾市政务数据资源开放门户	地级城市	http://data.yibin.gov.cn/
152	四川省资阳市	资阳市政务数据资源开放门户	地级城市	http://data.ziyang.gov.cn/index/index.html
153	四川省自贡市	自贡市政务信息资源开放门户网	地级城市	http://sjkf.zg.gov.cn/
154	西藏自治区拉萨市	拉萨市人民政府数据开放栏目	地级城市	http://www.lasa.gov.cn/lasa/sjkf1/common list.shtml

续表

序号	城市	平台名称	城市类型	平台链接
155	西藏自治区林芝市	林芝市人民政府数据开放	地级城市	http://www.linzhi.gov.cn/linzhi/zwgk/sjkf.shtml
156	西藏自治区那曲市	那曲市人民政府数据开放栏目	地级城市	http://www.naqu.gov.cn/xxgk/sjkf/
157	新疆维吾尔自治区博尔塔拉蒙古自治州	博尔塔拉蒙古自治州人民政府数据开放栏目	地级城市	http://www.xjboz.gov.cn/sjkf.htm
158	新疆维吾尔自治区哈密市	哈密市人民政府数据开放栏目	地级城市	http://www.hami.gov.cn/sjkf.htm
159	新疆维吾尔自治区克拉玛依市	克拉玛依市人民政府—数据开放栏目	地级城市	https://www.klmy.gov.cn/011/secondpage.html
160	新疆维吾尔自治区乌鲁木齐市	乌鲁木齐市政务数据开放网	地级城市	http://zwfw.wlmq.gov.cn/
161	浙江省湖州市	湖州市数据开放平台	地级城市	http://data.huzhou.gov.cn/home
162	浙江省嘉兴市	嘉兴市公共数据开放平台	地级城市	http://data.jx.zjzwfw.gov.cn/jdop front/index.do
163	浙江省金华市	金华市数据开放平台	地级城市	http://data.jh.zjzwfw.gov.cn/jdop front/index.do
164	浙江省丽水市	丽水市公共数据开放平台	地级城市	http://data.ls.zjzwfw.gov.cn/
165	浙江省衢州市	衢州市数据开放平台	地级城市	http://data.qz.zjzwfw.gov.cn
166	浙江省绍兴市	绍兴市公共数据开放平台	地级城市	https://data.sx.zjzwfw.gov.cn/
167	浙江省台州市	台州市数据开放平台	地级城市	http://data.taz.zjzwfw.gov.cn
168	浙江省温州市	温州市公共数据开放平台	地级城市	http://data.wz.zjzwfw.gov.cn/
169	浙江省舟山市	舟山市公共数据开放平台	地级城市	http://data.zs.zjzwfw.gov.cn:8092/

注：不含直辖市，按行政层级及拼音首字母排序。

B.2

中国公共数据开放城市报告（2022）

刘新萍　郑　磊　吕文增　张忻璐*

摘　要： 本报告首先介绍说明了中国公共数据开放城市指数的评价指标体系、数据采集与分析方法、指数计算方法，然后对全国已经上线了政府数据开放平台的173个城市开展评价，并对其未来发展给出建议。报告显示，上海市和青岛市的综合表现最优；在四个单项维度上，上海市在准备度、平台层和利用层上都位列第一，烟台市在数据层位列第一。报告还通过“数林匹克”四年累计分值，反映一个地方在过去四年（2018~2021年）的开放数据水平。报告进一步展示了准备度、平台层、数据层和利用层四个维度的城市标杆，并从制度供给与组织保障、平台优化与持续运营、数量提升与质量保证、数据利用与生态培育等方面提出了一系列对策建议。

关键词： 公共数据开放　城市　开放数林指数

“中国开放数林指数”是我国首个专注于评估政府数据开放水平的专业指数。开放数据，蔚然成林，“开放数林”意喻我国政府数据开放利用的生

* 刘新萍，博士，上海理工大学管理学院副教授，硕士生导师，兼任复旦大学数字与移动治理实验室执行副主任，研究方向为数字治理、数据开放、跨部门数据共享与协同；郑磊，复旦大学国际关系与公共事务学院教授，博士生导师，数字与移动治理实验室主任，研究方向为数字治理、政府数据开放、治理数字化转型等；吕文增，复旦大学数字与移动治理实验室研究员，管理学硕士，研究方向为政府数据开放、数字治理；张忻璐，复旦大学数字与移动治理实验室研究员，管理学硕士，研究方向为政府数据开放。

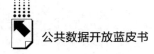

态体系。开放数林城市指数将直辖市、副省级城市和地级城市都作为一个“空间”和“聚落”，而不仅是一个“层级”来进行评测，并形成《中国公共数据开放城市报告》（以下简称“报告”）。

一　城市指标体系与评估方法

（一）评估指标体系

开放数林指数邀请国内外政界、学术界、产业界 70 余位专家共同参与，组成“中国开放数林指数”评估专家委员会，以体现跨界、多学科、第三方的专业视角。专家委员会基于数据开放的基本理念和原则，借鉴国际数据开放评估指标体系的经验，立足我国政府数据开放的政策要求与地方实践，构建起一个系统、全面、可操作的地方政府数据开放评估指标体系，并为每项指标分配权重，如图 1 所示。

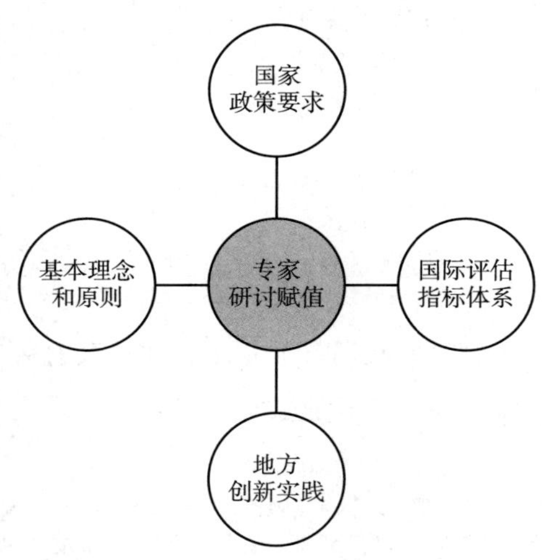

图 1　评估指标体系的构建方法

评估指标体系共包括准备度、平台层、数据层、利用层四个维度及下属多级指标，如图 2 所示。

准备度是“数根”，是数据开放的基础，包括法规政策效力与内容、标准规范、组织与领导等三个一级指标。

平台层是“数干”，是数据开放的枢纽，包括发现预览、数据获取、成果提交展示、互动反馈、用户体验等五个一级指标。

数据层是“数叶”，是数据开放的核心，包括数据数量、数据质量、数据规范、开放范围等四个一级指标。

利用层是“数果”，是数据开放的成效，包括利用促进、利用多样性、成果数量、成果质量等四个一级指标。

（二）评估对象

2021 年起，中国开放数林指数将原先的评估对象“副省级/地级”调整为“城市”。此前报告中的评估对象“副省级/地级”更多地将城市作为一个“层级”来进行评测。然而，不论城市处于何种行政级别，它都是一个人口集中居住并进行生产生活的密集“空间”和“聚落”。因此，从 2021 年开始，中国开放数林指数将直辖市、副省级城市和地级城市都作为一个“空间”和“聚落”来进行评估，并注重省域和城市在数据开放上的协同性和互通性。

根据公开报道，以及使用“数据+开放”“数据+公开”“公共+数据”“政务+数据”“政府+数据”“地名+数据”“地名+政府数据”“地名+开放数据”等关键词进行搜索，发现了截至 2021 年 10 月我国已上线的地方政府数据开放平台，并从中筛选出符合以下条件的平台。

（1）原则上平台域名中需出现 gov. cn，作为确定其为政府官方数据开放平台的依据。

（2）平台由行政级别为地级以上的地方政府建设和运营（不含港澳台）。

（3）开放形式为开设专门、统一的地方数据开放平台，或是在政府官网上开设专门栏目进行集中开放，由条线部门建设的开放数据平台不在评估范围内。

图 2　2021 年中国开放数

层	权重	权重	一级指标	权重	二级指标
“数果” 22% 利用层	22%	6.0%	利用促进	3.0%	比赛举办（参与）
				3.0%	引导赋能活动
		4.0%	利用多样性	1.0%	利用者多样性
				2.0%	成果形式多样性
				1.0%	成果主题多样性
		5.0%	成果数量	3.0%	有效成果数量
				2.0%	成果有效率
		7.0%	成果质量	1.0%	优质成果
				5.0%	服务应用质量
				1.0%	创新方案质量
“数叶” 45% 数据层	45.0%	9.0%	数据数量	3.0%	有效数据集总敌
				6.0%	单个数据集平均容量
		18.0%	数据质量	4.0%	优质数据集数量
				9.0%	无质量问题
				5.0%	数据持续性
		9.0%	数据规范	2.0%	开放协议
				4.0%	开放格式
				3.0%	描述说明
		9.0%	开放范围	1.5%	主题覆盖
				1.5%	部门覆盖
				3.0%	常见数据集覆盖
				3.0%	关键数据集覆盖
“数干” 18% 平台层	18.0%	3.0%	发现预览	1.0%	开放数据目录
				1.0%	搜索功能
				1.0%	数据集预览功能
		6.0%	数据获取	1.0%	无条件开放数据获取
				3.0%	有条件开放数据申请
				2.0%	未开放数据请求
		1.0%	成果提交展示	0.5%	利用成果提交功能
				0.5%	利用成果展示
		7.0%	互动反馈	0.6%	数据发布者联系方式
				1.0%	用户评价
				1.8%	意见建议
				1.8%	数据纠错
				1.8%	权益申诉
		1.0%	用户体验	0.5%	收藏功能
				0.5%	推送功能
“数根” 15% 准备度	15.0%	7.0%	法规政策效力与内容	2.5%	数据开放要求
				1.5%	数据利用要求
				1.5%	全生命周期安全管理
				1.5%	保障机制
		3.0%	标准规范	2.0%	数据标准规范
				1.0%	平台标准规范
		5.0%	组织与领导	1.0%	统筹管理机制
				2.0%	领导重视
				2.0%	年度工作计划与方案

估指标体系（城市）

本次评估中共发现符合以上条件的城市 173 个，为此，将上线了这些平台的城市作为评估对象。其中，直辖市的平台名称和平台链接如表 1 所示。副省级和地级城市的平台名称和平台链接见 B.1 附表 2。

表 1　直辖市平台一览

序号	城市	平台名称	平台链接
1	北京市	北京市政务数据资源网	https://data.beijing.gov.cn
2	上海市	上海市公共数据开放平台	https://data.sh.gov.cn
3	天津市	天津市信息资源统一开放平台	https://data.tj.gov.cn
4	重庆市	重庆市公共数据开放系统	https://data.cq.gov.cn

（三）数据采集与分析方法

准备度评估主要对相关法律法规、政策、年度计划与工作方案、标准规范、新闻报道等资料进行了描述性统计分析和文本分析。搜索方法主要包括以下两种：一是在搜索引擎以关键词检索相关法规与政策文本、标准规范、年度工作计划、地方党政领导讲话的新闻报道以及数据开放主管部门的信息；二是在地方政府门户网站以及政府数据开放平台上通过人工观察和关键词检索采集数据。数据采集截止时间为 2021 年 11 月。

平台层评估主要采用人工观察法对各地政府数据开放平台上各项功能进行观测并做描述性统计分析，数据采集截止时间为 2021 年 11 月。同时，还对平台的回复时效和回复质量进行了评估，回复情况采集截止时间为 2021 年 11 月。

数据层评估主要通过机器自动抓取和处理各地政府数据开放平台上开放的数据，结合人工观察采集相关信息，然后对数据进行了描述性统计分析、交叉分析、文本分析和空间分析。数据采集截止时间为 2021 年 11 月，对“动态更新”这一指标的评测时段为 2021 年 1~11 月。

利用层评估主要对各地政府数据开放平台上展示的利用成果进行了人工观察和测试，对 2019 年以来各地开展的开放数据创新利用比赛信息进行了网络检索，并对采集到的数据进行了描述性统计分析。数据采集截止时间为2021年11月。

此外，为确保采集信息准确，避免遗漏，部分指标采取报告制作方自主采集和向各地征集相结合的方式。各地征集结果经过报告制作方验证后纳入数据范围。

同时，本次评估发现，部分已上线的地方平台出现因下线而数据供给中断的情况，或虽然平台仍在线，但实际上无法通过平台获取数据的问题。

（四）指标计算方法

指数制作方基于各地在各项评估指标上的实际表现从低到高按照0~5分共6档分值进行评分，其中5分为最高分，相应数据缺失或完全不符合标准则分值为0。对于连续型统计数值类数据则使用极差归一法将各地统计数据结果换算为0~5分之间的数值作为该项得分。

各地平台在准备度、平台层、数据层、利用层四个维度上的指数总分等于每个单项指标的分值乘以相应权重所得到的加权总和。最终，各地开放数林指数等于准备度指数、平台层指数、数据层指数、利用层指数乘以相应权重的加权平均分。城市开放数林指数计算公式如下：

$$
\begin{aligned}
\text{城市开放数林指数} = & \sum(\text{准备度指标分值} \times \text{权重}) \times 15\% + \\
& \sum(\text{平台层指标分值} \times \text{权重}) \times 18\% + \\
& \sum(\text{数据层指标分值} \times \text{权重}) \times 45\% + \\
& \sum(\text{利用层指标分值} \times \text{权重}) \times 22\%
\end{aligned}
$$

二　城市公共数据开放概貌

截至2021年10月，我国已有193个省级和城市的地方政府上线了数据开放平台，其中省级平台20个（含省和自治区，不包括直辖市和港澳台），城市平台173个（含直辖市、副省级与地级行政区），与2020年相比，新增51

个地方平台，其中包含3个省级平台和48个城市平台，平台总数增长超三成。

如图3所示，全国地级及以上政府数据开放平台数量增长显著，从2017年的20个增加到2021年10月的193个。

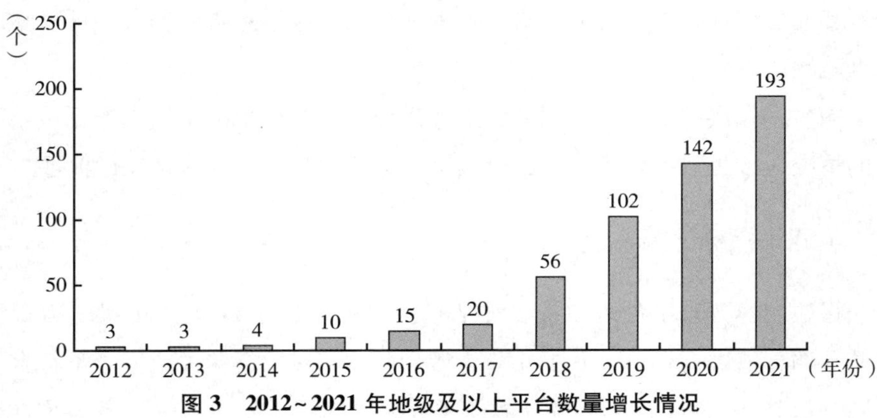

图3　2012~2021年地级及以上平台数量增长情况

注：2021年为截至10月数据。

目前，我国51.33%的城市（包括直辖市、副省级与地级行政区）已上线了政府数据开放平台。如图4所示，自2012年上海市和北京市等地率先上线数据开放平台以来，城市平台数量逐年增长，截至2021年10月已达到173个。各城市平台上线时间如表2所示。

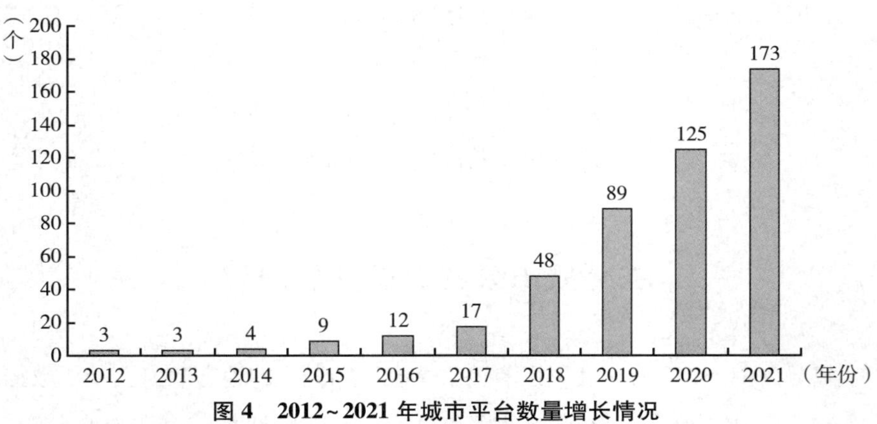

图4　2012~2021年城市平台数量增长情况

注：2021年为截至10月数据。

表 2 城市平台上线时间一览（按拼音首字母排序）

<table>
<tr><th>上线时间</th><th colspan="2">地方</th></tr>
<tr><td rowspan="3">2017 年及之前</td><td>直辖市</td><td>北京、上海</td></tr>
<tr><td>副省级</td><td>广州、哈尔滨、青岛、深圳、武汉</td></tr>
<tr><td>地级</td><td>长沙、东莞、佛山、荆门、梅州、无锡、阳江、扬州、湛江、肇庆</td></tr>
<tr><td rowspan="2">2018 年</td><td>副省级</td><td>成都、济南、南京、宁波</td></tr>
<tr><td>地级</td><td>滨州、德州、东营、贵阳、菏泽、惠州、济宁、江门、聊城、临沂、六安、马鞍山、日照、石嘴山、苏州、泰安、铜仁、威海、潍坊、乌海、宣城、烟台、银川、枣庄、中山、珠海、淄博</td></tr>
<tr><td rowspan="3">2019 年</td><td>直辖市</td><td>天津</td></tr>
<tr><td>副省级</td><td>厦门</td></tr>
<tr><td>地级</td><td>蚌埠、常德、常州、潮州、福州、抚州、阜阳、广元、河源、湖州、淮安、黄冈、黄山、佳木斯、揭阳、连云港、六盘水、泸州、茂名、绵阳、南宁、南通、内江、黔东南、黔南、清远、三亚、汕头、汕尾、韶关、宿迁、遂宁、泰州、徐州、雅安、永州、云浮、中卫、遵义</td></tr>
<tr><td rowspan="2">2020 年</td><td>副省级</td><td>杭州</td></tr>
<tr><td>地级</td><td>承德、达州、防城港、赣州、甘孜、桂林、衡水、金华、九江、克拉玛依、拉萨、乐山、丽水、林芝、柳州、陇南、南昌、南充、萍乡、钦州、衢州、上饶、绍兴、双鸭山、台州、铜陵、温州、乌鲁木齐、芜湖、孝感、宜宾、宜昌、鹰潭、舟山、资阳</td></tr>
<tr><td rowspan="2">2021 年</td><td>直辖市</td><td>重庆</td></tr>
<tr><td>地级</td><td>阿坝、阿拉善、巴中、百色、北海、博尔塔拉、亳州、毕节、长治、郴州、池州、崇左、大庆、大同、德阳、鄂州、恩施、广安、贵港、哈密、贺州、河池、淮北、吉安、嘉兴、景德镇、荆州、兰州、凉山、来宾、娄底、眉山、那曲、攀枝花、十堰、宿州、随州、梧州、湘潭、新余、盐城、宜春、益阳、玉林、岳阳、镇江、自贡</td></tr>
</table>

近五年来，全国各地的政府数据开放平台已蔚然成林。截至 2021 年 10 月，所有直辖市，以及浙江省、广东省、山东省、四川省与广西壮族自治区等省域的所有下辖城市都已上线了政府数据开放平台，形成了我国最为密集的城市“开放数林”。同时，东中部地区的安徽省、湖北省、湖南省，以及西南地区的贵州省、东北地区的黑龙江省等地，城市平台也不断上线并逐渐相连成片。然而，部分城市的数据开放平台仍然是“孤独的绿洲”，在其四周的城市均未上线平台。

数据容量是指将一个地方平台中可下载的、结构化的、各个时间批次发布的数据集的字段数（列数）乘以条数（行数）后得出的数量，体现的是平台上开放的可下载数据集的数据量和颗粒度。图5列出了城市数据容量排前十的地方，并反映了地方数据容量和有效数据集总数、单个数据集平均容量之间的关系。数据容量更能体现一个地方的数据开放总量，单个数据集平均容量也更能反映一个地方开放数据集的平均水平。例如，东莞市的有效数据集总数排名并不靠前，但数据容量排名在全国居前列，单个数据集平均容量排名领先。

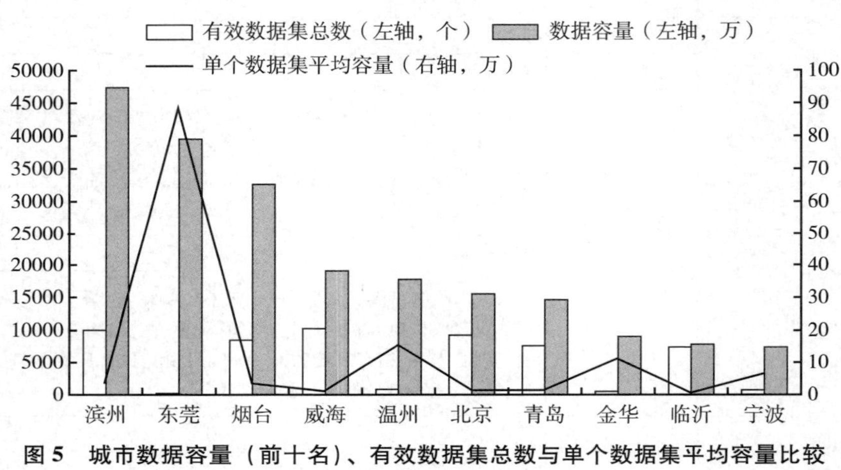

图5　城市数据容量（前十名）、有效数据集总数与单个数据集平均容量比较

三　城市开放数林指数

（一）城市开放数林指数

截至2021年10月，全国城市开放数林的指数分值、排名和等级如表3所示。上海的综合表现最优，青岛和烟台总体表现优秀，进入第一等级“五棵树”；福州、深圳、济南、杭州、临沂、日照与潍坊也表现较优，进入第二等级“四棵树”；其后是德州、台州、温州、贵阳、无锡等城市。在四个单项维度上，在全国所有173个城市中，上海在准备度、平台层和利用层上都排名第一，烟台在数据层排名第一。

表 3　中国开放数林指数城市综合排名（前五十名）

地方	准备度		平台层		数据层		利用层		综合指数	总排名	开放数级
	指数	排名	指数	排名	指数	排名	指数	排名			
上海	12.39	1	15.12	1	26.73	14	16.50	1	70.74	1	*****
青岛	9.20	6	12.65	5	30.87	2	16.40	2	69.12	2	*****
烟台	8.07	9	13.95	3	31.37	1	13.30	8	66.69	3	*****
福州	10.70	2	12.10	9	27.04	12	14.90	4	64.74	4	****
深圳	4.06	26	11.87	11	29.71	3	16.00	3	61.64	5	****
济南	6.72	13	12.25	7	28.55	8	13.10	9	60.62	6	****
杭州	6.97	12	14.45	2	26.55	15	12.30	12	60.27	7	****
临沂	10.02	4	11.65	13	26.30	18	11.70	14	59.67	8	****
日照	8.29	8	11.51	14	26.15	20	13.60	7	59.55	9	****
潍坊	5.90	16	11.05	16	27.94	10	13.80	5	58.69	10	****
德州	4.70	21	13.39	4	27.40	11	12.50	10	57.99	11	***
台州	10.25	3	11.45	15	26.37	17	9.90	21	57.97	12	***
温州	7.29	11	11.80	12	26.55	15	11.90	13	57.54	13	***
贵阳	9.23	5	9.12	29	28.96	6	10.20	19	57.51	14	***
无锡	8.42	7	9.77	23	23.24	34	13.70	6	55.13	15	***
武汉	8.02	10	10.02	21	25.66	24	11.40	15	55.10	16	***
威海	3.17	39	11.05	16	29.55	5	9.80	22	53.57	17	***
宁波	5.68	17	9.45	25	25.99	21	12.40	11	53.52	18	***
济宁	4.82	20	11.95	10	25.73	23	9.60	24	52.10	19	***
聊城	5.26	18	8.79	32	26.78	13	9.70	23	50.53	20	***
滨州	3.20	36	9.73	24	28.94	7	8.60	26	50.47	21	***
东营	3.50	31	12.65	5	25.18	27	7.60	28	48.93	22	**
枣庄	4.70	21	12.19	8	25.16	28	5.60	32	47.65	23	**
丽水	5.20	19	10.05	20	24.34	31	7.20	29	46.79	24	**
厦门	3.27	33	9.18	27	23.39	33	10.00	20	45.84	25	**
泰安	3.20	36	9.95	22	25.92	22	6.60	31	45.67	26	**
广州	2.10	41	10.23	18	24.54	30	8.60	26	45.47	27	**
成都	4.00	28	8.77	33	28.42	9	3.10	42	44.29	28	**
嘉兴	2.40	40	7.55	40	22.62	36	10.80	17	43.37	29	**
金华	2.10	41	6.47	43	25.30	26	9.20	25	43.07	30	**
菏泽	3.20	36	8.03	36	26.19	19	4.70	34	42.12	31	**

续表

地方	准备度		平台层		数据层		利用层		综合指数	总排名	开放数级
	指数	排名	指数	排名	指数	排名	指数	排名			
衢州	3.24	35	6.43	44	21.08	42	11.20	16	41.95	32	**
淄博	4.40	23	9.13	28	25.54	25	2.60	45	41.67	33	**
北京	4.24	25	4.58	49	21.51	39	10.70	18	41.03	34	**
天津	6.13	14	5.40	47	21.73	38	7.00	30	40.26	35	**
哈尔滨	4.06	26	7.32	41	23.55	32	3.80	40	38.73	36	**
东莞	2.10	41	4.18	50	29.62	4	2.60	45	38.50	37	**
江门	3.50	31	7.58	39	21.40	41	4.40	35	36.88	38	**
贵港	4.25	24	8.81	30	19.11	46	4.30	36	36.47	39	**
广安	3.27	33	6.15	45	25.01	29	2.00	49	36.43	40	**
南宁	6.04	15	6.65	42	19.91	44	3.60	41	36.20	41	**
佛山	3.62	30	8.80	31	21.43	40	2.10	47	35.95	42	**
宜宾	0.60	50	7.94	37	23.20	35	2.10	47	33.84	43	**
百色	1.60	46	5.30	48	22.36	37	4.00	37	33.26	44	**
桂林	1.27	49	7.83	38	20.46	43	3.00	44	32.56	45	**
泸州	3.85	29	5.95	46	19.62	45	3.10	42	32.52	46	**
河源	1.80	45	8.20	34	18.25	47	4.00	37	32.25	47	**
来宾	1.60	46	9.21	26	17.39	49	4.00	37	32.20	48	**
舟山	2.10	41	8.10	35	16.57	50	5.10	33	31.87	49	**
崇左	1.60	46	10.21	19	18.00	48	2.00	49	31.81	50	**

四个直辖市开放数林指数分值和排名如表 4 所示，上海综合表现最优，位列第一；其次是北京、天津和重庆。

表 4　直辖市

地方	准备度		平台层		数据层		利用层		综合指数	总排名
	指数	排名	指数	排名	指数	排名	指数	排名		
上海	12.39	1	15.12	1	26.73	1	16.50	1	70.74	1
北京	4.24	4	4.58	4	21.51	3	10.70	2	41.03	2
天津	6.13	2	5.40	2	21.73	2	7.00	3	40.26	3
重庆	5.03	3	4.78	3	11.93	4	5.60	4	27.34	4

副省级开放数林指数排名前十的城市如表 5 所示，青岛综合表现最优，位列第一；深圳、济南和杭州也表现优异。

表 5　副省级城市（前十名）

地方	准备度		平台层		数据层		利用层		综合指数	总排名
	指数	排名	指数	排名	指数	排名	指数	排名		
青岛	9.20	1	12.65	2	30.87	1	16.40	1	69.12	1
深圳	4.06	6	11.87	4	29.71	2	16.00	2	61.64	2
济南	6.72	4	12.25	3	28.55	3	13.10	3	60.62	3
杭州	6.97	3	14.45	1	26.55	5	12.30	5	60.27	4
武汉	8.02	2	10.02	6	25.66	7	11.40	6	55.10	5
宁波	5.68	5	9.45	7	25.99	6	12.40	4	53.52	6
厦门	3.27	9	9.18	8	23.39	10	10.00	7	45.84	7
广州	2.10	10	10.23	5	24.54	8	8.60	8	45.47	8
成都	4.00	8	8.77	9	28.42	4	3.10	10	44.29	9
哈尔滨	4.06	6	7.32	10	23.55	9	3.80	9	38.73	10

地级开放数林指数排名前十的城市如表 6 所示，烟台综合表现最优，位列第一；福州、临沂、日照和潍坊等地也表现优异。

表 6　地级城市（前十名）

地方	准备度		平台层		数据层		利用层		综合指数	总排名
	指数	排名	指数	排名	指数	排名	指数	排名		
烟台	8.07	7	13.95	1	31.37	1	13.30	5	66.69	1
福州	10.70	1	12.10	3	27.04	5	14.90	1	64.74	2
临沂	10.02	3	11.65	5	26.30	8	11.70	8	59.67	3
日照	8.29	6	11.51	6	26.15	9	13.60	4	59.55	4
潍坊	5.90	9	11.05	8	27.94	3	13.80	2	58.69	5
德州	4.70	10	13.39	2	27.40	4	12.50	6	57.99	6
台州	10.25	2	11.45	7	26.37	7	9.90	10	57.97	7
温州	7.29	8	11.80	4	26.55	6	11.90	7	57.54	8
贵阳	9.23	4	9.12	10	28.96	2	10.20	9	57.51	9
无锡	8.42	5	9.77	9	23.24	10	13.70	3	55.13	10

（二）“数林匹克”指数

数据开放是一场马拉松，而不是速滑赛，不在于一个地方是否跑得早、跑得急，而在于这个地方能否跑得长、跑得稳，能持续、稳定地向社会提供优质数据，并坚持不懈地推动开放数据的开发利用。报告继续通过“数林匹克”四年累计分值，反映一个地方在过去四年（2018~2021 年）的开放数据水平。

城市“数林匹克”累计分值由 2018~2021 年这四年该城市的年终（即下半年）开放数林综合指数的分值累计而成，以反映一个城市在过去四年（2018~2021 年）的开放数据水平。表 7 是 2018~2021 年城市“数林匹克”累计分值排前二十名的城市，上海分值最高，其次是贵阳、青岛、深圳与济南，分值都在 210 分以上。

表 7　2018~2021 年城市“数林匹克”累计分值（前二十名）

城市	2018~2021 年累计分值	排名	城市	2018~2021 年累计分值	排名
上海	268.39	1	潍坊	187.19	11
贵阳	259.78	2	临沂	184.24	12
青岛	226.13	3	广州	178.95	13
深圳	222.95	4	日照	178.49	14
济南	218.23	5	德州	175.64	15
威海	195.49	6	滨州	172.71	16
成都	191.26	7	聊城	170.76	17
哈尔滨	190.69	8	枣庄	170.03	18
烟台	190.42	9	佛山	168.99	19
北京	189.24	10	东营	168.87	20

四　城市公共数据开放标杆

（一）准备度

1. 法规政策效力与内容

深圳市制定并公布了地方性法规《深圳经济特区数据条例》，其中专门针对公共数据开放作出了原则性要求，如图6、图7所示。

深圳经济特区数据条例
发布时间：2021-07-06
深圳市第七届人民代表大会常务委员会

公告

第十号

《深圳经济特区数据条例》经深圳市第七届人民代表大会常务委员会第二次会议于2021年6月29日通过，现予公布，自2022年1月1日起施行。

深圳市人民代表大会常务委员会

2021年7月6日

图6　《深圳经济特区数据条例》

资料来源：深圳市政府数据开放平台，https：//opendata. sz. gov. cn/article/article/toArticleDetails/1420212300016590848。

第三节 公共数据开放

第四十五条 本条例所称公共数据开放，是指公共管理和服务机构通过公共数据开放平台向社会提供可机器读取的公共数据的活动。

第四十六条 公共数据开放应当遵循分类分级、需求导向、安全可控的原则，在法律、法规允许范围内最大限度开放。

第四十七条 依照法律、法规规定开放公共数据，不得收取任何费用。法律、行政法规另有规定的，从其规定。

第四十八条 公共数据按照开放条件分为无条件开放、有条件开放和不予开放三类。

无条件开放的公共数据，是指应当无条件向自然人、法人和非法人组织开放的公共数据；有条件开放的公共数据，是指按照特定方式向自然人、法人和非法人组织平等开放的公共数据；不予开放的公共数据，是指涉及国家安全、商业秘密和个人隐私，或者法律、法规等规定不得开放的公共数据。

第四十九条 市政务服务数据管理部门应当建立以公共数据资源目录体系为基础的公共数据开放管理制度，编制公共数据开放目录并及时调整。

有条件开放的公共数据，应当在编制公共数据开放目录时明确开放方式、使用要求及安全保障措施等。

第五十条 市政务服务数据管理部门应当依托城市大数据中心建设统一、高效的公共数据开放平台，并组织公共管理和服务机构通过该平台向社会开放公共数据。

公共数据开放平台应当根据公共数据开放类型，提供数据下载、应用程序接口和安全可信的数据综合开发利用环境等多种数据开放服务。

图7　《深圳经济特区数据条例》中关于“数据开放”的内容条款

资料来源：深圳市政府数据开放平台，https：//opendata. sz. gov. cn/article/article/toArticleDetails/1420212300016590848。

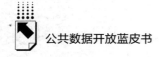

2. 领导重视

丽水市委常委、常务副市长杜兴林于2021年7月在2021年丽水数据开放创新应用大赛颁奖典礼上发表了推动政务数据开放工作的讲话，如图8所示。

> 杜兴林指出，今年是我市第二次举办数据开放创新应用大赛。赛事的举办，将推动以数据为驱动的新要素市场发展，推动更多优质企业来丽发展数字经济，推动政府治理体系和治理能力现代化。
>
> 下一步，要以更高的思想站位、更强的行动自觉、更开放的数据供给，凝聚数据开放共享的共识，营造政府、企业、社会共同参与的氛围，探索建立公共数据要素市场化配置机制，推进数据由资源向要素转化，赋能丽水高质量跨越式发展，努力探索共同富裕先行示范。丽水市委、市政府也将一如既往推动政务数据开放，为企业、社会创新应用政务数据创造价值、创新服务提供最优质的平台环境，最大力度支持优秀作品落地应用。大赛最重要的就是互相启迪思维，最终的目的就是要落地见效，形成现实生产力。

图8　丽水市委常委、常务副市长杜兴林关于推动政务数据开放工作的讲话

资料来源：浙江新闻，https：//zj. zjol. com. cn/news. html？id＝1707762。

（二）平台层

1. 有条件开放数据申请结果公开

深圳市平台对外公开了用户申请有条件开放数据的结果，如图9、图10所示。

序号	资源名称	申请者	申请时间	申请理由	申请状态	操作
1	商事主体公司年报基本信息	姚**	2021-11-23 17:43	查询	申请成功	详情
2	深圳市建设工程交易数据	p**	2021-11-26 10:36	研究深圳市建设工...	申请成功	详情
3	商事主体公司年报基本信息	姚**	2021-11-26 13:02	查阅	申请成功	详情
4	锁定限制信息	姚**	2021-11-26 13:11	查阅	申请成功	详情
5	企业股东（投资者）信息	z**	2021-11-27 09:48	我是一名深圳大学...	申请成功	详情
6	宾馆旅店	t**	2021-11-30 14:31	测试	申请成功	详情
7	龙岗区-水库行政责任人	球**	2021-11-30 14:58	开发水库监测系统。	申请成功	详情
8	不动产权证（国有土地使用权）年度发证数量	杨**	2021-12-01 15:14	学术研究使用	申请成功	详情
9	土地用途分区	杨**	2021-12-01 15:24	学术研究使用	申请成功	详情
10	企业股东（投资者）信息	y**	2021-12-02 12:17	测试使用	申请成功	详情

图9　深圳市平台的有条件开放数据申请公开栏目

资料来源：深圳市政府数据开放平台，https：//opendata. sz. gov. cn/interaction/dataApply/ toGrantApplyPublic。

2. 社会数据提交功能

丽水市平台提供了社会数据提交功能，用户可将其采集、整理的数据提交给平台，从而拓展了平台数据的来源，如图11所示。

图 10　深圳市平台公开的有条件开放数据申请结果

资料来源：深圳市政府数据开放平台，https://opendata.sz.gov.cn/interaction/dataApply/toGrantApplyPublicDetail/1468463609091133440。

图 11　丽水市平台的社会数据提交功能

资料来源：丽水市公共数据开放平台，http://data.ls.zjzwfw.gov.cn/jdop_front/user/social/detail.do。

（三）数据层

1. 数据容量

数据容量更能反映一个地方数据开放的总量，单个数据集平均容量也更能反映一个地方开放数据集的平均水平，东莞市数据开放平台所开放的无条件数据的容量和单个数据集平均容量均在全国领先。东莞市平台所提供的无条件开放的数据容量将近 4 亿，单个数据集平均容量超 88 万，如图 12 所示。

图 12　东莞市数据开放平台

资料来源：数据东莞网，http：//dataopen. dg. gov. cn/。

2. 高容量数据集

高容量数据集的利用价值更高，应当成为数据开放的重点。表 8 是 2021 年下半年城市开放的数据容量居前十位的数据集列表，这些数据集普遍具有较高的条数、字段数和下载量，内容主要涉及工商、人社、市场监管、行政执法等方面。

表 8　2021 年下半年城市开放的前 10 个高容量数据集一览

序号	城市	数据集名称	行	列	数据容量
1	滨州市	法人库_个体工商户基本信息	1542230	80	123378400
2	东莞市	就业人员信息	2598566	16	41577056
3	东莞市	涉企信息_工程竣工验收备案信息	2342456	15	35136840
4	东莞市	行政许可公示	579202	54	31276908
5	佛山市	市场主体基本信息	1109776	27	29963952
6	青岛市	企业注册登记信息	988040	30	29641200
7	温州市	鹿城区综合行政执法局智慧城管路面整改信息	700000	39	27300000
8	北京市	对本行政区域内计量器具进行强制检定信息	2651669	10	26516690
9	临沂市	临沂北城供水管网压力检测信息	994854	26	25866204
10	东莞市	工商登记信息	1666661	15	24999955

3. 优质 API 接口

API 接口适用于提供实时动态的高容量数据，以促进高价值数据的开放与利用。优质 API 接口需要满足接口可调用、至少每日更新、数据集容量高等标准。目前，深圳市平台提供了多个优质 API 接口，如表 9 所示。

表 9　城市优质 API 接口情况

序号	城市	优质 API 接口名称
1	深圳市	水库站点降雨量实时信息
2	深圳市	多种下垫面低温观测数据
3	深圳市	能见度探测数据

4. 关键数据集

报告列举了各地根据国家政策和地方规章要求重点和优先开放的五项关键数据集，如表 10 所示。贵阳市与深圳市开放的数据覆盖了所有五项关键数据集，其中，深圳开放的疫情防控数据在数量、颗粒度与更新及时性等方面都在全国领先，如图 13 所示。

表 10　关键数据集列表

序号	关键数据集名称
1	企业注册登记类数据
2	公交车辆位置类数据
3	道路运输从业资格证/经营许可证类数据
4	气象预报预警类数据
5	疫情防控类数据

图 13　深圳市开放的疫情防控类数据

资料来源：深圳市政府数据开放平台，https：//opendata. sz. gov. cn/data/epidemicDataSet/toEpidemicDataSet/epidemic/showEpidemicData。

（四）利用层

1. 跨域比赛协同

深圳市举办了 2021 年全球开放数据应用创新大赛推动数据跨域跨界融合，参赛者可利用香港、澳门及珠三角其他八个城市开放的来自政府、企业、社会等多种渠道的数据，如图 14、图 15 所示。

2. 组织引导赋能活动

北京市在交通领域组织了开放数据利用专题比赛，促进交通出行数据的社会利用，如图 16 所示。

图 14　深圳市举办 2021 年全球开放数据应用创新大赛

资料来源：全球开放数据应用创新大赛网，http：//www. sodic. com. cn/。

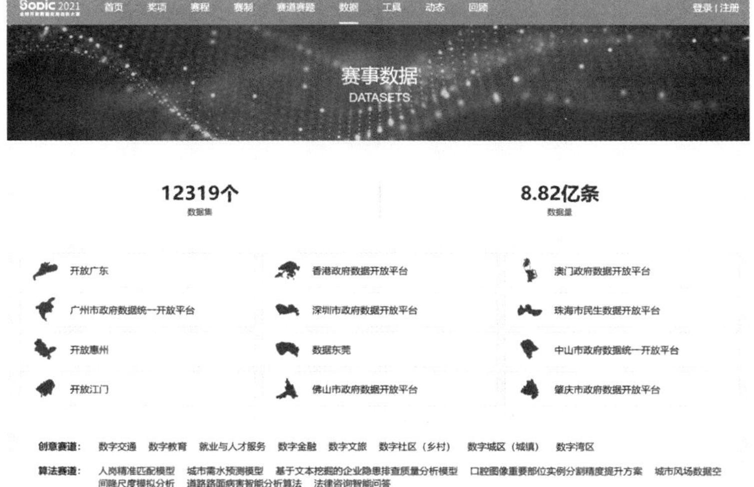

图 15　深圳市 2021 年全球开放数据应用创新大赛利用粤港澳多地开放的数据

资料来源：全球开放数据应用创新大赛网，http：//www. sodic. com. cn/。

上海市在交通出行、财税金融、医疗健康等领域，开展公共数据开放利用试点项目，推动公共数据在各行业的利用，如图 17 所示。

北京智慧交通开放创新大赛
正式启动
大赛背景
为探索大数据、人工智能等新技术、新成果在交通领域的深度融合和创新应用，推动交通领域高价值公共数据向社会安全有序开放，营造人工智能、大数据产业发展良好氛围，北京市经济和信息化局、北京市交通委员会、北京市公安局公安交通管理局联合举办首届“北京智慧交通开放创新大赛”。

图 16　北京市组织智慧交通开放创新大赛

资料来源：北京智慧交通开放创新大赛网，http：//tc. itsbeijing. top/。

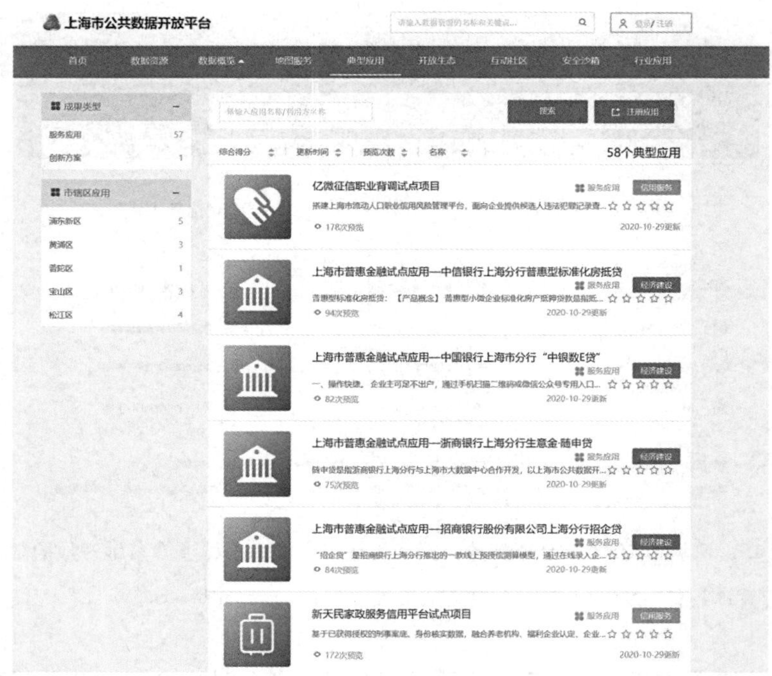

图 17　上海市开展数据利用试点项目

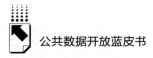

资料来源：上海市公共数据开放平台，https：//data. sh. gov. cn/。

3. 优质利用成果

上海市平台展示的工商银行政采贷试点项目，通过对各部门数据的整合利用，为银行授信提供依据，如图 18 所示。

图 18　上海市平台展示的工商银行政采贷试点项目

资料来源：上海市公共数据开放平台，https：//data. sh. gov. cn/。

青岛市、无锡市、烟台市、杭州市、贵阳市在交通出行领域都形成了比较优质的利用成果。例如，青岛市平台展示的“宜行青岛”是一款提供停车充电查询服务的应用。通过该应用，用户可以在线寻找附近停车场的空闲车位，以解决停车位难找的问题，如图 19 所示。用户还能查找周边的充电桩信息，以及充电桩的剩余车位数、价格等情况。

杭州市的“车来了”应用通过调用市区公交线路和站点分布数据，为用户提供公交位置实时查询服务，如图 20 所示。

图 19　青岛市平台展示的“宜行青岛”应用

资料来源：青岛公共数据开放网，http：//data. qingdao. gov. cn/。

图 20　杭州市平台展示的“车来了”应用

资料来源：杭州市数据开放平台，https：//data. hz. zjzwfw. gov. cn/。

五　城市公共数据开放建言

（一）制度供给与组织保障

在法规政策效力与内容方面，建议各地在制定有关数据开放的地方性法规、地方政府规章或规范性文件时明确数据开放要求、数据利用要求、全生命周期安全管理和保障机制等。

在组织与领导方面，建立数据开放工作的统筹协调机制。建议地方党政领导在公开场合发表明确支持数据开放工作的讲话，加大对政府数据开放的支持力度。制定和公开专门针对政府数据开放的年度工作计划与方案。

（二）平台优化与持续运营

在发现预览方面，建议提供可下载的开放数据目录，提供覆盖数据集和利用成果的高级搜索功能，提供同时支持无条件开放数据和有条件开放数据的预览功能。

在数据获取方面，建议扩大无条件开放数据可直接获取的范围，开通有条件开放数据申请功能并列明申请条件，对用户的有条件开放数据申请和未开放数据请求进行及时有效的回复并公开相关信息。

在成果提交展示方面，建议为开发者提供多种类型的开放数据利用成果的提交入口，展示多种利用成果和利用成果的来源信息，包括数据集名称、数据提供部门和利用者信息等。

在互动反馈方面，建议提供数据发布者的联系电话，公开用户对数据集和利用成果的评价，对用户的意见建议和数据纠错进行及时有效的回复并公开相关信息，提供权益申诉功能并对用户的权益申诉进行及时有效的回复。

在用户体验方面，建议为用户订阅的数据提供更新推送功能。

（三）数量提升与质量保证

在数据数量方面，建议持续开放更多有效数据集，重点提升数据容量，开放更多高容量数据集，提高单个数据集的容量，特别是以 API 接口形式开放的、动态的、高容量的数据。

在数据质量方面，建议清理高缺失、碎片化、低容量的数据集，保持开放数据集的不断增长和动态更新。

在数据规范方面，建议推进数据的分级分类开放，对数据集标注不同的开放类型和属性，并相应配备差异化的开放授权协议。提高开放数据集可机读格式、非专属格式、RDF 格式的比例，降低申请和调用 API 接口的难度，为开放数据集提供丰富的元数据信息。

在开放范围方面，建议提高开放数据集的主题覆盖面和部门覆盖面，开放更多常见数据集和关键数据集。

（四）数据利用与生态培育

在比赛举办（参与）方面，建议结合自身特色常态化举办开放数据创新利用比赛，或连续参与省级组织的大赛，以提高社会利用开放数据的积极性。

在引导赋能方面，建议积极组织多样化、常态化、专业性的引导赋能活动，营造有利于政府数据开放利用的生态体系。

在成果数量与质量方面，建议进一步提高有效利用成果的数量和质量，清理与数据开放无关的、由政府自身开发的、无法获取或无法正常使用的成果，为展示的利用成果标明其所利用的开放数据集并提供有效链接。

在利用多样性方面，建议推动高校、社会组织、公民等主体参与，以提高开放数据利用者类型的多样性，并通过各行业领域的促进活动提升成果形式与主题覆盖的多样性。

分 报 告

Dimensions Reports

B.3
公共数据开放准备度报告

华 蕊　刘新萍*

摘 要： 准备度是政府数据开放工作的基础。中国公共数据开放评估中准备度的指标体系包括法规政策效力与内容、标准规范、组织与领导三个一级指标。依据这一指标体系，本报告对地方政府数据开放准备度的现状与水平进行了评估，运用描述性统计和文本分析方法研究了相关法律法规、政策、标准规范、年度计划与方案、新闻报道等，在此基础上推介了各地的标杆案例。总体来看，多数地方政府在组织保障上已具备良好基础，越来越多的地方将数据开放工作列入常态化工作任务。部分地方出台了专门针对数据开放的地方政府规章和地方标准。但全国范围内的法规政策在内容上还不够全面，标准规范也总体薄弱。

* 华蕊，复旦大学数字与移动治理实验室研究员，管理学硕士，研究方向为政府数据开放；刘新萍，博士，上海理工大学管理学院副教授、硕士生导师，复旦大学数字与移动治理实验室执行副主任，研究方向为数字治理、数据开放、跨部门数据共享与协同。

关键词： 法规政策 标准规范 公共数据 政府数据开放

准备度是“数根”，是数据开放的基础。准备度的评估可以衡量地方政府开放数据的基础和所做准备的完善程度，从而为数据开放工作的落地提供更有效、更具操作性的支撑。具体而言，准备度主要从法规政策效力与内容、标准规范、组织与领导三个方面进行评估。

一 指标体系

准备度侧重于考察地方政府的法规政策、标准规范、组织与领导对数据开放的规范引导和推动作用。但考虑到省和城市两级政府在职责范围上的差异性，准备度的省域和城市指标体系也有差异，如表1所示。省域评估中通过提高“数据标准规范”“平台标准规范”“统筹管理机制”等指标的权重来强调省级政府对下辖地市数据开放工作的赋能、规范和协调作用；新增了“标准规范等级”指标，鼓励由省级政府制定全省统一的地方标准。城市评估中则下调了“标准规范”的权重，将省级政府制定的标准规范折算入下辖地市得分。

表1 省域与城市准备度评估指标体系及权重

单位：%

一级指标	二级指标	省域评估权重	城市评估权重
法规政策效力与内容	数据开放要求	2.5	2.5
	数据利用要求	1.5	1.5
	全生命周期安全管理	1.5	1.5
	保障机制	1.5	1.5
标准规范	标准规范等级	1.0	—
	数据标准规范	4.0	2.0
	平台标准规范	2.0	1.0
组织与领导	统筹管理机制	2.0	1.0
	领导重视	2.0	2.0
	年度工作计划与方案	2.0	2.0

二　法规政策效力与内容

法规政策是指对政府数据开放各个重要方面作出规范性要求的法律、行政法规、行政规章、部门规章、地方性法规、地方政府规章以及各种规范性文件，是推进政府数据开放的法制基础和重要依据。准备度对法规政策的效力和具体内容进行了综合评估，其中，法规政策效力是指法律法规和政策文件所具有的约束力，表现在等级和专门性两个方面；内容是指法规政策中对数据开放要求、数据利用要求、全生命周期安全管理、保障机制等方面作出的规定。

深圳市、上海市、浙江省等地先后出台了有关数据开放的地方性法规，分别为《深圳经济特区数据条例》《上海市数据条例》《浙江省公共数据条例》。有关共享开放的地方性法规主要有《贵州省政府数据共享开放条例》《贵阳市政府数据共享开放条例》等。专门针对公共数据开放的地方政府规章主要有《上海市公共数据开放暂行办法》《浙江省公共数据开放与安全管理暂行办法》，其等级和专门性均相对较高。

（一）数据开放要求

数据开放要求是指对数据开放的范围、质量、社会需求回应等方面作出了要求，主要包括开放范围/数据范围、开放数据质量、开放数据需求征询与回应等内容。

在数据开放要求方面，《浙江省公共数据开放与安全管理暂行办法》明确了开放范围和优先开放的领域；《烟台市公共数据开放管理暂行办法》明确了开放数据的真实、完整等质量属性；《贵州省政府数据共享开放条例》规定了政府数据提供部门对数据开放申请应及时回应，对不完整或者有错误的政府数据应当及时补充、校核和更正；同时，政府部门应收集公众对政府数据开放的意见建议并改进工作，如表 2 所示。

表 2　部分法规政策对数据开放要求的规定（内容节选）

法规政策	指标内容	具体条款
《浙江省公共数据开放与安全管理暂行办法》	开放范围/数据范围	第七条　公共数据开放主体应当根据本地区经济社会发展情况,重点和优先开放下列公共数据: (一)与公共安全、公共卫生、城市治理、社会治理、民生保障等密切相关的数据; (二)自然资源、生态环境、交通出行、气象等数据; (三)与数字经济发展密切相关的行政许可、企业公共信用信息等数据; (四)其他需要重点和优先开放的数据。 确定公共数据重点和优先开放的具体范围,应当坚持需求导向,并征求有关行业协会、企业、社会公众和行业主管部门的意见
《烟台市公共数据开放管理暂行办法》	开放数据质量	第十四条　数据开放主体应当加强对公共数据的采集、存储、传输、处理、开放、利用等环节的全生命周期管理,确保开放数据的真实性、完整性、准确性、时效性、可用性
《贵州省政府数据共享开放条例》	开放数据需求征询与回应	第二十五条　政府数据提供部门收到数据开放申请时,能够立即答复的,应当立即答复。数据提供部门不能立即答复的,应当自收到申请之日起 15 个工作日内予以答复。如需要延长答复期限的,应当经数据提供部门负责人同意并告知申请人,延长的期限最长不得超过 15 个工作日。数据提供部门同意政府数据开放申请的,通过政府数据开放平台及时向申请人开放,并明确数据的用途和使用范围;不同意开放的,应当说明理由。 第二十六条　申请人申请开放政府数据的数量、频次明显超过合理范围的,数据提供部门可以要求申请人说明理由。数据提供部门认为理由不合理的,告知申请人不予处理;数据提供部门认为理由合理的,应当及时向申请人开放。 第二十七条　县级以上人民政府及其大数据主管部门应当定期通过政府数据开放平台或者其他渠道加强政府数据开放的宣传和推广,收集公众对政府数据开放的意见建议,改进政府数据开放工作。 第三十七条　建立政府数据使用反馈机制。使用政府数据的单位或者个人对获取的政府数据发现不完整或者有错误的,可以向数据提供部门反馈,数据提供部门应当及时补充、校核和更正

资料来源：根据相关法规政策整理。

（二）数据利用要求

数据利用要求是指对培育数据开放生态体系、展示开放数据的利用成果和进行开放数据应用示范作出了要求，包括生态培育、成果展示和应用示范等内容。

在数据利用要求方面，《上海市公共数据开放暂行办法》《浙江省公共数据开放与安全管理暂行办法》《福州市公共数据开放管理暂行办法》等提及了数据利用、融合创新等要求，有利于营造社会广泛参与、利用开放数据的良好氛围，如表 3 所示。

表 3　部分法规政策生态培育的规定（内容节选）

法规政策	具体条款
《上海市公共数据开放暂行办法》	第二十九条（优化开放环境） 市经济信息化部门结合本市大数据应用和产业发展现状，通过产业政策引导、社会资本引入、应用模式创新以及优秀服务推荐、联合创新实验室等方式，推动“产学研用”协同发展，营造良好的数据开放氛围
《浙江省公共数据开放与安全管理暂行办法》	第二十五条 县级以上人民政府应当探索建立多元化的行业数据合作交流机制，加强数据资源整合，鼓励公民、法人和其他组织依法开放自有数据，引导和培育大数据交易市场，促进数据融合创新，形成多元化的数据开放格局，提升社会数据资源价值。公共数据主管部门应当引导公民、法人和其他组织利用开放数据开展应用示范，带动各类社会力量开展公共数据应用创新
《福州市公共数据开放管理暂行办法》	第十九条 本市鼓励企业、科研机构参与制订数据开放使用、数据安全保护等相关行业标准，建立行业自律体系。 本市鼓励企业、科研机构积极开展与国内和国际先进企业、科研机构在公共数据开放领域的合作交流，促进本市开放数据创新应用技术实力和认知水平整体提升。 第二十条 本市鼓励企业、行业协会等单位依法开放自有数据，建设行业大数据开放平台。对于符合条件的行业大数据开放平台，支持其与开放平台进行对接，促进政企数据融合应用。 市大数据委和各行业主管部门应当结合行业特性，建立多元化的行业数据合作交流机制，鼓励行业数据的多维度开放和融合应用。通过优秀数据服务推荐、产业政策引导、社会资本引入和应用模式创新等方式，推动产学研用协同发展，营造良好开放氛围

资料来源：根据相关法规政策整理。

《上海市公共数据开放暂行办法》提出了将社会价值或者市场价值显著的公共数据利用案例进行示范展示，并将各类成果用于行政监管和公共服务，提升公共管理的科学性和有效性，如表 4 所示。

表 4　部分法规政策对数据利用要求的规定（内容节选）

法规政策	指标内容	具体条款
《上海市公共数据开放暂行办法》	成果展示与应用示范	第二十四条(成果展示与合作应用) 市经济信息化部门应当会同市大数据中心和数据开放主体通过开放平台,对社会价值或者市场价值显著的公共数据利用案例进行示范展示。 本市鼓励数据利用主体与市经济信息化部门、市大数据中心以及数据开放主体开展合作,将利用公共数据形成的各类成果用于行政监管和公共服务,提升公共管理的科学性和有效性

资料来源：根据相关法规政策整理。

（三）全生命周期安全管理

全生命周期安全管理是指对数据开放前、开放中、开放后的全周期安全管理作出了要求，包括开放前数据审查、开放中安全管控、开放后行为处理等内容。

在全生命周期安全管理方面，《宁波市公共数据管理办法》对公共数据开放审查、安全风险评估作出了具体要求。《上海市公共数据开放暂行办法》对开放中安全管控、开放后行为处理的方式与措施都作出了详细规定，如表 5 所示。

表 5　部分法规政策对全生命周期安全管理的规定（内容节选）

法规政策	指标内容	具体条款
《宁波市公共数据管理办法》	开放前数据审查	第二十四条　市大数据主管部门应当会同行政机关和公共服务单位建立公共数据开放审查机制,数据经审查后通过开放平台统一开放。 第三十二条　大数据主管部门、行政机关和公共服务单位应当按照国家、省、市相关法律、法规和规定,对拟开放的公共数据进行安全风险评估,涉及国家秘密、商业秘密和个人隐私的公共数据不得向社会开放,不得侵害国家利益、社会公共利益,以及公民、法人和其他组织的合法权益

续表

法规政策	指标内容	具体条款
《上海市公共数据开放暂行办法》	开放中安全管控	第三十七条(预警机制) 建立公共数据开放安全预警机制,对涉密数据和敏感数据泄露等异常情况进行监测和预警。 第三十八条(应急管理) 市网信、公安部门应当建立公共数据开放应急管理制度,指导数据开放主体制定安全处置应急预案、定期组织应急演练,确保公共数据开放工作安全有序
	开放后行为处理	第二十八条(违法违规行为处理)数据利用主体在利用公共数据的过程中有下列行为之一,市经济信息化部门应当会同市大数据中心和数据开放主体对其予以记录:(一)违反开放平台管理制度;(二)采用非法手段获取公共数据;(三)侵犯商业秘密、个人隐私等他人合法权益;(四)超出数据利用协议限制的应用场景使用公共数据;(五)违反法律、法规、规章和数据利用协议的其他行为。 对存在前款行为的数据利用主体,市大数据中心和数据开放主体应当按照各自职责,采取限制或者关闭其数据获取权限等措施,并可以在开放平台对违法违规行为和处理措施予以公示

资料来源:根据相关法规政策整理。

(四)保障机制

保障机制是指对数据开放工作的人员、资金和考核评估等方面的保障支撑作出了要求,包括人员能力、资金保障、考核评估等内容。

在保障机制方面,《临沂市公共信息资源开放管理暂行办法》提及要对数据开放工作相关机构工作人员开展培训,并建立数据开放专人专岗管理制度;《重庆市公共数据开放管理暂行办法》对公共数据开放工作的经费作出了要求;《青岛市公共数据开放管理办法》规定要针对数据开放主体的开放数据质量、调度管理效率、数据支撑能力等建立评价体系,如表 6 所示。

表 6　部分法规政策对保障机制的规定（内容节选）

法规政策	指标内容	具体条款
《临沂市公共信息资源开放管理暂行办法》	人员能力	第八条　【培训宣传】各公共信息资源主管部门应当建立公共信息资源开放工作培训制度,制定培训计划,对数据开放工作相关机构工作人员开展培训; 第三十九条　【组织保障】各数据开放主体应当加强公共信息资源开放工作的组织保障,明确牵头负责数据开放工作的内设机构,建立数据开放专人专岗管理制度。各数据开放主体应当将本机构负责数据开放工作的内设机构和人员名单及时向公共信息资源主管部门备案,人员变更需及时进行调整公布
《重庆市公共数据开放管理暂行办法》	资金保障	第五条　将公共数据开放管理工作所需经费纳入本级财政预算
《青岛市公共数据开放管理办法》	考核评估	第十六条　市、区(市)大数据工作主管部门应当建立公共数据开放指标评价体系,对数据开放主体的开放数据质量、调度管理效率、数据支撑能力等进行评价

资料来源：根据相关法规政策整理。

三　标准规范

标准规范制定是指为政府数据开放制定了标准规范和操作指南，包含标准规范等级、数据标准规范和平台标准规范三个二级指标。

（一）标准规范等级

标准规范等级是指对已经出台的数据标准或平台标准的等级进行评估。等级包含地方标准、普通规范与指引两类。江西省、广东省、贵州省等地制定了有关数据开放的地方标准，如表 7 所示。

表 7　各地有关数据开放的地方标准

省域	标准名称	标准号
江西省	《政务数据开放平台技术规范》	DB36/T 1098—2018
广东省	《电子政务数据资源开放数据技术规范》	DB44/T 2110—2018
	《电子政务数据资源开放数据管理规范》	DB44/T 2111—2018
贵州省	《政府数据　数据开放工作指南》	DB52/T 1406—2019
	《政府数据　开放数据核心元数据》	DB52/T 1407—2019
	《政府数据　开放数据质量控制过程和要求》	DB52/T 1408—2019
	《大数据开放共享安全管理规范》	DB52/T 1557—2021
山东省	《公共数据开放　第 1 部分:基本要求》	DB37/T 3523. 1—2019
	《公共数据开放　第 3 部分:开放评价指标体》	DB37/T 3523. 3—2019
福建省	《公共信息资源开放　数据质量评价规范》	DB35/T 1952—2020
四川省	《四川省公共数据开放技术规范》	DB51/T 2848—2021

资料来源：笔者自制。

（二）数据标准规范

数据标准规范是指对数据开放过程、分级分类管理、数据质量、数据安全和隐私保护等方面作出了规定，包括开放过程管理、分级分类管理、数据质量管理、数据安全与隐私保护等内容。

在开放过程管理上，广东省的《电子政务数据资源开放数据管理规范》明确了开放数据管理的角色与职责、管理过程、开放内容、开放各环节的管理要求；同时设立了专门章节对数据质量的管理要求作出进一步明确，如图 1 所示。

《福建省公共数据资源开放分级分类指南（试行）》中对数据开放分级分类的规定清晰详细，对开放数据分级分类的定义、原则、方法以及分类编码等进行了详细规定。贵州省的《大数据开放共享安全管理规范》对数据开放的安全管理进行了规定，如图 2 所示。

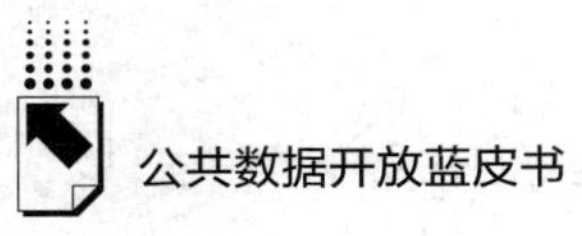

电子政务数据资源开放数据管理规范

1 范围

本规范规定了政务数据资源开放数据管理的角色与职责、管理过程、政务数据资源开放内容、数据开放各环节的管理要求。

本规范适用于我省各级政府部门开放的各种数据，并为各相关部门政务数据资源开放的数据管理提供实操性指导。本规范的使用对象为政务数据资源开放各环节中的提供部门、运维部门和使用者以及其他相关人员。

目　次

前　言……II

1 范围……1

2 规范性引用文件……1

3 术语和定义……1

4 政务数据资源开放数据管理的角色与职责……1

4.1 角色……1

4.2 提供部门职责……2

4.3 运维部门职责……2

4.4 使用者职责……2

5 管理过程……2

5.1 管理过程各项任务的规范要求……2

5.2 管理过程任务与角色的关系……2

5.3 规划任务……2

5.4 整理任务……3

5.5 注册登记任务……3

5.6 管理任务……3

5.7 服务任务……3

5.8 使用任务……3

6 管理制度建设……3

7 电子政务数据资源开放服务与数据提供流程图……3

8 政务数据资源开放内容……4

8.1 政务数据资源的开放范围……4

8.2 政务数据资源的资源形式……4

8.3 政务数据资源细化与综合方式……5

9 质量管理要求……5

10 考核要求……5

9　质量管理要求

质量管理是保证政务数据资源开放应用的基础，应当建立健全质量管理制度，明确分工，责任到人，保证政务数据开放工作质量稳定，并从下列方面保证数据开放各环节的质量：

a) 政务数据资源开放的质量管理分为数据提供质量的管理，数据管理及维护质量的管理，数据发布质量的管理等；
b) 提供部门按照“谁产生、谁提供、谁负责；谁主管、谁开放”的原则，负责对本部门政务数据开放目录和数据集的定期更新维护管理，确保数据的实时性、准确性、可用性；
c) 运维部门明确数据接收标准，对接收的数据进行检验、认可、签办及资料对比；
d) 运维部门执行数据资源发布程序，对要发布的数据资源进行检查登记，并保证正确发布数据；对不合格数据进行“标识－隔离－评审－处理”等措施；
e) 运维部门收集各角色的质量管理意见与建议，加以分析整理，及时反馈给各相关部门。

10　考核要求

实行政务数据开放全过程管理与监控，应建立数据开放绩效考核制度。绩效考核制度应从数据的连续性、一致性、规范性、真实性、完整性与有效性等方面进行考核。运维部门组织开展政务数据开放指数研究，定期对政务数据的开放数量、数据集质量、应用开发、访问情况、运行效率及使用效果等内容进行成效评估。

图 1　广东省《电子政务数据资源开放数据管理规范》截图

资料来源：广东省电子政务协会，http：//www. egag. org. cn/index. php？ m = article&a = index&id = 536。

DB52/T 1557—2021

大数据开放共享安全管理规范

1　范围

本文件规定了大数据开放共享安全管理总体要求、数据流通过程、数据开放安全管理和数据共享安全管理。

本文件适用于大数据开放共享的安全管理。

DB52/T 1557—2021

目　　次

前　言 …………………………………………………… II
1　范围 …………………………………………………… 1
2　规范性引用文件 ……………………………………… 1
3　术语和定义 …………………………………………… 1
4　总体要求 ……………………………………………… 2
5　数据流通 ……………………………………………… 3
6　数据开放安全管理 …………………………………… 4
7　数据共享安全管理 …………………………………… 6
参考文献 ………………………………………………… 10

图 2　贵州省《大数据开放共享安全管理规范》截图

资料来源：地方标准信息服务平台，https：//dbba. sacinfo. org. cn/stdDetail/01ea5c906d392d3904b91fe18d69055ff2b313f502c328b5cbceb6ba23f78a13。

（三）平台标准规范

平台标准规范是指对平台基本功能和平台运维等方面作出了规定，包括平台基本功能、平台运维管理等内容。

在平台标准规范方面，《山东省公共数据开放技术规范》对数据开放平台的基本功能作出详细规定，并指出数据开放平台应包括数据展示、数据服务、安全管理、交流互动等多项功能。

四　组织与领导

组织与领导是指开放数据的组织保障与实施推进，包括统筹管理机制、领导重视、年度工作计划与方案等三个二级指标。

（一）统筹管理机制

统筹管理机制主要是对主管部门的相对行政层级和职责内容，以及是否建立了跨部门的统筹协调机制等内容进行评估。

政府数据开放工作主管部门的机构职能和行政层级对其推动工作的力度和效果至关重要，浙江省和广东省等地的政府数据开放主管部门为省政府办公厅管理的省政府机构，有利于数据开放工作的开展，如表8所示。

表8　浙江省和广东省的政府数据开放主管部门及其职能

主管部门	机构类别	行政层级	上级主管部门	与数据开放相关的机构职能
浙江省大数据发展管理局	部门管理机构	副厅级	浙江省人民政府办公厅	组织协调公共数据资源整合、归集、应用、共享、开放；负责编制公共数据资源目录和开放目录，制定标准规范并组织实施和监督管理；推进落实各级各部门信息系统互联互通，打破信息孤岛，实现数据共享
广东省政务服务数据管理局	部门管理机构	副厅级	广东省人民政府办公厅	组织协调推进政务数据资源共享和开放，统筹政务数据资源的采集、分类、管理、分析和应用工作

资料来源：浙江省人民政府官网，https：//www.zj.gov.cn/col/col1229406037/index.html；广东省政务服务数据管理局官网，http：//zfsg.gd.gov.cn/gkmlpt/content/3/3718/post_3718910.html#2578。

《上海市公共数据开放暂行办法》指出应建立数据开放的“工作协调机制”，并对数据开放工作的职责分工进行了明确，如表 9 所示。

表 9　《上海市公共数据开放暂行办法》对于统筹协调机制的规定

法规名称	《上海市公共数据开放暂行办法》
内容节选	第五条(职责分工) 市政府办公厅负责推动、监督本市公共数据开放工作。市经济信息化部门负责指导协调、统筹推进本市公共数据开放、利用和相关产业发展。 市大数据中心负责本市公共数据统一开放平台(以下简称“开放平台”)的建设、运行和维护,并制订相关技术标准。 区人民政府确定的部门负责指导、推进和协调本行政区域内公共数据开放工作。 其他公共管理和服务机构根据相关法律、法规和规章,做好公共数据开放的相关工作。 第七条(协调机制) 市人民政府建立健全公共数据开放工作的协调机制,协调解决公共数据开放的重大事项

资料来源：根据相关法规政策整理。

（二）领导重视

领导重视是指地方党政高层领导在公开讲话中明确支持政府数据开放工作，包括领导层级和讲话内容。领导层级限定于地方党委和政府领导，包括党委正副书记、行政正副首长（如省长/副省长、市长/副市长）等。讲话内容意味着各地高层领导的意愿与态度直接影响着数据开放工作的开展，本项指标主要考察领导讲话内容的全面、丰富程度。

浙江省、丽水市、台州市等地的高层领导在公开场合发表了推动数据开放相关内容的讲话，如表 10 所示。

表 10　部分地方高层领导关于数据开放的讲话（内容节选）

地方领导	时间/地点	讲话内容（节选）
丽水市委常委、常务副市长杜兴林	2021 年 7 月，2021 丽水数据开放创新应用大赛颁奖典礼	杜兴林指出，今年是我市第二次举办数据开放创新应用大赛。赛事的举办，将推动以数据为驱动的新要素市场发展，推动更多优质企业来丽水发展数字经济，推动政府治理体系和治理能力现代化。 下一步，要以更高的思想站位、更强的行动自觉、更开放的数据供给，凝聚数据开放共享的共识，营造政府、企业、社会共同参与的氛围，探索建立公共数据要素市场化配置机制，推进数据由资源向要素转化，赋能丽水高质量跨越式发展，努力探索共同富裕先行示范。丽水市委、市政府也将一如既往地推动政务数据开放，为企业、社会创新应用政务数据创造价值、创新服务提供最优质的平台环境，最大力度地支持优秀作品落地应用。大赛最重要的就是互相启迪思维，最终的目的就是要落地见效，形成现实生产力
时任浙江省委副书记、省长袁家军	2020 年 7 月，数字经济发展领导小组全体会议	加强数据开放和安全，主动融入和推进数字长三角建设，统筹做好公共数据开放应用、地方立法和信息安全防护等工作，确保数字经济“列车”既稳又快
时任台州市委副书记、市长吴海平	2020 年 5 月，台州市深化“最多跑一次”改革推进政府数字化转型第四次专题会议	要聚焦“多业务协同流程再造、数字化平台化集成应用”两大关键，加快建设一批引领性强、创新性好、特色鲜明的场景化多业务协同应用和数据开放应用。推进政府数字化转型，是打造现代政府的必由之路。要全面推进政府治理数字化，加快推进公共数据开放和应用创新，打造整体协同、高效运行的数字政府。 要聚焦数据再发力，提速公共数据平台建设，加快数据开放共享，办好数据开放大赛，推动数据开放共享和应用

资料来源：浙江新闻网，https：//zj. zjol. com. cn/news. html？ id = 1707762；央广网，http：//zj. cnr. cn/zjyw/20200710/t20200710_ 525162463. shtml；台州发布，https：//mp. weixin. qq. com/s/KyYY42-Qvy2I2GociNeJQA。

（三）年度工作计划与方案

年度工作计划与方案是指制定并向社会公开当年政府数据开放的年度工作计划与方案。《2020 年上海市公共数据资源开放年度工作计划》《武汉市公共数据资源开放2020年度工作计划》《福州市公共数据开放2021年度工作计划》等专门针对数据开放工作的年度工作计划，在规定年度工作任务和计划的同时，还配套了保障措施和要求。

五　报告建议

在法规政策效力与内容方面，建议各地在制定有关数据开放的地方性法规、地方政府规章或规范性文件时明确数据开放要求、数据利用要求、全生命周期安全管理和保障机制等。

在组织与领导方面，建议各地建立数据开放工作的统筹协调机制。建议地方党政领导在公开场合发表明确支持数据开放工作的讲话，加大对政府数据开放的支持力度。建议各地制定和公开专门针对政府数据开放的年度工作计划与方案，并明确每项工作计划的责任单位。

在标准规范方面，建议省级政府制定并公开具有指导性和可操作性的有关政府数据开放的标准规范和操作指南，并对开放过程管理、分级分类、开放数据质量、数据安全与隐私保护、平台功能、平台运维管理等方面进行规定。

B.4

公共数据开放平台层报告

张　宏*

摘　要： 平台的建设与运营是政府数据开放工作的枢纽部分。中国公共数据开放评估中平台层的指标体系包括平台关系、发现预览、数据获取、成果提交展示、互动反馈和用户体验等一级指标。其中，省域评估指标体系更关注跨区域协同，而城市评估指标体系更强调日常运营维护。依据这一指标体系，本报告通过人工观察法对各地方政府数据开放平台进行了评估并介绍了各个指标的优秀案例供各地参考。结果显示，多数地方政府数据开放平台的功能建设已经取得了显著进步，部分地方也结合实际需求对平台的新功能进行了探索，而运营维护水平的高低逐渐成为导致各地平台间差距的主要原因。

关键词： 政府数据开放　数据开放平台　功能建设　运营维护

平台层是“数干”，是数据开放的枢纽。在政府数据开放的过程中，平台提供了连接数据供给侧和利用端的通道，是各方开放和获取数据、展示利用成果以及实现有效协同的重要载体。具体而言，平台层主要从平台关系、发现预览、数据获取、成果提交展示、互动反馈和用户体验等方面进行评估。

---

* 张宏，复旦大学国际关系与公共事务学院博士研究生，数字与移动治理实验室研究助理，研究方向为政府数据开放、数字治理。

一 指标体系

考虑到省域平台和城市平台在功能定位上的差别，平台层指标也进行了差异化处理，如表 1 所示。一方面，平台层在省域与城市两个层面的评估指标体系遵循着相同的理念，均重视平台帮助用户有效获取和利用数据的核心作用。另一方面，相比之下，省域评估通过增加“省域整体性”“区域协同性”“账号互通性”等指标，对省域内平台的互联互通以及平台间的跨区域协同有了更多的关注；城市评估则通过提高“数据发布者联系方式”“用户评价”“意见建议”“数据纠错”“权益申诉”等指标的权重，更加强调面向用户的平台日常运营与维护。

表 1 省域与城市平台层评估指标体系及权重

单位：%

一级指标	二级指标	省域评估权重	城市评估权重
平台关系	省域整体性	1.5	—
	区域协同性	0.5	—
发现预览	开放数据目录	1.0	1.0
	搜索功能	1.0	1.0
	数据集预览功能	1.0	1.0
数据获取	无条件开放数据获取	1.0	1.0
	有条件开放数据申请	3.0	3.0
	未开放数据请求	2.0	2.0
成果提交展示	利用成果提交功能	1.0	0.5
	利用成果展示	1.0	0.5
互动反馈	数据发布者联系方式	0.5	0.6
	用户评价	0.5	1.0
	意见建议	1.5	1.8
	数据纠错	1.5	1.8
	权益申诉	1.0	1.8
用户体验	账号互通性	1.0	—
	收藏功能	0.5	0.5
	推送功能	0.5	0.5

二 平台关系

平台关系是指省级平台与下辖地市平台以及省外平台之间的关系，包括省域整体性和区域协同性两个二级指标。

（一）省域整体性

省域整体性是指省域内平台有效整合并保持地市平台的特色性，通过地市上线率（省域内已上线政府数据开放平台的地市占下辖地市总数的比例）、省市整合度（省级平台中提供有效链接的地市平台数占省域内已上线地市平台总数的比例）以及地市特色性（省域内地市平台在栏目、功能设置等方面能够保持自身特色）三个方面进行评估。

截至 2021 年 10 月，浙江省、山东省、广东省、四川省、广西壮族自治区和江苏省内所有地市均已上线了政府数据开放平台，实现了省域内地市平台的全覆盖，表明开放数据的理念已经在这些行政区域内部得到较为广泛的认同和落实，为进一步的协同和整合奠定了基础。

浙江省、山东省、四川省、广西壮族自治区和甘肃省等平台提供了所有已上线地市平台的有效链接并在平台首页进行集中展示，用户点击各地市平台的对应链接便可直接进行跳转访问，如图 1 所示。

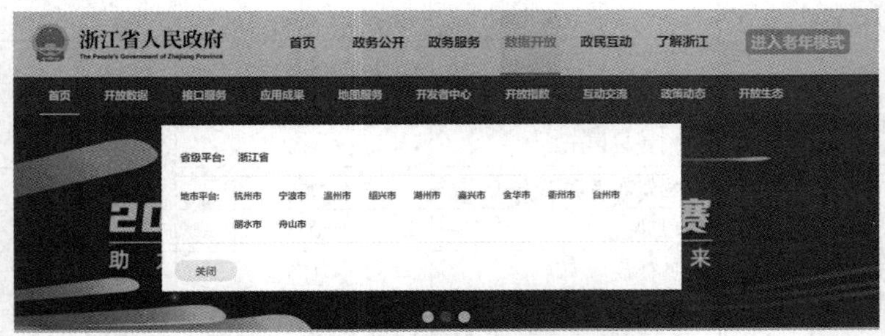

图 1 浙江省平台的地市平台链接

资料来源：浙江省人民政府数据开放平台，http：//data. zjzwfw. gov. cn/jdop_ front/index. do。

浙江省、贵州省、广东省等省域内地市平台保持了自身一定的特色和独立性，在平台架构、功能设置、运营维护等方面避免了全省“千篇一律”的状况，为地市平台的个性化创新保留了空间，也便于灵活响应和满足各地数据利用者的差异化需求。

（二）区域协同性

区域协同性是指省级平台通过设置区域数据专题等形式与省外平台进行协同。广东省平台设置了粤港澳大湾区专题，对金融、科技、创新、文化、旅游和企业等主题的相关数据进行了集中开放，便于用户进行浏览、获取和开发利用，如图 2 所示。

图 2　广东省平台的粤港澳大湾区专题

资料来源：“开放广东”政府数据统一开放平台，https：//gddata. gd. gov. cn/topic/index？ id=21。

三　发现预览

发现预览是指政府数据开放平台以醒目、便捷的方式帮助用户发现数据，并在用户获取数据前，提供数据集部分内容的预览功能，包括开放数据目录、搜索功能和数据集预览功能三个二级指标。

（一）开放数据目录

开放数据目录是指平台提供可下载的所有已开放数据资源的完整目录。开放数据目录可对数据开放平台上所有数据资源进行集中而简要的展示和介绍，便于用户快速了解平台开放数据的整体情况。上海市平台提供了可下载的开放数据目录，其中列举了数据资源提供部门、数据资源名称、数据资源内容描述、数据资源类型、数据资源状态、更新频率、开放属性、首次发布日期和最近更新日期等信息，如图 3 所示。

序号	数据资源提供部门	数据资源名称	数据资源内容描述	数据资源类型	数据资源状态	更新频率	开放属性	首次发布日期	最近更新日期
1	上海市统计局	1978年以来住	1978年以来上海住	数据产品	已发布	每年	无条件开放	2020-01-02 15:50:01	2021-06-23 11:19:16
2	上海市教育委员会	上海市普通高	上海市高校专业设	数据接口	已发布	每年	无条件开放	2021-01-19 14:40:27	2021-03-08 16:40:23
3	市公务员局	上海市公务员	上海市公务员管理	数据产品	已发布	每年	无条件开放	2015-03-06 14:37:18	2020-01-02 18:15:19
4	上海市文化和旅游	上海旅游统计	统计本市接待入境	数据产品	已发布	每月	无条件开放	2016-01-14 17:16:19	2020-01-02 18:15:19
5	上海市文化和旅游	上海旅游统计	旅游饭店客房平均	数据产品	已发布	每月	无条件开放	2016-01-15 10:18:03	2020-01-02 18:15:19
6	上海市文化和旅游	上海旅游统计	入境外国人按主要	数据产品	已发布	每月	无条件开放	2016-01-14 17:21:23	2020-06-02 16:18:55
7	上海市公安局	机动车驾驶证	机动车驾驶证记分	数据接口	已发布	即时	无条件开放	2015-12-21 16:52:00	2020-01-02 18:15:19
8	上海市统计局	统计年鉴查询	提供《上海统计年	数据接口	已发布	每年	无条件开放	2013-01-28 15:17:00	2020-01-02 18:15:19
9	上海市文化和旅游	上海各类博物	提供上海市各类博	数据产品	已发布	每年	无条件开放	2014-12-31 15:39:09	2020-01-02 18:15:19
10	上海市水务局	上海中心城区	市属公共供水企业	数据接口	已发布	每月	无条件开放	2015-10-30 10:27:32	2021-10-29 17:04:28
11	上海市商务委员会	各主要国家贸	美国、英国、法国、	数据产品	已发布	每年	无条件开放	2012-12-07 11:21:20	2020-07-08 16:40:46
12	上海市公安局	行程时间检测	行程时间检测器实	数据接口	已发布	即时	无条件开放	2016-09-08 10:41:00	2020-01-02 18:15:19
13	上海市水务局	上海中心城区	上海市中心城区各	数据接口	已发布	每月	无条件开放	2021-05-12 15:58:56	2021-05-13 10:25:44
14	上海市住房和城乡	二手房出售出	对二手房出售及出	数据接口	已发布	每月	无条件开放	2012-11-22 13:58:00	2020-01-02 18:15:19
15	上海市文化和旅游	上海旅游统计	旅行社国内旅游组	数据产品	已发布	每月	无条件开放	2016-01-15 13:59:53	2020-01-02 18:15:19
16	上海市商务委员会	上海市"早餐工	上海市确立了4000	数据接口	已发布	每月	无条件开放	2022-02-07 15:45:27	2022-02-07 16:21:05
17	上海市市场监督管	企业注册登记	分别按内资企业（	数据接口	已发布	静态数据	无条件开放	2014-12-29 10:59:00	2020-01-02 18:15:19
18	上海市科学技术委	高新技术企业	高新技术企业:证书	数据产品	已发布	每年	无条件开放	2020-11-19 14:41:09	2021-03-05 15:24:53
19	上海市公安局	派出所基本情	提供上海市各派出	数据产品	已发布	每年	无条件开放	2021-05-11 11:15:40	2021-05-11 11:15:40
20	上海市经济和信息	电力供需平衡	本市日最高用电负	数据产品	已发布	不定期更新	无条件开放	2014-11-07 14:53:45	2020-01-02 18:15:19
21	上海市文化和旅游	上海旅游统计	旅行社组织出境旅	数据产品	已发布	每月	无条件开放	2016-01-15 10:46:26	2020-01-02 18:15:19
22	上海市住房和城乡	住房公积金信	住房公积金信息包	数据接口	已发布	每天	无条件开放	2016-10-20 11:44:00	2022-01-05 17:05:40
23	上海市交通委员会	车辆统计信息	为市民提供公交供	数据产品	已发布	每半年	无条件开放	2015-01-13 15:10:24	2020-01-02 18:15:19
24	上海市文化和旅游	上海旅游统计	旅行社外联、接待	数据产品	已发布	每月	无条件开放	2016-01-15 10:43:08	2020-01-02 18:15:19

图 3　上海市平台的开放数据目录

资料来源：上海市公共数据开放平台，https：//data. sh. gov. cn/zq//api/data _ set _ export/。

无锡市平台提供的开放数据目录也提供了数据项信息，用户可预先查看各数据集具体包含了哪些项目，如图 4 所示。

部门名称	目录名称	数据项	开放类
团市委	江苏好青年百人榜（无锡市）	类别|姓名|单位及职务	1
团市委	江苏省优秀少先队员名单（无锡市年度）	姓名|学校	1
团市委	无锡青年五四奖章拟表扬个人名单	姓名|单位|年度	1
团市委	无锡青年五四奖章拟表扬集体名单	集体名称|年度	1
团市委	无锡青年五四奖章提名奖拟表扬集体名单	集体名称|年度	1
团市委	无锡青年五四奖章提名奖拟表扬个人名单	姓名|单位|年度	1
宜兴市	药品经营企业GSP认证公示	单位名称|经营地址|经营方式	1
宜兴市	排水许可发放公告	主题（二）|公开时限|公开形式	1

图 4　无锡市平台的开放数据目录

资料来源：无锡市公共数据开放平台，http：//data. wuxi. gov. cn/rcservice/doc？doc _ id=01D93ABA651B4D96BA44590068A3FA30。

（二）搜索功能

搜索功能是指平台对数据集和利用成果提供有效的、带有筛选项的搜索功能。搜索功能可使用户按照自己的需求对平台提供的资源进行检索，以快速定位有价值的数据集或利用成果。山东省平台在首页提供了具备多种筛选项的高级搜索功能，同时支持关键词的精确与模糊搜索模式以及多个检索条件的逻辑组合，筛选项包括来源城市、数据领域、提供部门、开放条件、时间范围等，除了数据集之外还支持对利用成果的搜索，有利于用户对自己所需的资源在全平台范围内进行快速查找，如图 5 所示。

图 5　山东省平台的高级搜索功能

资料来源：山东公共数据开放网，http：//data. sd. gov. cn/。

（三）数据集预览功能

数据集预览功能是指平台在用户获取无条件开放数据和有条件开放数据之前，提供数据集的部分内容供其预览。数据集预览功能可使用户在获取数据之前能对数据集内容有直观的了解，帮助其判断是否需要下载或申请该数据集，以避免产生额外成本。多数平台仅针对无条件开放数据提供了预览功能，而杭州市平台则提供了覆盖无条件开放数据和有条件开放数据的预览功能，在数据集详情页面便可查看前 10 条数据的具体内容，如图 6、图 7 所示。

图 6　杭州市平台的无条件开放数据预览功能

资料来源：杭州市数据开放平台，https：//data. hz. zjzwfw. gov. cn/dop/tpl/dataOpen/dataDetail. html？ source_ id = 56238&source_ type = DATA&source_ type_ str = A&version = 3&source_ code = ZvEfy/20211130162930780401。

图 7　杭州市平台的有条件开放数据预览功能

资料来源：杭州市数据开放平台，https：//data. hangzhou. gov. cn/dop/tpl/dataOpen/apiDetail. html？ source_ id = 56245&source_ type = API&source_ type_ str = B&version = 2&source_ code = 33. 1111. zjhz. ZvEfy_ 20211130170002953337. SynReq。

四 数据获取

数据获取是指平台提供了便于用户获取目标数据集的功能和服务，包括无条件开放数据获取、有条件开放数据申请和未开放数据请求三个二级指标。

（一）无条件开放数据获取

无条件开放数据获取是指平台提供便于用户获取无条件开放类数据集的功能和服务。

在“开放为常态，不开放为例外”原则的影响下，无条件开放数据已成为多数平台提供的主要数据类型，也是用户最容易获取的数据类型，这一类数据获取的便利度对平台用户的使用体验有较大影响。部分平台在用户获取无条件开放数据时设置了登录账号、实名认证以及申请理由等限制条件，为获取数据造成阻碍。

德州市平台提供的无条件开放的可下载数据集则在用户未登录账号的情况下，通过点击数据详情页面的链接便可直接获取，从而提升用户获取数据的便利度，如图 8 所示。

（二）有条件开放数据申请

有条件开放数据申请是指平台提供便于用户获取有条件开放类数据集的功能和服务，包括列明开放数据集的条件、提供申请渠道以及及时回复并公开数据申请结果等方面。

针对部分对数据安全和处理能力要求较高、时效性较强或者需要持续获取的政府数据，各平台通常将其划为有条件开放数据，需要用户满足某种准入条件方可获取。

贵州省平台在有条件开放数据详情页面提供了申请功能，用户在填写使用范围、数据用途、联系电话等信息，并上传必要的附件后便可提交申请，如图 9 所示。贵州省平台还在互动中心对外公开了用户的申请结果，包括数

图 8　德州市平台可直接获取的无条件开放数据

资料来源：德州市公共数据开放网，http：//dzdata. sd. gov. cn/dezhou/catalog/3817b334bc874fb 2824d4e2ef05f0b54。

据名称、数据提供方、数据用途、申请时间、回复内容和回复时间等信息，如图 10 所示。

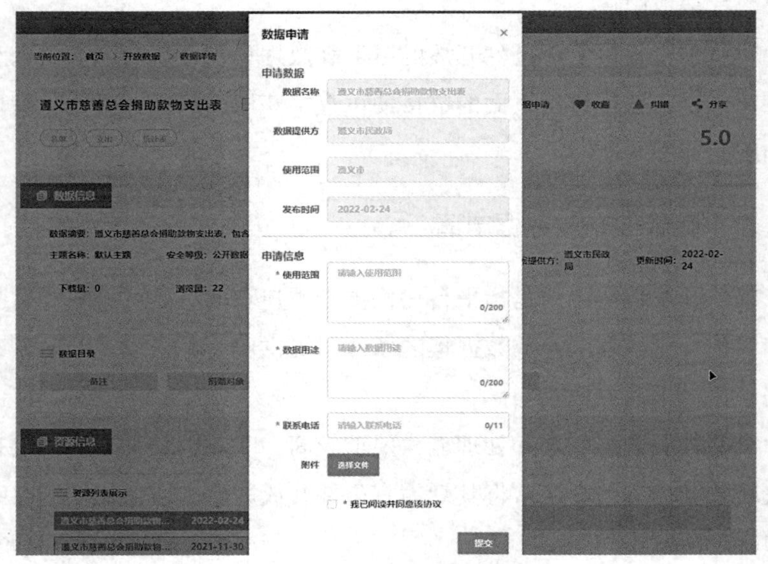

图 9　贵州省平台的有条件开放数据申请功能

资料来源：贵州省政府数据开放平台，http：//data. guizhou. gov. cn/open-data/6e52b884-82e1-45ea-bc95-7c45870cd795。

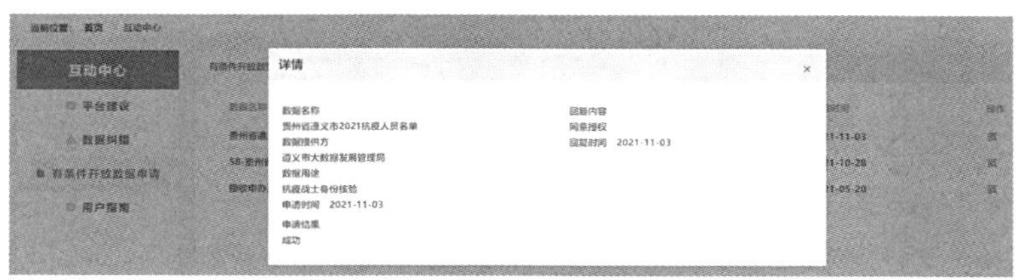

图 10　贵州省平台公开的有条件开放数据申请结果

资料来源：贵州省政府数据开放平台，http：//data. guizhou. gov. cn/information/active-center。

深圳市平台则在互动交流页面提供了数据申请功能，其中“申请需特定审核的开放数据”栏目下对有条件开放数据进行了集中展示，并提供了资源ID、数据名称、资源摘要和更新时间等信息。用户可在搜索或浏览后从中选取一个或多个需要的数据集，填写申请理由之后提交申请，如图 11 所示。深圳市平台还对用户的数据申请进行了及时有效的回复，并对外公开了申请结果，包括资源名称、申请者（已匿名化处理）、申请时间、申请理由、申请状态、审核部门、审核时间和回复内容等信息，如图 12、图 13 所示。

图 11　深圳市平台的有条件开放数据申请功能

资料来源：深圳市政府数据开放平台，https：//opendata. sz. gov. cn/interaction/demand/ toDemand。

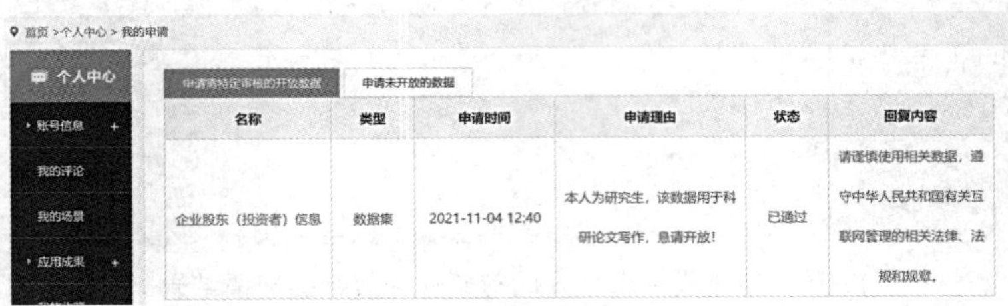
首页 > 个人中心 > 我的申请

个人中心
账号信息 +
我的评论
我的场景
应用成果 +

申请需特定审核的开放数据 | 申请未开放的数据

名称	类型	申请时间	申请理由	状态	回复内容
企业股东（投资者）信息	数据集	2021-11-04 12:40	本人为研究生，该数据用于科研论文写作，急请开放！	已通过	请谨慎使用相关数据，遵守中华人民共和国有关互联网管理的相关法律、法规和规章。

图 12　深圳市平台对有条件开放数据申请的回复

资料来源：深圳市政府数据开放平台，https：//opendata. sz. gov. cn/ maintenance/personal/ toApply。

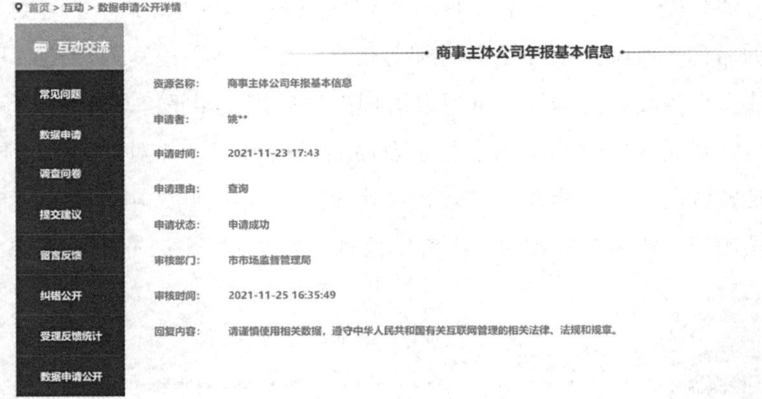
首页 > 互动 > 数据申请公开详情

互动交流
常见问题
数据申请
调查问卷
提交建议
留言反馈
纠错公开
受理反馈统计
数据申请公开

商事主体公司年报基本信息

资源名称：商事主体公司年报基本信息
申请者：姚**
申请时间：2021-11-23 17:43
申请理由：查询
申请状态：申请成功
审核部门：市市场监督管理局
审核时间：2021-11-25 16:35:49
回复内容：请谨慎使用相关数据，遵守中华人民共和国有关互联网管理的相关法律、法规和规章。

图 13　深圳市平台公开的有条件开放数据申请结果

资料来源：深圳市政府数据开放平台，https：//opendata. sz. gov. cn/ interaction/dataApply/ toGrantApplyPublicDetail/1463080797721161728。

（三）未开放数据请求

未开放数据请求是指平台对尚未开放的数据集提供便于用户进行数据开放请求的功能和服务，包括提供请求渠道、及时回复并公开请求和回复等方面。

尽管各地方政府已对所拥有的数据资源进行梳理并不断更新开放目录，但用户所实际需要的数据资源仍可能不在平台的开放范围内。因此，平台有必要为用户未被满足的数据需求提供反馈渠道，这些反馈也能帮助平台确定未来数据开放的可能方向，避免数据开放工作成为“自说自话的表演”。

上海市平台提供了未开放数据请求功能，用户可针对未找到的数据集填写数据需求，包括需求标题、需求描述、应用场景、数据领域等内容，并可对所需要的数据格式、更新频率等进行限定，有利于满足用户对政府数据的个性化需求，如图 14 所示。上海市平台还对用户的数据请求进行了及时有效的回复，并对外公开了用户请求和平台回复，如图 15、图 16 所示。

图 14　上海市平台的未开放数据请求功能

资料来源：上海市公共数据开放平台，https：//data. sh. gov. cn/view/interactive-community/ demand-survey/index. html。

上海市高校应届毕业生就业情况　已驳回

提交时间: 2020/5/30 18:58:11　反馈时间: 2020/6/1 9:42:44

审批意见

尊敬的上海市公共数据开放平台用户：您好！ 您的问题反馈我们已经收到，感谢您对上海市公共数据开放平台的支持！ 您需求的数据目前不在上海市公共数据开放平台开放清单中，所以目前无法提供，对此我们深表歉意！ 您的需求我们已反馈给相关数据开放主体部门，根据《上海市公共数据开放暂行办法》，数据开放主体部门对尚未开放的公共数据会进行定期评估，在本市公共数据资源目录范围内的，会制定相关公共数据开放清单，并经相关部门审核后，通过上海市公共数据开放平台予以公布。建议您持续关注上海市公共数据开放平台，谢谢！ 上海市公共数据开放平台

需求详情

需求描述： 就业选择（升学or就业）、就业率等

附件文件： 下载

应用场景： 学校教育与终身教育

数据领域： 教育科技

图 15　上海市平台对未开放数据请求的回复

资料来源：上海市公共数据开放平台，https：//data. sh. gov. cn/view/personal－center/demandManager_ detail. html。

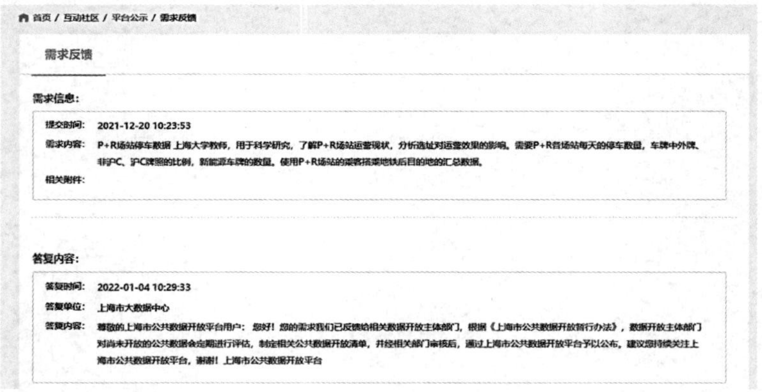
首页 / 互动社区 / 平台公示 / 需求反馈

需求反馈

需求信息:

提交时间: 2021-12-20 10:23:53

需求内容: P+R场站停车数据 上海大学教师，用于科学研究，了解P+R场站运营现状，分析选址对运营效果的影响。需要P+R各场站每天的停车数量，车牌中外牌、非沪C、沪C牌照的比例，新能源车牌的数量。使用P+R场站的乘客搭乘地铁后目的地的汇总数据。

相关附件:

答复内容:

答复时间: 2022-01-04 10:29:33

答复单位: 上海市大数据中心

答复内容: 尊敬的上海市公共数据开放平台用户：您好！您的需求我们已反馈给相关数据开放主体部门，根据《上海市公共数据开放暂行办法》，数据开放主体部门对尚未开放的公共数据会定期进行评估，制定相关公共数据开放清单，并经相关部门审核后，通过上海市公共数据开放平台予以公布。建议您持续关注上海市公共数据开放平台，谢谢！上海市公共数据开放平台

图 16　上海市平台公开的未开放数据请求和平台回复

资料来源：上海市公共数据开放平台，https：//data. sh. gov. cn/view/interactive－community/ platform－publicity/details. html？ id＝CTC_ 20220104102418082666&type＝02&with_ appendix＝false &opt＝platformPublicity&pageIndex＝1。

五　成果提交展示

成果提交展示是指平台提供利用成果提交功能并集中展示用户利用平台

上开放的数据所产生的各类数据利用成果，包括利用成果提交功能和利用成果展示两个二级指标。

（一）利用成果提交功能

利用成果提交功能是指平台为利用者提供上传数据利用成果的功能。除了协助用户获取数据资源之外，平台还承担着汇集基于开放数据的利用成果的功能，以服务于数据资源的开发利用活动，因而需要为数据利用者提供提交利用成果的渠道。

杭州市平台为开发者设置了利用成果提交功能，支持提交应用、传播产品、研究成果、创新方案等四类成果，开发者在填写成果分类、成果名称、成果描述、成果领域、开发者类型等信息并上传成果图标后即可上传利用成果，如图 17 所示。

图 17　杭州市平台的利用成果提交功能

资料来源：杭州市数据开放平台，https：//data. hangzhou. gov. cn/dop/tpl/developerCenter/ appAccess. html？ appCreate =。

（二）利用成果展示

利用成果展示是指平台具有展示多种类型、多种来源的数据利用成果的功能，通过利用成果类型和利用成果来源两个方面进行评估。

在平台上对基于开放数据的利用成果进行展示，有利于增加利用成果的“曝光度”，促进用户了解开放数据利用产出情况并使用这些利用成果，推动建立和完善数据开放与利用生态，保障开放数据资源的持续开发利用与价值发掘。

福州市平台在应用栏目下提供了应用成果展示功能，集中展示了服务应用、数据可视化、研究报告和创新方案等四类成果，用户可浏览或体验已展示的利用成果，如图 18 所示。

福州市平台在利用成果的详情页面提供了数据集名称、数据提供部门和开发利用者等信息项，其中展示的数据集均可通过链接直接跳转到对应的数据集详情页面，便于用户了解利用成果的来源信息，如图 19 所示。

六　互动反馈

互动反馈是指平台提供便于用户与平台、数据提供方进行互动反馈的功能和服务，包括数据发布者联系方式、用户评价、意见建议、数据纠错和权益申诉五个二级指标。

（一）数据发布者联系方式

数据发布者联系方式是指平台提供数据集发布者的联系方式，包括地址、邮箱和联系电话等。用户存在与数据发布者进行直接交流的需求，可提高沟通效率并改善开放数据资源的供需对接状况。青岛市平台在数据集详情页面提供了数据发布部门的联系电话，用户可通过电话与其直接进行联系，如图 20 所示。

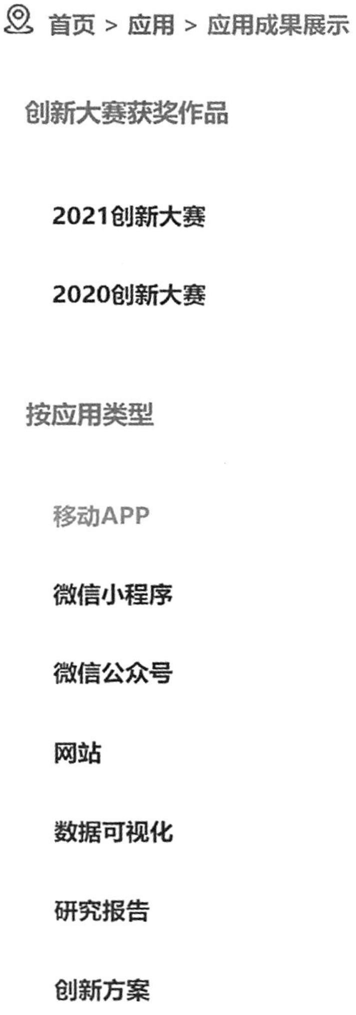

首页 > 应用 > 应用成果展示

创新大赛获奖作品

2021创新大赛

2020创新大赛

按应用类型

移动APP

微信小程序

微信公众号

网站

数据可视化

研究报告

创新方案

图 18　福州市平台展示的利用成果类型

资料来源：福州市政务数据开放平台，http：//data. fuzhou. gov. cn/application/application/ showApplication。

（二）用户评价

用户评价是平台为用户提供可对单个数据集和利用成果进行评价的功能，并在平台上公开评价结果。政府数据开放并不是“一锤子买卖”，用户

App详情

评论

安卓下载

应用名称：福州天气

2020-08-19　IOS　气象服务,地理空间

阿米未来科技有限公司　2691次　公司

应用介绍：

福州天气app是一款非常实用的手机天气预报软件。在这里可以查询福州未来30天天气变化情况，气温走势等，以便于日常出行和生活，非常贴心便利的一款软件。

应用图片　数据来源

序号	数据集名称	数据提供部门	开放方式	资源格式
1	自动站实况	市气象局	无条件开放	csv,json,rdf,xlsx,xml
2	福州强天气过程短临预报	市气象局	无条件开放	csv,json,rdf,xlsx,xml
3	福州未来3天预报	市气象局	无条件开放	csv,json,rdf,xlsx,xml
4	福州灾害性天气预警信号	市气象局	无条件开放	csv,json,rdf,xlsx,xml
5	风云2D可见光	市气象局	无条件开放	csv,json,rdf,xlsx,xml
6	红外云图	市气象局	无条件开放	csv,json,rdf,xlsx,xml

图 19　福州市平台展示的利用成果来源

资料来源：福州市政务数据开放平台，http：//data. fuzhou. gov. cn/application/application/ applicationDetails/22。

规划计划信息

分享　收藏　纠错

使用许可（请仔细阅读）：数据使用许可

来源部门：青岛市发展和改革委员会　重点领域：社保就业　发布时间：　更新时间：2022-04-01　开放类型：无条件开放　95　90

基本信息　数据项　数据预览　数据下载　图谱分析　相关数据　互动交流

来源部门	青岛市发展和改革委员会	数据量	10
开放状态	无条件开放	所属行业	
发布时间		最后更新时间	2022-04-01 09:43:19
更新频率	不定期	用户评分	★★★★★
部门电话	0532-66209326	部门邮箱	暂无
标签			
描述	青岛市发展和改革委员会编制的有关国民经济社会发展的各类规划计划。		

图 20　青岛市平台提供的数据发布者联系方式

资料来源：青岛市公共数据开放网，http：//data. qingdao. gov. cn/qingdao/catalog/ b5b583642bd945d79d66f44955494143。

在获取和使用平台提供或展示的数据资源以及利用成果之后作出的评价十分重要，既可发挥监督作用，又可帮助平台判断开放数据的实际水平和效果，确定重点问题并作出改进。

广州市平台在数据集详情页面设置了用户评价功能，使得用户可以对数据集的质量、价值等方面进行反馈，并对外公开了用户的评价，包括星级评价和文字评价，其他用户也可以对该用户的评价进行评论或点赞，如图 21 所示。

图 21　广州市平台公开的数据集评价

资料来源：广州市政府数据统一开放平台，https://data.gz.gov.cn/odweb/catalog/catalogDetail.htm?cata_id=d182f91eeea14d40bb9c86bc0d56fdfb。

济南市平台在利用成果的详情页面设置了用户评论功能，使得用户可以对利用成果的体验、价值等方面进行反馈，并对外公开了用户的评价，包括星级评价和文字评价，如图 22 所示。

（三）意见建议

意见建议是指平台为用户提供提交意见或建议的功能和服务，对收到的意见建议进行及时有效的回复，并公开意见建议和回复。平台的功能设置、日常运营等对用户的使用体验有较大影响，并关涉数据开放与利用的实际效果，因而平台有必要为用户的反馈提供渠道。

威海市平台提供了意见建议功能，用户在选择建议类型并填写标题、描述等信息后便可提交建议，对平台的功能和数据等方面的不足进行反馈，帮助平台提高服务质量，如图 23 所示。威海市平台在日常运营中也对用户的意见建议进行了及时有效的回复，并在建议列表中对外公开了用户意见建议和平台回复，如图 24、图 25 所示。

图 22　济南市平台公开的利用成果评价

资料来源：济南市公共数据开放网，http：//data. jinan. gov. cn/jinan/application/ 04f42dbd176e448c99d7325a9f223e0f。

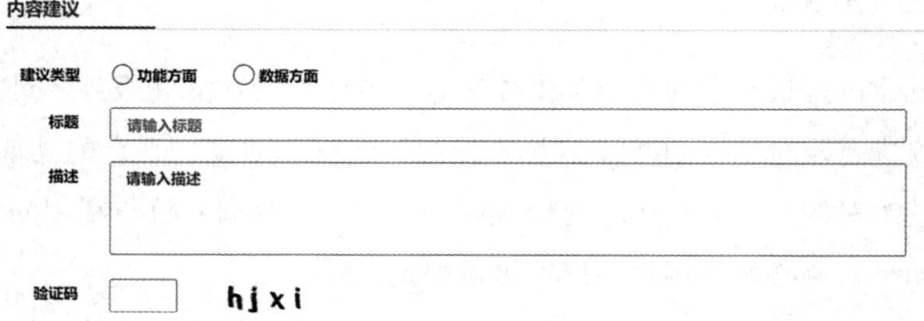

图 23　威海市平台的意见建议功能

资料来源：威海公共数据开放网，http：//data. weihai. gov. cn/weihai/interact/suggestion/。

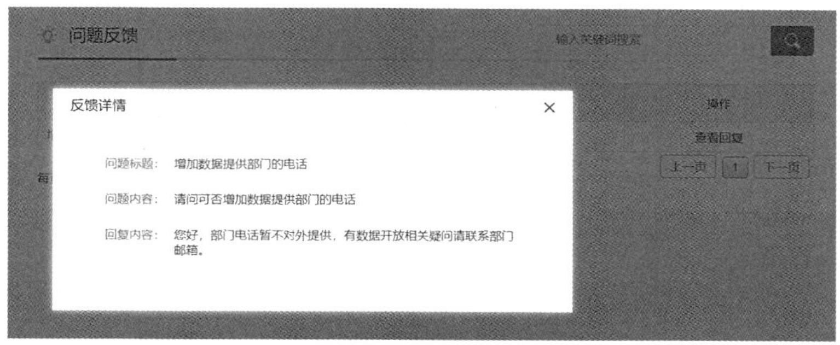

图 24　威海市平台对意见建议的回复

资料来源：威海公共数据开放网，http：//data. weihai. gov. cn/weihai/u/mysuggest。

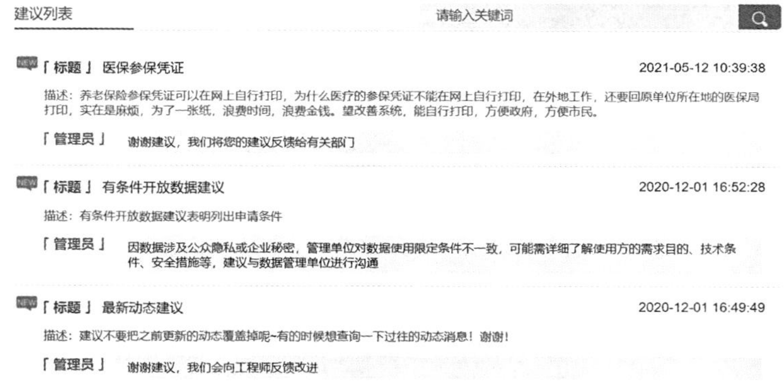

图 25　威海市平台公开的意见建议和平台回复

资料来源：威海公共数据开放网，http：//data. weihai. gov. cn/weihai/interact/suggestion/。

（四）数据纠错

数据纠错是指平台为用户提供对数据集进行纠错的功能和服务，对收到的数据纠错意见进行及时有效的回复，并公开纠错和回复。平台开放的数据集资源可能在准确性、完整性、时效性等方面存在问题，阻碍进一步的开发利用，因而平台有必要为利用者设置反馈渠道。

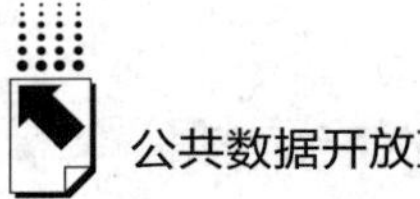

深圳市平台提供了数据纠错功能，用户在数据集详情页面点击“数据纠错”，便可针对特定数据集存在的问题进行反馈，帮助平台提升数据质量，如图 26 所示。深圳市平台在日常运营中也对用户的数据纠错进行了及时有效的回复，并对外公开了用户纠错和平台回复，包括具体资源名称、问题描述、纠错提交时间、分发部门、回复内容、回复时间和处理状态等，如图 27、图 28 所示。

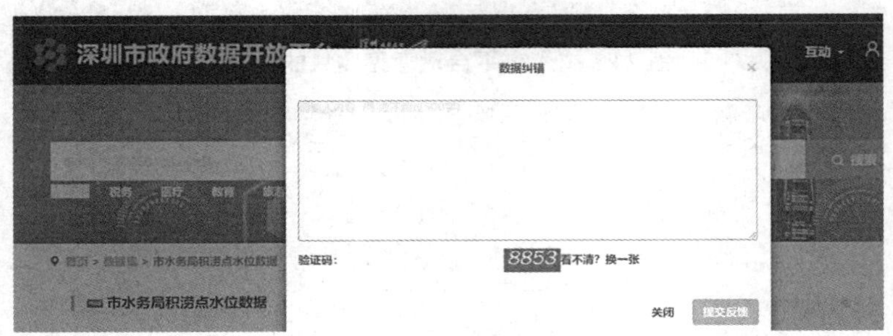

图 26　深圳市平台的数据纠错功能

资料来源：深圳市政府数据开放平台，https：//opendata. sz. gov. cn/data/dataSet/toDataDetails/ 29200_ 01403147。

图 27　深圳市平台对数据纠错的回复

资料来源：深圳市政府数据开放平台，https：//opendata. sz. gov. cn/maintenance/personal/ toCorrectionList。

图 28　深圳市平台公开的数据纠错和平台回复

资料来源：深圳市政府数据开放平台，https://opendata.sz.gov.cn/interaction/correction/toCorrectionDetails/1255128298069962752。

（五）权益申诉

权益申诉是指平台为用户提供对权益侵害行为进行申诉的功能和服务，并对收到的申诉进行及时有效的回复。平台在开放数据的过程中可能因数据脱敏不足等因素对用户在商业秘密或个人隐私等方面的权益造成了侵害，这就违背了数据开放的初衷，而若处理不当甚至可能引发较为严重的问题，因而平台有必要为用户提供申诉和救济渠道，及时处理相关问题。

上海市平台提供了权益申诉功能，“当用户认为开放数据侵犯其商业秘密、个人隐私等合法权益的，可以通过此页面功能告知数据开放主体，并提交相关证据材料，开放主体会根据核实结果，分别采取撤回数据，恢复开放或者处理后再开放等措施”，如图 29 所示。上海市平台在日常运营中也对用户提出的申诉进行了及时有效的回复，有利于保障公众的合法权益，如图 30 所示。

图 29　上海市平台的权益申诉功能

资料来源：上海市公共数据开放平台，https：//data. sh. gov. cn/view/index/protection. html。

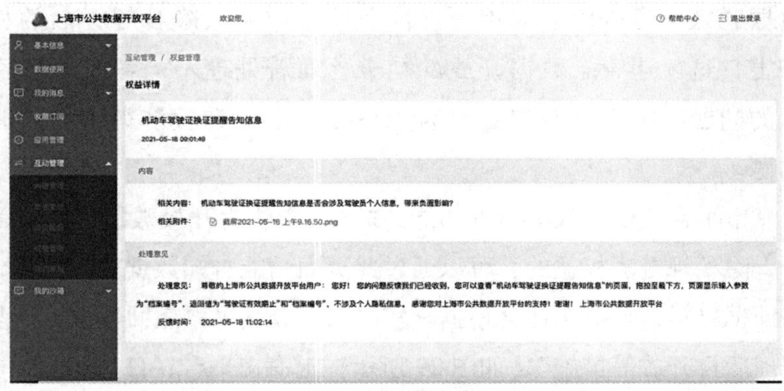

图 30　上海市平台对权益申诉的回复

资料来源：上海市公共数据开放平台，https：//data. sh. gov. cn/view/personal-center/ protectionManager. html。

七　用户体验

用户体验是指平台为用户使用平台和账户提供了体验良好的功能和服务，包括账号互通性、收藏功能和推送功能三个二级指标。

（一）账号互通性

账号互通性是指省域内可通过省级或国家账号统一登录的地市平台数占省域内已上线地市平台总数的比例。在省域内部地市平台“林立”的情况下，若不在加强平台账号的互通性上采取措施，势必造成用户体验的割裂，影响整体效率。

浙江省等省域内所有地市平台均提供了通过统一的身份认证系统进行登录的功能，使得用户可以在省域内的平台之间实现“无感”切换，避免重复注册和登录带来的不便，如图 31 所示。

图 31　浙江省内平台统一身份认证系统

资料来源：浙江省人民政府数据开放平台，https：//puser. zjzwfw. gov. cn/sso/newusp. do? action = logoutBack&code = 90000&goto = https：//data. zjzwfw. gov. cn/jdop_ front/index. do&servicecode = sjkf。

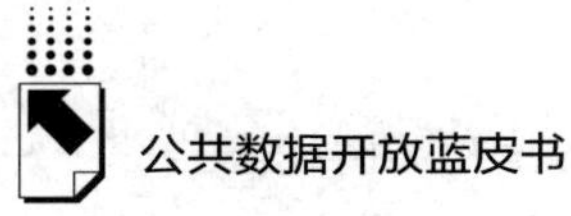

（二）收藏功能

收藏功能是指平台为用户提供对数据集、利用成果等进行收藏的功能和服务。台州市平台提供了收藏功能，使得用户可对自己感兴趣的数据集、应用等进行收藏，并可在个人中心集中查看，便于之后的访问和使用，如图 32 所示。

图 32　台州市平台的收藏功能

资料来源：台州市公共数据开放平台，https：//data. zjtz. gov. cn/tz/center/person/favorite。

（三）推送功能

推送功能是指平台在用户订阅的数据集更新时为其提供推送更新的功能和服务。上海市平台提供了数据集订阅功能，使得用户可对自己感兴趣的数据集进行个性化订阅，并在数据更新时对用户进行推送，帮助用户及时获取最新数据，如图 33 所示。

八　报告建议

在平台关系方面，建议推动省域内地市积极上线政府数据开放平台并支持其保持自身特色，在省级平台提供地市平台的链接，探索区域数据专题等跨区域数据协同开放形式。

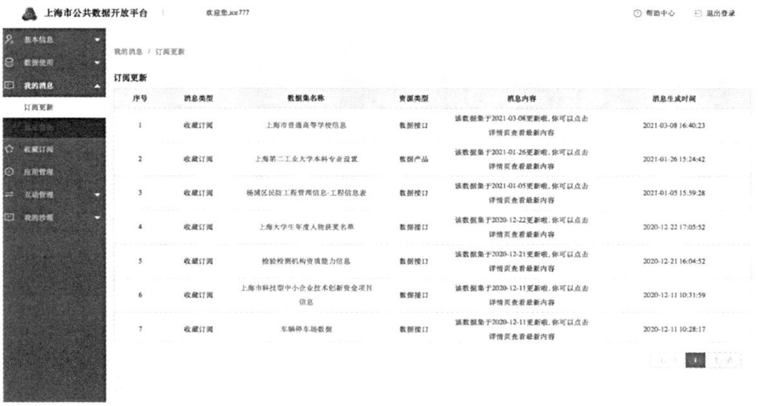

图 33　上海市平台的推送功能

资料来源：上海市公共数据开放平台，https：//data. sh. gov. cn/view/personal-center/myInfo. html。

在发现预览方面，建议提供可下载的开放数据目录，提供覆盖数据集和利用成果的高级搜索功能，并支持无条件开放数据和有条件开放数据的预览。

在数据获取方面，建议扩大无条件开放数据可直接获取的范围，开通有条件开放数据申请功能并列明申请条件，对用户的有条件开放数据申请和未开放数据请求进行及时有效的回复并公开相关信息。

在成果提交展示方面，建议为开发者提供多种类型的开放数据利用成果的提交入口，展示多种利用成果和利用成果的多种来源信息，包括数据集名称、数据提供部门和利用者信息等。

在互动反馈方面，建议提供数据发布者的联系电话，公开用户对数据集和利用成果的评价，对用户的意见建议和数据纠错进行及时有效的回复并公开相关信息，提供权益申诉功能并对用户的权益申诉进行及时有效的回复。

在用户体验方面，建议推动省域内地市平台使用统一和便捷的身份认证系统，避免采集非必要的信息，并为用户订阅的数据提供更新推送功能。

B.5
公共数据开放数据层报告

吕文增*

摘　要： 数据的数量与质量是政府数据开放工作的重要组成部分。中国公共数据开放评估中数据层的指标体系包括数据数量、数据质量、数据规范与开放范围共四个一级指标。其中，省域评估指标体系侧重于反映省级政府对下辖地市数据开放工作的赋能效果，而城市评估指标体系更看重数据本身。依据这一指标体系，报告通过机器自动抓取和处理各地政府数据开放平台上开放的数据，结合人工观察采集相关信息，对各地方政府数据开放平台上的数据进行了评估并介绍了各个指标的全国总体情况与优秀案例供各地参考。报告发现，全国公共数据开放数量总体不足，尤其需要开放更多高容量数据集、提高单个数据集的容量。此外，还需提升数据质量，保持稳定更新频率，确保开放数据的规范性，扩大开放范围。

关键词： 数据开放　数据数量　数据质量　数据规范　开放范围

数据层是“数叶”，是数据开放的核心。政府数据开放工作的核心就是持续开放数量更多、质量更高、规范性更好、内容更丰富的政府数据给社会利用。具体而言，数据层主要从数据数量、数据质量、数据规范与开放范围等方面进行评估。

* 吕文增，复旦大学数字与移动治理实验室研究员，管理学硕士，研究方向为政府数据开放、数字治理。

一　指标体系

数据层在省域与城市两个层面的评估指标体系保持整体一致，均注重省域到地市两级地方政府所开放的数据在数量、质量、规范和范围上的要求，同时权重的差异体现了省域和城市两级政府所侧重的工作方向的差异，如表1所示。相较而言，省域指标重视发挥省级政府对省域内下辖地市的赋能、规范和协调作用，例如协调统一各地市按照一定要求开放数据，包括开放目录、开放的格式、元数据等方面的规范，从而体现的是全省域范围内的整体水平。城市作为一个“空间”和“聚落”，是开放数据的主体，所以城市指标侧重的是城市本级所开放数据的产出，包括数量多少、质量高低、规范与否以及范围大小。

表1　省域与城市数据层评估指标体系及权重

单位：%

一级指标	二级指标	省域评估权重	城市评估权重
数据数量	有效数据集总数	2.0	3.0
	单个数据集平均容量	6.0	6.0
数据质量	优质数据集	4.0	4.0
	无质量问题	9.0	9.0
	数据持续性	4.0	5.0
数据规范	开放协议	1.5	2.0
	开放格式	3.5	4.0
	描述说明	2.0	3.0
开放范围	主题覆盖	1.0	1.5
	部门覆盖	1.0	1.5
	常见数据集覆盖	2.0	3.0
	关键数据集覆盖	2.0	3.0

二　数据数量

数据数量是指地方政府数据开放平台上开放的有效数据集的数量和容量。有效数据集总数用于评测省域与各城市数据开放平台上实际开放的、能被用户真正获取的数据集总数，包括无条件和有条件开放的数据。部分地方平台虽然宣称的开放的数据集总数很多，但实际用户能够获取的数据有限，甚至少部分平台无法有效地帮助用户获取数据，用户申请的有条件开放的数据也无法得到答复或反馈，平台长期处于无人维护的状态，这些平台提供的有效数据集数量十分有限。单个数据集平均容量用于评估平台上无条件开放的数据集的容量平均水平，高容量的数据集的数据利用价值更高。部分地方平台上绝大多数的开放数据都存在条数低、字段少的问题，单个数据集平均容量很低，而有些地方虽然平台上开放的数据集总数不多，但多数数据集有大量的条数与丰富的字段，数据利用价值较高。

（一）有效数据集总数

有效数据集总数是指平台上开放的真实有效的数据集的数量，不包括空白数据集、虚假数据集和重复数据集。数据集是由数据组成的集合，通常以表格形式出现，每一“列”代表一个特定变量，每一“行”则对应一个样本单位。

有效数据集是剔除了平台上的无效数据和重复数据后的总数。无效数据主要指平台上无法获取的数据集以及重复数据集，前者包括平台未提供数据文件给用户下载或无法调用接口、文件无法下载或下载后无法打开、即使能打开但内容为空等情况；重复数据集是指标题、主题等元数据相同的多个数据集重复出现，此种情况下多个重复数据集只算作一个有效数据集。

省域评估体系中，有效数据集总数指标分为省本级有效数据集总数和省域有效数据集总数，前者是为了促进省本级开放更多数据集，后者是包含省域内所有城市所开放的有效数据集总数，以考量省本级在促进全省域范围内各地市数据开放中所产生的效果。图 1 是截至 2021 年底省域有效数据集总数排前十的省域，山东开放的有效数据集总数最多，达到 12 万多个，远超其他省域，其次是四川、浙江、广东等，省域间差距较大。图 2 是截至 2021 年底城市有效数据集总数排前十的城市，城市间差距较小，威海开放的有效数据集总数最多，其次是滨州与泰安都开放了 1 万余个有效数据集，北京、烟台、济南、济宁等地也开放了较多有效数据集，有效数据集总数较多的城市主要集中在山东省内。

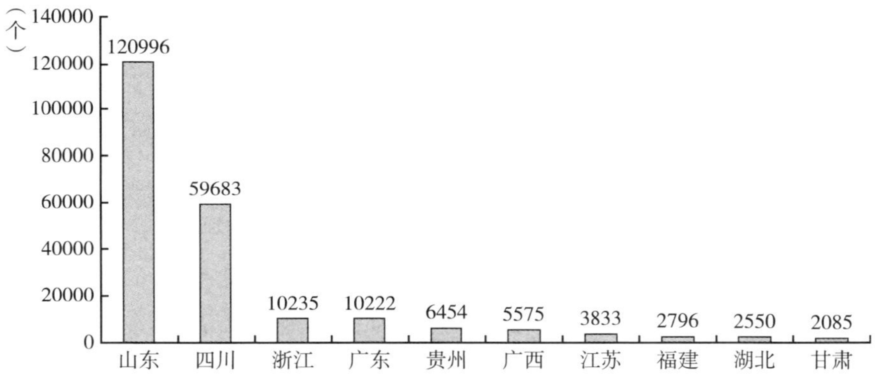

图 1　省域有效数据集总数（前十）

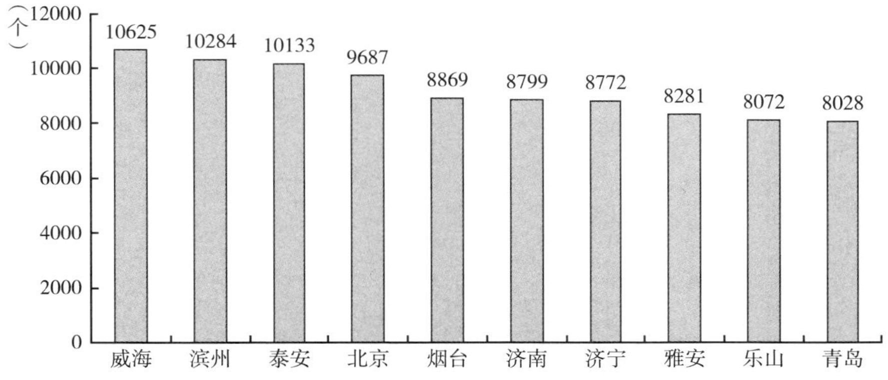

图 2　城市有效数据集总数（前十）

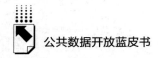

（二）单个数据集平均容量

单个数据集平均容量是指平均每个有效数据集的数据容量。数据容量是指将一个平台上可下载的、结构化的有效数据集的字段数（列数）乘以条数（行数）后得出的数据量。

省域评估体系中，单个数据集平均容量指标分为省本级单个数据集平均容量和省域单个数据集平均容量，前者是为了促进省本级开放更大容量数据集，后者是统计全省域范围内所有地市开放数据的单个数据集平均容量，以考量省本级在促进全省域范围内各地市数据开放方面所产生的效果。图 3 是截至 2021 年底省本级开放的单个数据集平均容量排前十的地方，其中，浙江省本级开放的单个数据集的平均容量最高，达到约 29.38 万，远超其他地方，其次是山东、广东、广西等地，省域间差距较大。图 4 是截至 2021 年底省域开放的单个数据集平均容量前十的地方，排第一的仍是浙江，全省平均每个数据集的容量超过 6 万，其次是广东、黑龙江、广西等地。图 5 是截至 2021 年底城市开放的单个数据集平均容量前十的地方，东莞市开放的单个数据集平均容量排第一，超过 80 万，远超其他城市，其次是温州、金华、惠州等城市。

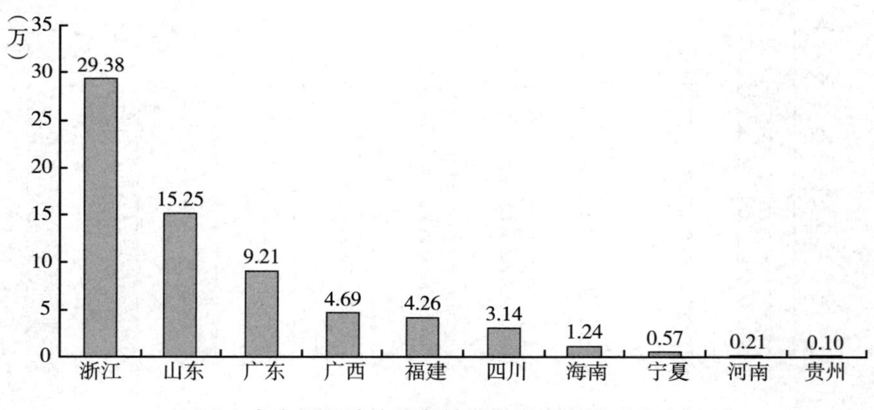

图 3　省本级开放的单个数据集平均容量（前十）

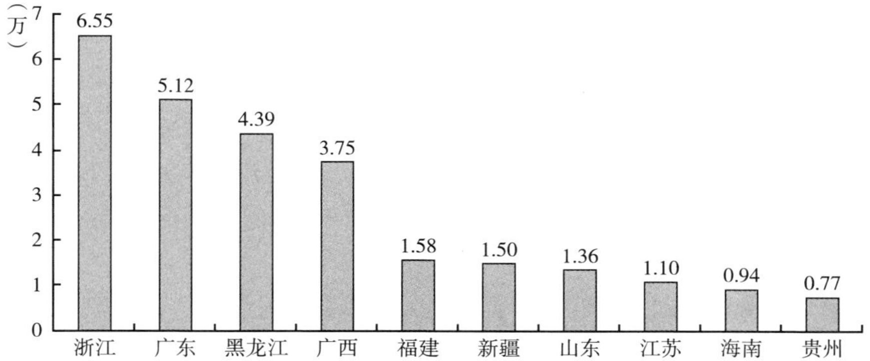

图 4　省域开放的单个数据集平均容量（前十）

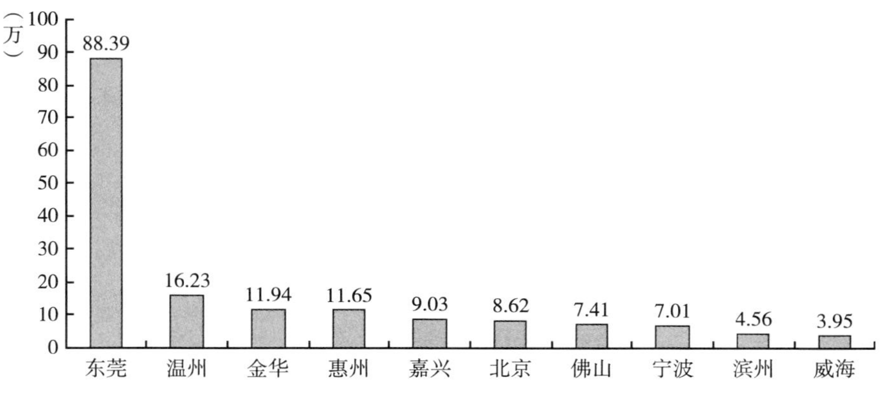

图 5　城市开放的单个数据集平均容量（前十）

三　数据质量

数据质量是指平台上开放的数据集的完整性、颗粒度、时效性和可获取性。数据质量用于评测政府开放数据的质量高低与可持续性，包括优质数据集、无质量问题与数据持续性三个指标。优质数据集用于发现与评价平台上开放的高容量数据；质量问题用于发现与评测相应的问题数据；数据持续性是平台持续开放与更新数据的水平。质量指标的最终目的是促进平台持续开放与更新高质量数据，减少问题数据的比例，提升数据质量，从而有利于释放政府开放数据的价值，赋能数字经济与数字社会的发展。

（一）优质数据集

优质数据集包含高容量数据集、高整合度数据集以及优质 API 接口三个指标。

高容量数据集是指平台上数据容量大的数据集的数量。对在评地区平台上所有可下载的数据集按照数据容量进行排序，选出排名居前 1%的数据集作为高容量数据集。表 2 是 2021 年下半年省本级地方政府数据开放的数据容量最大的前十位的数据集列表，这些数据集普遍具有较高的条数、字段数和下载量，内容主要涉及市场监管、环境监测、交通等方面。表 3 是 2021 年下半年城市开放的数据容量最高的前十位数据集列表，这些数据集普遍具有较高的条数、字段数和下载量，内容主要涉及工商、人社、市场监管、行政执法等方面。

表 2　省本级开放的前 10 个高容量数据集一览

序号	省域	数据集名称	行	列	数据容量
1	浙江省	食品经营许可证	980163	20	19603260
2	浙江省	空气环境监测——评价结果信息	910207	20	18204140
3	浙江省	“互联网+监管”举报信息数据标准表	866737	19	16468003
4	浙江省	水质自动监测_小时数据_采样信息	698952	20	13979040
5	浙江省	中华人民共和国道路运输证	633594	22	13939068
6	浙江省	双随机抽查对象名企业信息	737045	16	11792720
7	山东省	山东省农民专业合作社登记信息	284671	40	11386840
8	山东省	省内网约车车辆基本信息表	366216	29	10620264
9	浙江省	“互联网+监管”农专社年报基本信息	562421	18	10123578
10	浙江省	空气环境监测——监测结果日均值信息	493975	18	8891550

表 3　城市开放的前 10 个高容量数据集一览

序号	城市	数据集名称	行	列	数据容量
1	滨州市	法人库_个体工商户基本信息	1542230	80	123378400
2	东莞市	就业人员信息	2598566	16	41577056
3	东莞市	涉企信息_工程竣工验收备案信息	2342456	15	35136840
4	东莞市	行政许可公示	579202	54	31276908
5	佛山市	市场主体基本信息	1109776	27	29963952
6	青岛市	企业注册登记信息	988040	30	29641200
7	温州市	鹿城区综合行政执法局智慧城管路面整改信息	700000	39	27300000
8	北京市	对本行政区域内计量器具进行强制检定信息	2651669	10	26516690
9	临沂市	临沂北城供水管网压力检测信息	994854	26	25866204
10	东莞市	工商登记信息	1666661	15	24999955

高整合度数据集是指省级政府整合省域内各地市内容相同或相近的数据集，数据容量高，整合程度好。图 6 是截至 2021 年下半年省本级开放的高整合度数据数量情况，浙江省提供了最多的高整合度数据，其次是山东、广东等地。

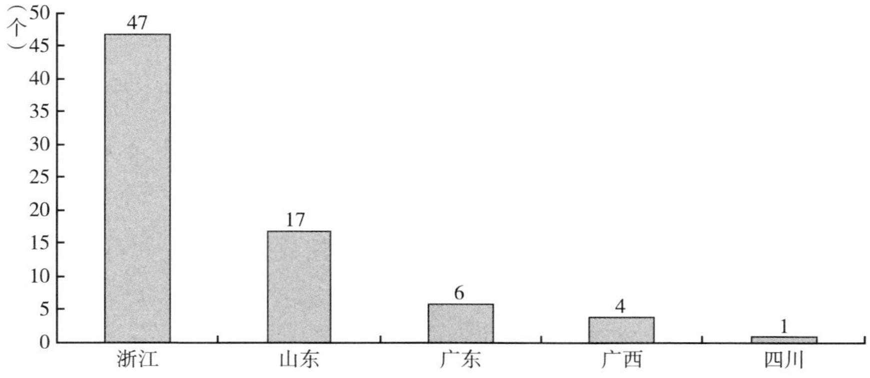

图 6　省本级开放的高整合度数据集数量情况

优质 API 接口是指平台上可获取、可调用、至少每天更新、数据容量较高的 API 接口。API 接口适用于提供实时动态的高容量数据，以促进高价值数据的开放与利用。截至 2021 年下半年，浙江省平台与深圳市平台提供了多个优质 API 接口，如表 4 和表 5 所示。

表 4　省域优质 API 接口情况

序号	地方	优质 API 接口名称
1	浙江省	水质自动监测_小时数据_采样信息
2	浙江省	设区城市环境空气质量自动监测信息(实时)
3	浙江省	全省各设区城市 $PM_{2.5}$实时浓度信息

表 5　城市优质 API 接口情况

序号	地方	优质 API 接口名称
1	深圳市	水库站点降雨量实时信息
2	深圳市	多种下垫面低温观测数据
3	深圳市	能见度探测数据

（二）无质量问题

无质量问题是指平台上存在高缺失、碎片化、低容量、生硬格式转化、限制型 API 等质量问题的数据集较少或没有。这些负面质量问题是基于报告对全国开放数据质量测评后归纳总结的出现情况较为普遍且不利于用户使用的主要问题，具体相关指标如下。

高缺失数据集是指数据集中有 60%以上的空缺数据，此类数据的空缺率远超正常的数据缺失情况，开放的数据质量不高，不利于用户加工使用。如图 7 所示，该数据集多数列为空白无数据，空白数据超过 60%，属于高缺失数据集。

碎片化数据集是指按照时间、行政区划、政府部门、批次等被人为分割的数据集。图 8 是某平台上旅游景区的碎片化数据集，该数据集按照不同层级的来源部门拆分，符合碎片化的质量问题。

企业行政处罚信息

当前状态	公示期限	罚款金额	没收金额	处罚有效期	公示截止期	处罚机关代码	数据来源单位	数据来源单位代码

图 7　某平台上高缺失数据集

齐河县A级旅游景区基本信息　　分享　收藏
描述：齐河县A级旅游景区名称 地址 等级
来源部门：县　领域：文化休闲　发布时间：2020-12-31　更新时间：2020-12-31　开放条件：无条件
csv　5　139次

A级旅游景区名录　　分享　收藏
描述：A级旅游景区名录,包括景区名称、所在地、等级等信息
来源部门：县　领域：　发布时间：2020-12-25　更新时间：2020-12-25　开放条件：无条件
rdf xml csv json xls　17　171次

A级旅游景区信息　　分享　收藏
描述：包含武城县A级旅游景区信息
来源部门：县　领域：　发布时间：2020-12-25　更新时间：2020-12-25　开放条件：无条件
rdf xml csv json　9　197次

A级旅游景区、旅游特色村信息　　分享　收藏
描述：A级旅游景区、旅游特色村的相关情况
来源部门：县　领域：　发布时间：2020-12-25　更新时间：2020-12-25　开放条件：无条件
rdf xml csv json xls　7　101次

图 8　某平台上碎片化数据集

低容量数据集是指因数据量本身稀少或颗粒度过大等原因造成的数据条数在三行或三行以内的数据集。图 9 是某平台上开放的行政许可类数据集，只有一条许可信息，远少于实际情况，存在质量问题，属于低容量数据集。

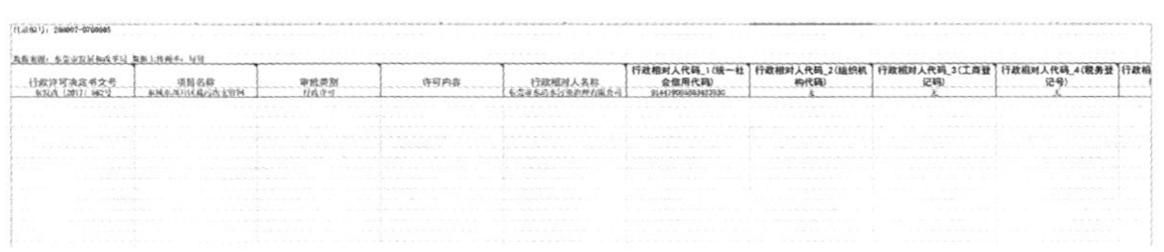

[illegible]

行政许可决定书文号	项目名称	审批类别	许可内容	行政相对人名称	行政相对人代码_1(统一社会信用代码)	行政相对人代码_2(组织机构代码)	行政相对人代码_3(工商登记码)	行政相对人代码_4(税务登记号)	行政相
[illegible]	[illegible]	[illegible]		[illegible]	[illegible]	无	无	无	

图 9　某平台上低容量数据集

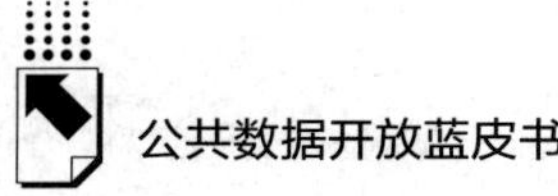

生硬格式转化是指平台将非结构化的 DOC、PDF 等文件生硬地转化成 XLS、CSV、XML 等可机读格式。如图 10 所示，该数据集是将 DOC 格式的文本数据放入 XLS 格式的文件中，实际上大量文本是非结构化数据，利用价值不高，符合生硬格式转化数据集。

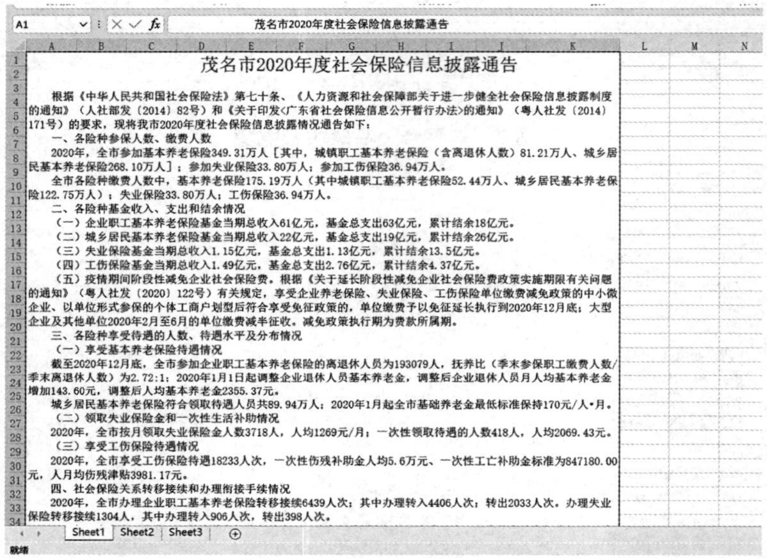

茂名市2020年度社会保险信息披露通告

根据《中华人民共和国社会保险法》第七十条、《人力资源和社会保障部关于进一步健全社会保险信息披露制度的通知》（人社部发〔2014〕82号）和《关于印发<广东省社会保险信息公开暂行办法>的通知》（粤人社发〔2014〕171号）的要求，现将我市2020年度社会保险信息披露情况通告如下：

一、各险种参保人数、缴费人数

2020年，全市参加基本养老保险349.31万人［其中，城镇职工基本养老保险（含离退休人数）81.21万人、城乡居民基本养老保险268.10万人］；参加失业保险33.80万人；参加工伤保险36.94万人。

全市各险种缴费人数中，基本养老保险175.19万人（其中城镇职工基本养老保险52.44万人、城乡居民基本养老保险122.75万人）；失业保险33.80万人；工伤保险36.94万人。

二、各险种基金收入、支出和结余情况

（一）企业职工基本养老保险基金当期总收入61亿元，基金总支出63亿元，累计结余18亿元。

（二）城乡居民基本养老保险基金当期总收入22亿元，基金总支出19亿元，累计结余26亿元。

（三）失业保险基金当期总收入1.15亿元，基金总支出1.13亿元，累计结余13.5亿元。

（四）工伤保险基金当期总收入1.49亿元，基金总支出2.76亿元，累计结余4.37亿元。

（五）疫情期间阶段性减免企业社会保险费。根据《关于延长阶段性减免企业社会保险费政策实施期限有关问题的通知》（粤人社发〔2020〕122号）有关规定，享受企业养老保险、失业保险、工伤保险单位缴费减免政策的中小微企业、以单位形式参保的个体工商户划型后符合享受免征政策的，单位缴费予以免征延长执行到2020年12月底；大型企业及其他单位2020年2月至6月的单位缴费减半征收。减免政策执行期为费款所属期。

三、各险种享受待遇的人数、待遇水平及分布情况

（一）享受基本养老保险待遇情况

截至2020年12月底，全市参加企业职工基本养老保险的离退休人员为193079人，抚养比（季末参保职工缴费人数/季末离退休人数）为2.72:1；2020年1月1日起调整企业退休人员基本养老金，调整后企业退休人员月人均基本养老金增加143.60元，调整后人均基本养老金2355.37元。

城乡居民基本养老保险符合领取待遇人员共89.94万人；2020年1月起全市基础养老金最低标准保持170元/人•月。

（二）领取失业保险金和一次性生活补助情况

2020年，全市按月领取失业保险金人数3718人，人均1269元/月；一次性领取待遇的人数418人，人均2069.43元。

（三）享受工伤保险待遇情况

2020年，全市享受工伤保险待遇18233人次，一次性伤残补助金人均5.6万元、一次性工亡补助金标准为847180.00元，人月均伤残津贴3981.17元。

四、社会保险关系转移接续和办理衔接手续情况

2020年，全市办理企业职工基本养老保险转移接续6439人次；其中办理转入4406人次；转出2033人次。办理失业保险转移接续1304人，其中办理转入906人次，转出398人次。

图 10　某平台上生硬格式转化数据集

限制型 API 是指平台对于无条件开放的、数据容量较小的、更新频率低的数据集仅提供了通过 API 接口获取一种方式，而未提供下载获取的方式。如图 11 所示，该数据集属于无条件开放的数据，数据容量小，更新频率低，但在平台上仅提供接口申请调用，不提供下载获取的方式，属于限制型 API。

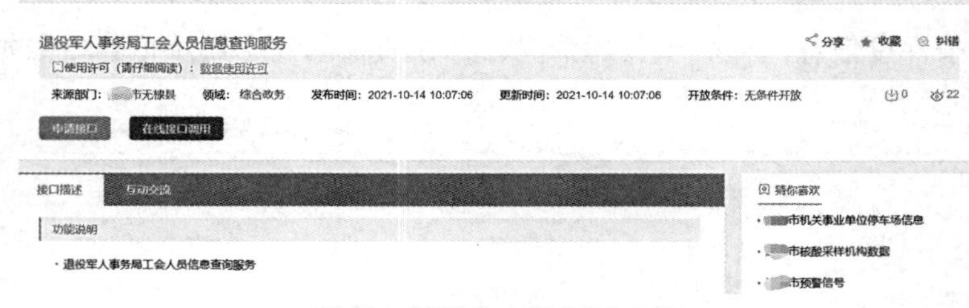

图 11　某平台上限制型 API

（三）数据持续性

数据持续性是指平台能够持续增加数据集，更新已开放数据集，并留存历史数据集。数据开放不是一蹴而就的工作，而是需要长期持续开放与运维，数据持续性有助于促使地方政府在平台持续开放更多数据集并对已开放数据集进行动态持续更新，从而保障数据能够源源不断地向社会供给，有利于促进数据价值的持续释放。该指标主要包含优质数据集持续供给、动态更新与历史数据留存三个指标。

优质数据集持续供给是指平台在上一期评估中进入优质数据集的数据在此次评估中仍可在平台上获取。图 12 是截至 2021 年下半年省本级开放的优质数据集持续供给的比例，广东、福建、山东等省本级能够持续开放 90%以上的优质数据，而部分省份却无法有效地持续开放数据。图 13 是截至 2021 年下半年城市开放的优质数据集持续供给比例的分布情况，供给比例达到 90%以上的城市占比最多（约 48%），其次是供给比例不足 15%的城市，约 20%的城市在该区间内。

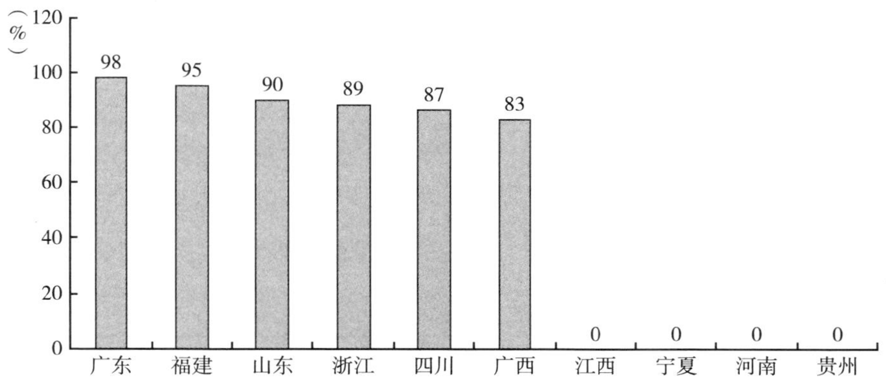

图 12　省本级开放的优质数据集持续供给的比例（前十）

动态更新是指平台在测评期内更新的数据集数量占总体的比例。图 14 是截至 2021 年下半年省本级动态更新数据集的比例，广东和山东省本级动

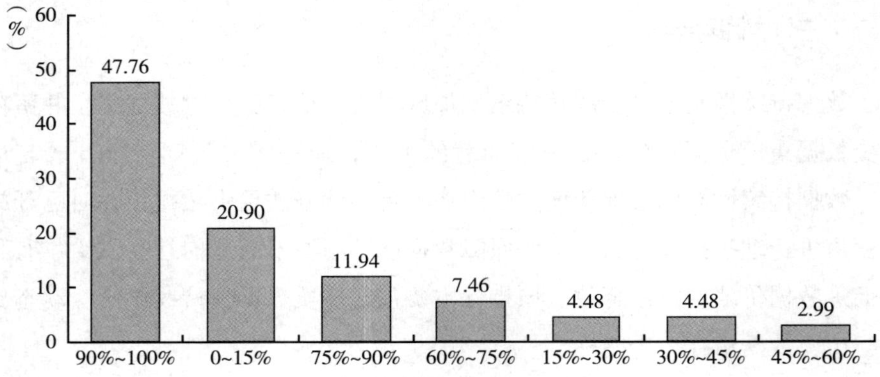

图 13　城市开放的优质数据集持续供给比例

态更新的数据集比例较高，能够及时更新数据，而部分省份却无法对多数数据进行持续更新。图 15 是截至 2021 年下半年城市动态更新的数据集比例的分布情况，动态更新比例小于 15%的城市占比最高，达到约 50%，其次是更新比例在 90%以上的城市，约占总数的 15%，可见，多数城市对已开放的数据集持续更新比例较低。

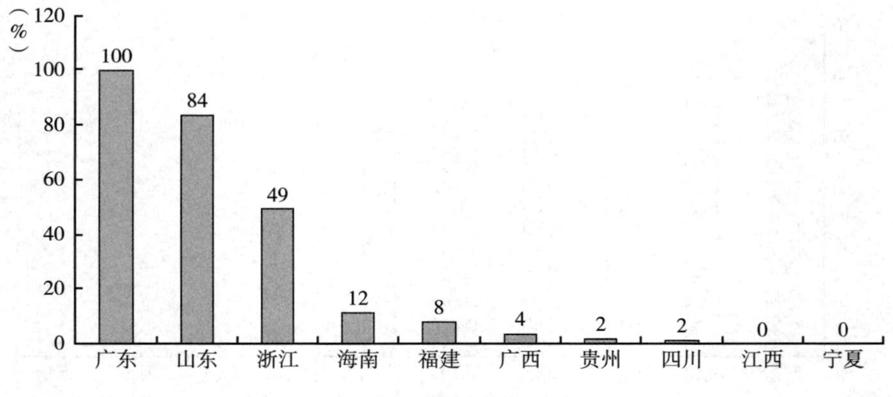

图 14　省本级动态更新数据集的比例（前十）

历史数据留存是指平台留存了历史上不同时间发布的多个批次的数据，使用户可获取和利用。图 16 是数据东莞平台对开放数据持续更新并留存的历史数据，并提供时间筛选功能帮助用户获取所需历史版本数据。

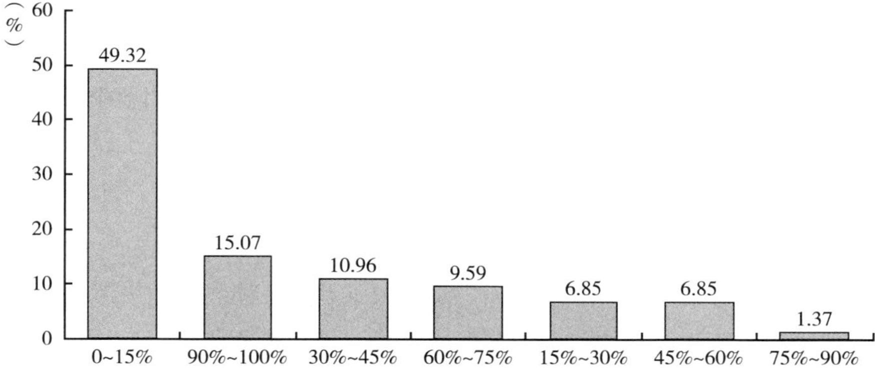

图 15　城市动态更新数据集比例

工商登记双公示信息

更新日期：2022-02-13　来源：东莞市市场监督管理局（知识产权局）　更新频率：每月　数据量：216,504　下载量：296,442　浏览量：1,259

所属标签：数据公开　所属主题：机构团体

数据说明：企业唯一号、企业名称、行政相对人类别、统一社会信用代码、注册号、法定代表人、行政许可决定文书名称、行政许可决定文书号、许可类别、经营范围、核准日期、成立日期、公示有效期至、许可机关、许可机关统一社会信用代码、双公示数据状态、数据来源单位、数据来源单位统一社会信用代码、企业状态、更新日期、企业类型

基本信息　数据结构　数据预览　数据下载　数据图谱　关联信息　API

查询

序号	文件名	更新时间	打包周期	数据量	下载量	下载
1	2022年02月01日至2022年02月28日数据	2022-02-15 04:00:50	每月	4126	45	XLS JSON
2	2022年01月01日至2022年01月31日数据	2022-01-31 04:00:41	每月	26348	163	XLS JSON
3	2021年12月01日至2021年12月31日数据	2022-01-17 08:46:39	每月	32022	42373	XLS JSON
4	2021年11月01日至2021年11月30日数据	2022-01-17 08:46:17	每月	37856	42318	XLS JSON
5	2021年10月01日至2021年10月31日数据	2022-01-17 08:45:54	每月	20666	42307	XLS JSON
6	2021年09月01日至2021年09月30日数据	2022-01-17 08:45:41	每月	26281	42308	XLS JSON
7	2021年08月01日至2021年08月31日数据	2022-01-17 08:45:25	每月	27353	42308	XLS JSON
8	2021年07月01日至2021年07月31日数据	2022-01-17 08:45:08	每月	24405	42311	XLS JSON
9	2021年06月01日至2021年06月30日数据	2022-01-17 08:44:53	每月	16760	42309	XLS JSON

图 16　数据东莞平台对开放数据持续更新并留存的历史数据

资料来源：数据东莞网，http：//dataopen. dg. gov. cn/。

四　数据规范

数据规范是指平台上的开放数据集在开放协议、格式标准、描述说明等方

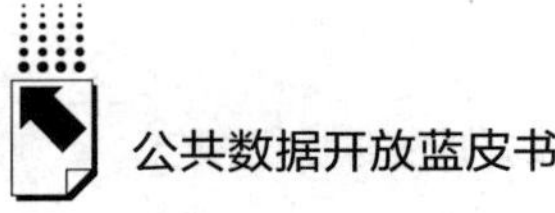

面的规范和完善程度。数据开放的规范不应各自为战，而应当在地区与全国范围内统筹协调，以满足基本的开放要求和规范，数据规范有助于推进地方政府在平台持续以统一的规范开放数据，从而保障数据能够满足利用要求。该指标主要包含开放协议、开放格式与描述说明三个指标。

（一）开放协议

开放协议是指平台为数据集提供了有关其开放主体和利用主体的权利和义务的协议。开放授权协议的内容应明确授予用户免费获取、不受歧视、自由利用、自由传播与分享“开放数据”的权利。图 17 是山东为全省开放平台提供的开放授权协议，协议中对以上权利予以明确阐述并授权给用户。

山东公共数据开放平台数据使用许可

第一条 概述

山东公共数据开放平台是全省统一的公共数据开放平台，面向社会提供具有原始性、可机器读取、可供社会化再利用的公共数据服务。政务部门和公共企事业单位作为公共开放数据责任主体按照年度开放计划和公共数据分级分类规则等规定，主动通过山东公共数据开放平台对外提供开放数据，并保证开放数据质量和数据动态更新。数据利用主体通过山东公共数据开放平台获取和利用开放数据服务，数据利用主体应根据法律、法规和本授权许可的规定，对公共开放数据进行开发利用，并配合数据责任主体进行跟踪管理。

第二条 数据责任主体权利及义务

（一）数据责任主体拥有数据的所有权。
（二）数据责任主体应保证提供至山东公共数据开放平台的开放数据的质量和时效性。
（三）数据责任主体依托山东公共数据开放平台，广泛收集数据利用主体对公共数据开放的意见与需求，并及时响应。
（四）数据责任主体在接到数据利用主体反馈的有关开放清单和开放数据有疑义或者错误时，应当及时予以校核；确实发现有错误的，应当及时予以更正并反馈。
（五）数据责任主体发现数据利用主体对获取的公共数据出现未授权使用、非法滥用、未经许可的扩散和泄露等行为时，应及时关闭数据使用权限。

第三条 数据利用主体权利及义务

（一）本使用许可赋予数据利用主体享有所明确规定的公共开放数据的使用权。对于无条件开放数据，用户可免费、不受歧视获取平台上的数据资源、并且可以自由利用、自由传播与分享；对于依申请开放的数据，应在满足数据使用条件前提下进行使用。
（二）数据利用主体获取公共开放数据的使用权后，应当遵循合法、正当的原则利用公共数据，不得损害国家利益、社会公共利益和第三方合法权益。
（三）数据利用主体有权对授权使用的公共数据进行开发利用，其依法获得的开发收益受法律保护。
（四）数据利用主体利用公共数据形成数据产品、研究报告、学术论文等成果的，应当在成果中注明数据来源。
（五）数据利用主体应定期向数据责任主体反馈数据利用情况，配合数据责任主体进行数据跟踪管理。

图 17　山东为全省开放平台提供的开放授权协议

资料来源：山东公共数据开放网，http：//data. sd. gov. cn。

（二）开放格式

开放格式是指平台上开放数据集的格式标准，包括可机读格式、非专属格式、RDF 格式和 API 开放性四个指标。

数据集应以可机读格式开放，可机读格式是指开放数据的格式应当能被计算机自动读取与处理，如 XLS、CSV、JSON、XML 等格式。图 18 是截至 2021 年下半年全国以可机读格式开放的数据集比例的分布情况，可机读格式比例达到90%以上的地方占比最多（约72%），可见全国范围内多数地方都能够以可机读格式开放数据。

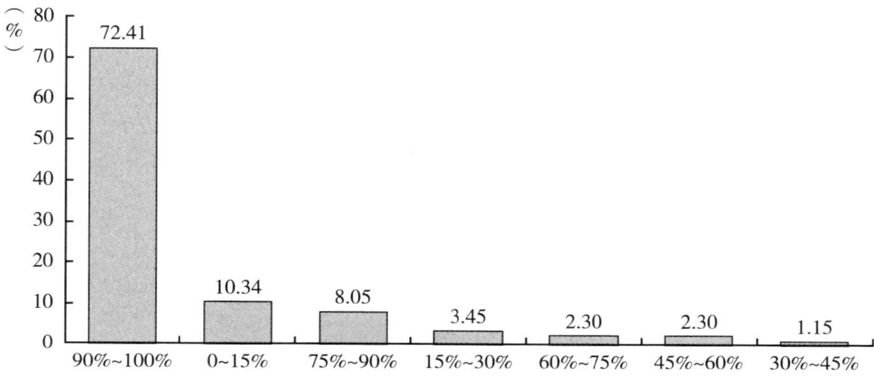

图18　全国开放数据可机读格式比例

开放格式是指可下载数据集应以开放的、非专属的格式提供，任何数据提供主体不得在格式上排除他人使用数据的权利，以确保数据无须通过某个特定（特别是收费的）软件或应用程序才能访问，如CSV、JSON、XML等格式。图19是截至2021年下半年全国以开放格式开放的数据集比例的分布情况，开放格式达到90%以上的地方占比最多（约52%），而全国约33%的地方开放格式比例小于15%。

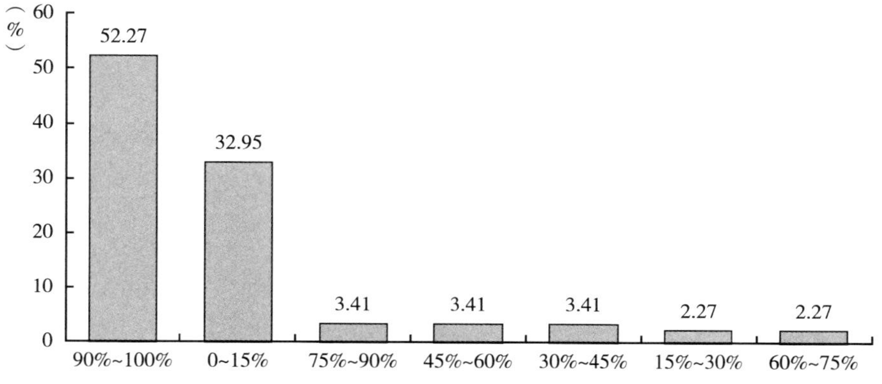

图19　全国开放数据开放格式比例

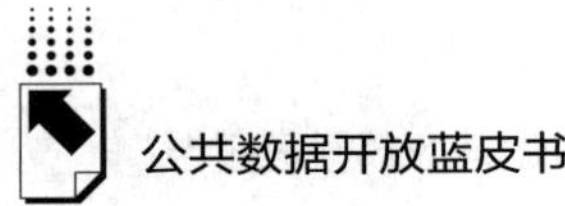

RDF 格式比例是指采用 RDF 格式发布数据集的比例。图 20 是截至 2021 年下半年全国以 RDF 格式开放的数据集比例的分布情况，RDF 格式比例少于 15%的地方占比最大（60.67%），RDF 格式比例高于 90%的地方仅占全国的不足 20%，可见全国范围内多数地方都未能以 RDF 格式开放数据。图 21 是福州平台提供的较为符合规范的 RDF 格式的数据。

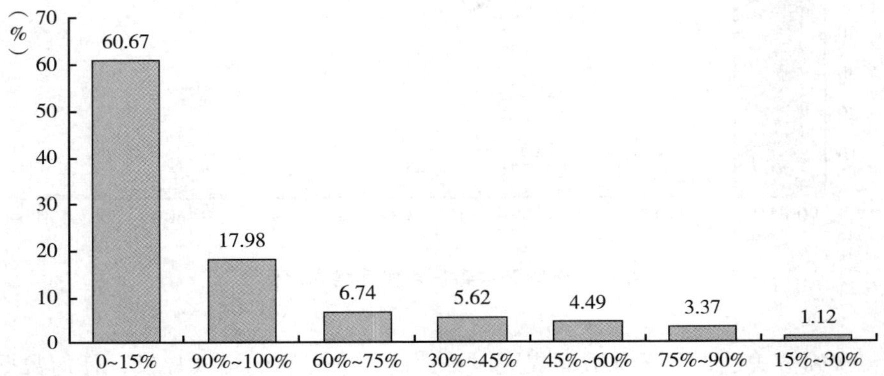

图 20　全国开放数据 RDF 格式比例


```xml
<rdf:RDF
  xmlns:rdf="http://www.w3.org/1999/02/22-rdf-syntax-ns#"
  xmlns:dc="http://purl.org/dc/elements/1.1/"
  xmlns:fzmeta="http://data.fuzhou.gov.cn/rdf/1.0#">
 <rdf:Description rdf:about="http://data.fuzhou.gov.cn/data/dataSet/toDataDetails/29000_23900008#data530">
  <fzmeta:pzwh>榕劳培〔2005〕100号</fzmeta:pzwh>
  <fzmeta:fzr>法定代表人揭小明，校长揭小明</fzmeta:fzr>
  <fzmeta:bxlx>计算机操作、办公软件应用、电脑美术设计、程序设计、电脑维修、网页设计、物流、电子商务、网络管理</fzmeta:bxlx>
  <fzmeta:bm>人社民3501016205028号</fzmeta:bm>
  <fzmeta:dz>福州市仓山区对湖街道上三路216号科技综合大楼八层B0813</fzmeta:dz>
  <fzmeta:yxq>有效期至2023.06.10</fzmeta:yxq>
  <fzmeta:jgmc>福州爱达华电脑职业培训学校</fzmeta:jgmc>
 </rdf:Description>
 <rdf:Description rdf:about="http://data.fuzhou.gov.cn/data/dataSet/toDataDetails/29000_23900008#data312">
  <fzmeta:pzwh>榕人社审〔2018〕209号</fzmeta:pzwh>
  <fzmeta:fzr>法定代表人程文鹤，校长陈苏婵</fzmeta:fzr>
  <fzmeta:bxlx>茶艺师、评茶员</fzmeta:bxlx>
  <fzmeta:bm>人社民3501016218012号</fzmeta:bm>
  <fzmeta:dz>福州市鼓楼区北二环西路386号  </fzmeta:dz>
  <fzmeta:yxq>有效期至2021.11.04</fzmeta:yxq>
  <fzmeta:jgmc>福州市创一职业技能培训学校</fzmeta:jgmc>
 </rdf:Description>
 <rdf:Description rdf:about="http://data.fuzhou.gov.cn/data/dataSet/toDataDetails/29000_23900008#data663">
  <fzmeta:pzwh>榕人社审〔2018〕28号</fzmeta:pzwh>
  <fzmeta:fzr>法定代表人陈辉，校长吴祥杰</fzmeta:fzr>
  <fzmeta:bxlx>电子商务、物流</fzmeta:bxlx>
  <fzmeta:bm>人社民3501016218005号</fzmeta:bm>
  <fzmeta:dz>福州市仓山区盖山镇齐安路769号利嘉国际商业城1#馆5楼店铺号为：47、48、50、52、53、55、56</fzmeta:dz>
  <fzmeta:yxq>有效期至2024.02.12</fzmeta:yxq>
```


图 21　福州平台提供的某 RDF 格式的数据

API 开放性是指申请与调用 API 接口的难易程度。图 22 是北京市平台提供的无条件开放数据的接口调用方式，无须填写资料申请，调用便捷性高。

河湖水情信息文件下载API接口说明文档

1. 接口地址

https://data.beijing.gov.cn/cms/web/bjdata/api/userApply.jsp?id=文件编号&key=个人唯一标识码

2. 接口参数

id：文件编号（如下表所示）

key：个人唯一标识码(用户可在登录后，与【用户中心】-【唯一标识码】中获取)>

数据：

名称	格式	更新时间	id
河湖水情信息	csv	2021-10-18	a2218f81fbfa42309641d4dd46d3c8e663331

3. 返回值说明

id：文件编号

name：数据名称

update：文件更新时间

address：文件获取地址

图 22　北京市平台某数据接口调用方式

资料来源：北京市政务数据资源网，https：//data. beijing. gov. cn/。

（三）描述说明

描述说明是指对数据集的描述与说明，包括元数据提供与 API 说明。

基本元数据覆盖率是指地方为开放数据对 12 个基本元数据的提供情况。12 个基本元数据包括数据名称、提供方、数据主题、发布日期、数据格式、更新日期、数据摘要、开放属性、关键字、更新周期、数据项信息、数据量。全国范围内部分地方都能够提供基本的元数据，其中山东省、浙江省、四川省、广东省等省份提供的元数据字段最为丰富，图 23 是浙江省提供的元数据字段。

API 描述规范包括基本调用说明与使用操作指南两种形式。基本调用说明是指提供了调用接口的基本说明，包括请求地址、请求参数与返回参数等信息。使用操作指南是指提供了详细的 API 接口使用方法与流程。图 24 是福州市平台为接口提供的描述，除了基本调用说明外，还提供调用指南进行详细说明。

数据项一致性是省域评估指标，是指省域所辖各地市所开放的工商注册类的各数据集之间数据项的一致程度，以强调内容相同的数据集在数据项上

首页 » 数据集 » 浙江省电网销售电价信息

浙江省电网销售电价信息 ☆☆☆☆☆ 收藏 订阅 纠错

摘　要:	主要包括浙江省电网销售电价的历年数据和标准		
资源代码:	30701600003019/248		
标　签:	电网、浙江省、信息、销售、电价	更新周期:	不更新
资源格式:	电子表格-xls	数源单位:	省发展改革委
数源单位地址:	浙江省政府1号楼	联系方式:	0571-87052748
数据领域:	资源能源	访问/下载次数:	12596/3008
系统名称:	无	评分/评价次数:	0/0
行业分类:	暂无	数据预览:	预览 可视化
数据分级:	登录开放	数据接口:	API
开放条件:	暂无	数据范围:	全省
更新日期:	2019-07-08	发布日期:	2019-01-29
数据量:	315	数据图谱:	数据图谱
数据下载:	XLS CSV XML JSON RDF		
历史数据下载:	XLS CSV XML JSON RDF		
更新说明:	暂无新业务数据产生		

数据项　关联信息　相关数据　相关应用

字段名称	英文名称	数据类型	字段描述	字段长度	是否字典项	是否为空	是否主键
备注	REMARK	VARCHAR		3000	否	是	否
低谷电价	DGPRICE	DOUBLE		0	否	是	否
用电主分类	TYPE_MAIN	VARCHAR		100	否	是	否
高峰电价	GFPRICE	DOUBLE		0	否	是	否
最大需量	ZDXLVOLUME	DOUBLE	最大需量（元/千瓦·月）	0	否	是	否

图 23　浙江省提供了字段丰富的元数据

资料来源：浙江省人民政府数据开放栏目，http：//data. zjzwfw. gov. cn/。

的一致性。图 25 是截至 2021 年下半年开放的数据项一致性比例排前十的省域，山东与海南的数据项一致性达到或接近 60%，为全国最高，其次是广西、四川、广东、浙江等省域。

五　开放范围

开放范围是指平台上开放的数据集在数据主题、参与部门、常见数据集及关键数据集方面的覆盖程度。数据开放应当不断扩大数据的主题领域、参与部门数以及高需求的重点领域数据集，数据范围指标有助于推进地方政府持续扩大开放范围，该指标主要包含主题覆盖、部门覆盖、常见数据集覆盖与关键数据集覆盖四个指标。

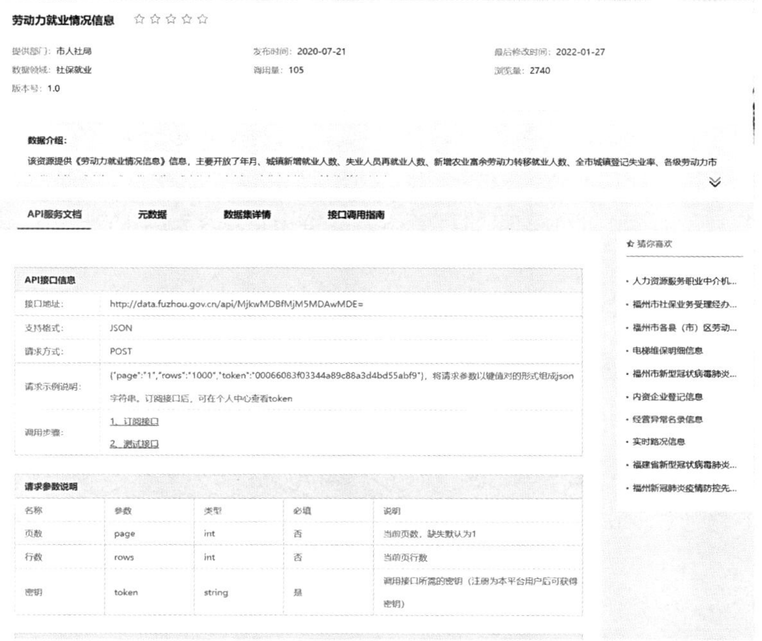

劳动力就业情况信息 ☆☆☆☆☆

提供部门：市人社局　发布时间：2020-07-21　最后修改时间：2022-01-27

数据领域：社保就业　调用量：105　浏览量：2740

版本号：1.0

数据介绍：

该资源提供《劳动力就业情况信息》信息，主要开放了年月、城镇新增就业人数、失业人员再就业人数、新增农业富余劳动力转移就业人数、全市城镇登记失业率、各级劳动力市

API服务文档　元数据　数据集详情　接口调用指南

API接口信息	
接口地址：	http://data.fuzhou.gov.cn/api/MjkwMDBfMjM5MDAwMDE=
支持格式：	JSON
请求方式：	POST
请求示例说明：	{"page":"1","rows":"1000","token":"00066083f03344a89c88a3d4bd55abf9"}，将请求参数以键值对的形式组成json字符串，订阅接口后，可在个人中心查看token
调用步骤：	1、订阅接口 2、测试接口

请求参数说明

名称	参数	类型	必填	说明
页数	page	int	否	当前页数，缺失默认为1
行数	rows	int	否	当前页行数
密钥	token	string	是	调用接口所需的密钥（注册为本平台用户后可获得密钥）

☆ 猜你喜欢

- 人力资源服务职业中介机...
- 福州市社保业务受理经办...
- 福州市各县（市）区劳动...
- 电梯维保明细信息
- 福州市新型冠状病毒肺炎...
- 内资企业登记信息
- 经营异常名录信息
- 实时路况信息
- 福建省新型冠状病毒肺炎...
- 福州新冠肺炎疫情防控先...

图 24　福州市平台提供的接口描述

资料来源：福州市政务数据开放平台，http：//data. fuzhou. gov. cn。

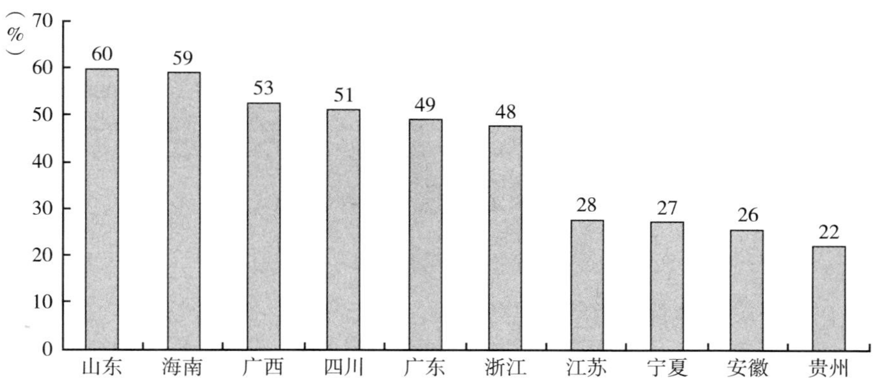

图 25　省域工商注册类数据的数据项一致性比例（前十）

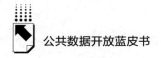

（一）主题覆盖

主题覆盖是指平台上开放的数据集在经贸工商、交通出行、机构团体、文化休闲、卫生健康、教育科技、社会民生、资源环境、城建住房、公共安全、农业农村、社保就业、财税金融、信用服务 14 个基本主题上的覆盖程度。目前，山东省内地市、上海市、贵阳市等地方提供的主题领域最为丰富。

（二）部门覆盖

部门覆盖是指平台上开放的数据集所覆盖的政府部门的比例。图 26 是截至 2021 年下半年省本级部门覆盖比例排前十的地方，贵州省部门覆盖比例最高，其次是山东、广西、四川与广东。图 27 是截至 2021 年下半年，城市部门覆盖比例排前十的地方，成都、北京和广安等城市的部门覆盖比例已经达到 100%。

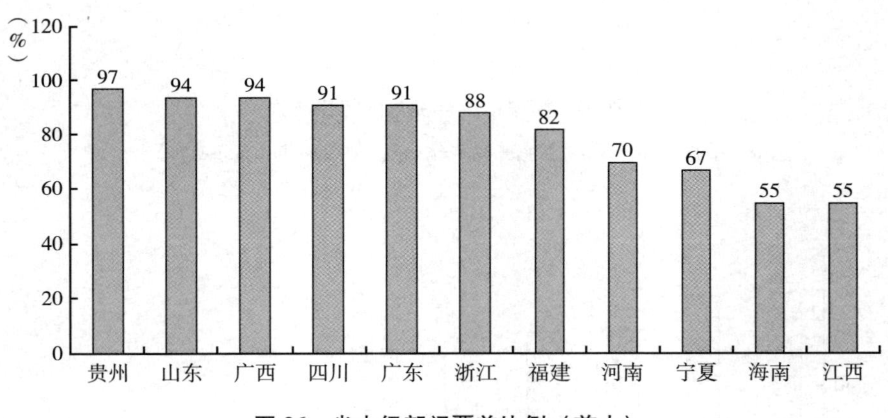

图 26　省本级部门覆盖比例（前十）

（三）常见数据集覆盖

常见数据集覆盖是指平台上开放的数据集在常见数据集上的覆盖程度。报告对在评地区平台上开放的所有数据集的名称进行了文本分析，梳理出 17 类各地平台上常见的开放数据集（见表 6）。目前在省本级中，贵州、山

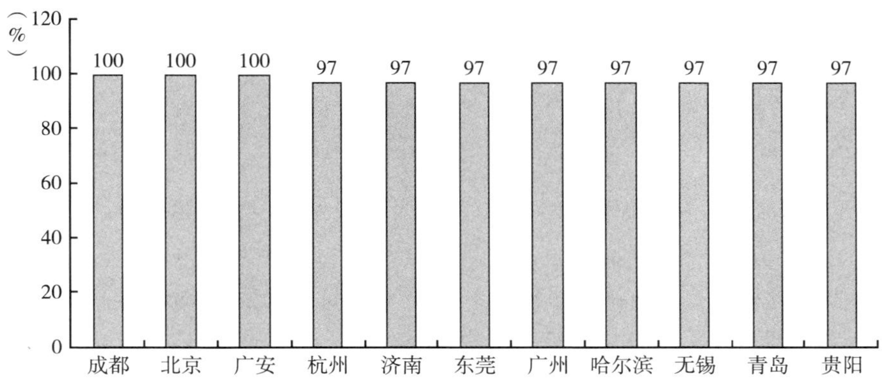

图 27　城市部门覆盖比例（前十）

东、广西、四川与广东等省区开放的常见数据集覆盖比例高，在城市中北京、成都、济南、哈尔滨、青岛等城市覆盖了所有常见数据集。

表 6　常见数据集一览

序号	常见数据集名称
1	企业注册登记数据
2	行政许可处罚
3	预决算
4	建设规划项目
5	医疗机构、价格、医保药品、医保诊疗
6	食品生产经营抽检
7	学校名录、师生评优、教育收费
8	旅游景区、企业、接待人数、服务质量投诉
9	建筑企业资质、建筑物、专业人员
10	农产品价格、补贴、农业机械证照、安监
11	科技项目、计划、成果
12	药品生产经营、价格、购用、质监
13	环境监测、影响评价
14	道路运输企业、从业人员、交通执法
15	车辆、公路、桥梁基础数据
16	公交站点、线路、排班、时刻表、路段路况数据
17	空气质量、雨量、河道水情、水质监测

（四）关键数据集覆盖

关键数据集覆盖是指平台上开放的数据集在常见数据集上的覆盖程度。报告基于《中共中央　国务院关于构建更加完善的要素市场化配置体制机制的意见》和地方法规政策要求重点和优先开放的数据领域，结合各地平台上已开放的优质数据集清单，梳理出五项关键数据集（见表 7）。在城市中，深圳市与贵阳市等开放了所有五项关键数据集，如图 28 至图 32 所示。

表 7　关键数据集一览

序号	关键数据集名称
1	企业注册登记类数据
2	公交车辆位置类数据
3	道路运输从业资格证/经营许可证类数据
4	气象预报预警类数据
5	疫情防控类数据

图 28　深圳市开放的疫情防控类数据

资料来源：深圳市政务数据开放平台，https：//opendata. sz. gov. cn/。

预报预警数据_天气预报_分区逐时预报 4.9

更新日期：2021-02-17 提供部门：市气象局（台） 上架时间：2016-10-12 数据领域：生态文明 数据量：1366002条 下载量：474次 浏览量：52114次 开放级别：实名认证开放

数据简介：预报预警数据_天气预报_分区逐时预报

文件 元数据 关联信息 数据项 数据预览 可视化分析 调用API 数据纠错 数据图谱

XLSX XML JSON CSV RDF

开始日期 结束日期 查询 全选 下载

本数据集全量为1366002条，为防止文件过大，直接下载的文件包仅包含前10000条数据，请通过API接口方式获取全量数据。

预报预警数据_天气预报_分区逐时预报2920000900269.rdf 2021-02-17

预报预警数据_天气预报_分区逐时预报_2920000900269.json 2021-02-17

预报预警数据_天气预报_分区逐时预报_2920000900269.xml 2021-02-17

预报预警数据_天气预报_分区逐时预报_2920000900269.csv 2021-02-17

预报预警数据_天气预报_分区逐时预报_2920000900269.xlsx 2021-02-17

图 29　深圳市开放的气象预报预警类数据

资料来源：深圳市政务数据开放平台，https：//opendata. sz. gov. cn/。

图 30　深圳市开放的道路运输经营许可证数据

资料来源：深圳市政务数据开放平台，https：//opendata. sz. gov. cn/。

六　报告建议

在数据数量方面，建议持续开放更多有效数据集，重点提升数据容量，开放更多高容量数据集，提高单个数据集的容量，特别是以 API 接口形式

图 31　深圳市开放的企业注册登记类数据

资料来源：深圳市政务数据开放平台，https：//opendata. sz. gov. cn/。

图 32　深圳市开放的公交车辆位置类数据

资料来源：深圳市政务数据开放平台，https：//opendata. sz. gov. cn/。

开放的、动态的、高容量的数据；省本级政府整合省域内各地市内容相同或相近的数据集进行开放。

在数据质量方面，建议清理高缺失、碎片化、低容量的数据集，保持开放数据集的不断增长和动态更新。

在数据规范方面，建议推进数据的分级分类开放，对数据集标注不同的开放类型和属性，并配备相应的、差异化的开放授权协议。提高开放数据集可机读格式、非专属格式、RDF 格式的比例，降低申请和调用 API 接口的难度，为开放数据集提供丰富的元数据信息，省域内各地市开放的相同数据集在数据项上应尽量保持一致，以便于开发利用。

在开放范围方面，建议提高开放数据集的主题覆盖面和部门覆盖面，开放更多常见数据集和关键数据集。

B.6
公共数据开放利用层报告

侯铖铖*

摘　要： 数据利用是政府数据开放的成效展现环节。中国公共数据开放评估中利用层的指标体系包括利用促进、利用多样性、成果数量、成果质量四个一级指标。其中，省域评估指标体系更关注省级赋能，而城市评估指标体系更强调成果产出。依据这一指标体系，报告通过网络检索、数据开放平台采集、观察员体验等方式获得研究数据，对各地方数据开放的利用现状进行评估，并对各指标的优秀案例进行推介。整体上看，多数地方已经开展了多种类型的利用促进活动，在成果数量上取得显著进步，但在利用多样性与成果质量方面仍需进一步提升。

关键词： 数据开放　成果数量　成果质量　政府数据

利用层是“数果”，是数据开放的成效，旨在促进政府数据开放后的社会化利用。具体而言，利用层主要从利用促进、利用多样性、成果数量、成果质量四个方面进行评估。

一　指标体系

利用层在省域与城市两个层面的评估指标体系遵循着一致的理念，均重

* 侯铖铖，复旦大学国际关系与公共事务学院博士研究生，数字与移动治理实验室研究助理，研究方向为数据开放、政府数字化转型与数字治理。

视地方政府在促进社会利用开放数据中所发挥的作用，以及各地利用开放数据产出的成果情况。考虑到省和城市两级政府在职能分工上的差别，利用层指标也进行了差异化处理，如表 1 所示。相较而言，省域指标重视发挥省级政府对省内下辖地市的赋能、规范和协调作用，如指标关注是否组织了全省性的数据利用促进活动、将省内下辖地市的成果产出折算入省域得分等。城市指标关注社会利用数据的具体产出，以及省域和城市、城市和城市之间在数据开放上的协同性和互通性，如指标关注各城市产出的有效成果情况，以及是否组织了跨城市的开放数据利用促进活动等。

表 1　省域、城市利用层评估指标体系及权重

单位：%

一级指标	二级指标	省域评估权重	城市评估权重
利用促进	比赛举办(参与)	3.0	3.0
	引导赋能活动	3.0	3.0
利用多样性	利用者多样性	1.0	1.0
	成果形式多样性	2.0	2.0
	成果主题多样性	1.0	1.0
成果数量	有效成果数量	3.0	3.0
	成果有效率	2.0	2.0
成果质量	优质成果	1.0	1.0
	服务应用质量	5.0	5.0
	创新方案质量	1.0	1.0

二　利用促进

利用促进是指地方政府为了推动开放数据的社会化利用而组织的各类活动。在数据开放利用的生态系统中，政府除了要作为数据提供方，精准地为市场与社会主体供给高质量数据之外，还要履行诸多信息中介与生态体系构建的职能。首先，政府需要向市场、社会推介数据开放服务，搭建数据供需对接桥梁，提升数据开放的影响力与可及性，以吸纳更多主体参与到数据利用的过程中。其次，政府需要向社会主体赋能，开展各类交流培训活动，以提高公众利用数据的能力。最后，政府还需要建设一个安全、可信、高效的数据利用生态环境，并积极推动利用成果的落地，实现数据开放利用的可持续、反馈式发展。

当前在我国地方政府推动开放数据利用的实践中，举办综合性的开放数据创新利用比赛是一种常见的利用促进类型。除此之外，各地也组织了一些其他更为专业性的引导赋能活动。通过各类利用促进活动，地方政府能够帮助各类社会主体理解数据开放的价值，提升数据利用的能力，实现利用成果的转化，从而调动其利用开放数据的积极性，产出更多优质的利用成果。

（一）比赛举办（参与）

各地政府为了促进开放数据利用，连续举办了各种类型的开放数据创新利用大赛。通过设置奖项奖励与提供落地孵化支持，赛事能够吸引企业、高校、科研院所等不同类型的社会主体积极参与，促进开放数据的社会利用。

在省域赛事中，山东省、浙江省、四川省的开放数据创新利用比赛采用了省级主办、地市作为分赛区参与的模式。例如，山东省第二届数据应用创新创业大赛采用了省市分赛区联动模式，在山东省级赛区下，设置了济南、临沂、日照、枣庄四个市级赛区，如图 1 所示。与省级、各地市独立举办比赛相比，赛区制可以增强省域联动，并通过省级向地市赋能，提高赛事的系统性、规范性与影响力。

然而，省域统一、标准化的赛事组织也可能抑制地市的多元与个性化，用“千城一面”代替“千城千面”。为了提升赛事主题的多样性，赛区制省级大赛还需要统筹各地市结合本地特色推出专题赛道。例如，2021 年第二届数字四川创新大赛在遂宁分赛区推出了碳中和主题赛道，聚焦黄河上游的生态保护与高质量发展，如图 2 所示。又如，山东省第二届数据

图 1　山东省第二届数据应用创新创业大赛采用了省市分赛区联动模式

资料来源：山东省数据应用创新创业大赛网，http：//data. sd. gov. cn/cmpt/sd/home. html。

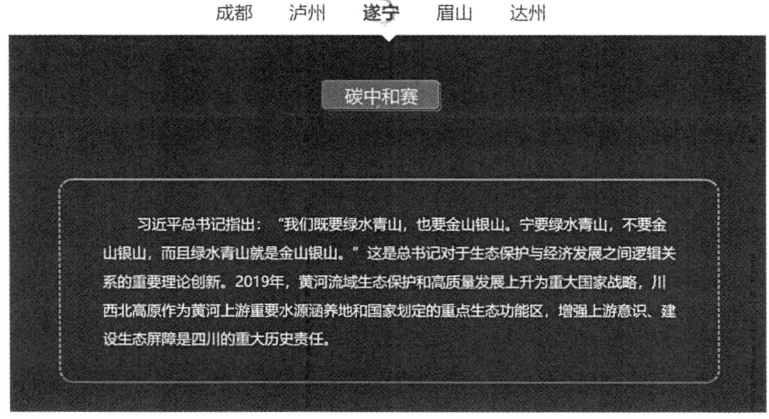

图 2　数字四川创新大赛遂宁赛区推出碳中和主题赛道

资料来源：数字四川创新大赛网，http：//www. scdata. net. cn/kfds/pages/index. html。

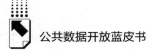

应用创新创业大赛结合济南市对老龄化社会问题的关切，以及打造国际医疗康养名城的目标，在济南分赛区推出了智慧养老、医疗主题赛道，如图3所示。

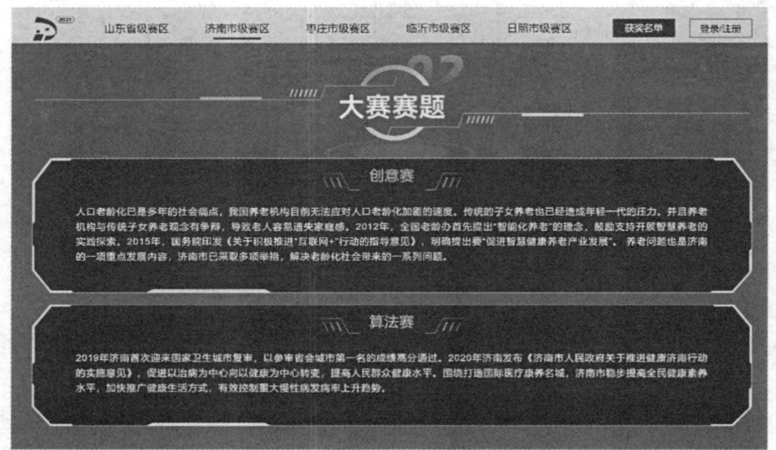

图3　山东省第二届数据应用创新创业大赛济南赛区推出智慧养老、医疗赛道

资料来源：山东省数据应用创新创业大赛网，http：//data. sd. gov. cn/cmpt/sd/home. html。

在城市赛事中，不同规模的城市适宜采取不同类型的赛事组织模式。直辖市、副省级城市，以及其他具有相应人口规模、行政层级、经济实力与数据治理能力的城市，能够独立举办开放数据创新利用大赛。而一些规模较小的城市，可以参与省级主办或其他城市举办的数据利用比赛，以获得最佳效益。

当前，区域一体化协同发展成为政策指导方向，部分城市在举办开放数据创新利用大赛时也开始推进跨区域的赛事协同，联动多个城市共同组织赛事，推动数据的跨城流动与应用的跨城覆盖。例如，深圳市举办的2021年全球开放数据应用创新大赛推动数据跨域跨界融合，参赛者可利用香港、澳门及珠三角其他八个城市开放的来自政府、企业、社会等多种渠道的数据，如图4、图5所示。

图 4　深圳市举办 2021 年全球开放数据应用创新大赛

资料来源：全球开放数据应用创新大赛网，http：//www. sodic. com. cn/。

图 5　深圳市 2021 年全球开放数据应用创新大赛利用粤港澳多地开放的数据

资料来源：全球开放数据应用创新大赛网，http：//www. sodic. com. cn/。

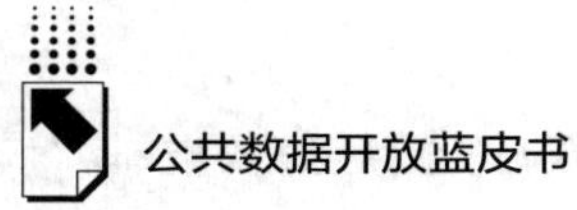

（二）引导赋能活动

引导赋能活动是指政府开展除综合性开放数据应用创新大赛以外的各种常态化、条线性、专业性的利用促进活动。例如，各地政府举办数据供需对接交流会，组织专业领域的数据开放小赛，进行开放数据利用场景与成果的试点等。通过组织各类引导赋能活动，政府可以为数据供需搭桥，为人才企业对接，扩展数据开放的影响力，提升社会主体的数据利用能力。

山东省、四川省组织了公共数据供需对接活动，收集社会公众的数据开放诉求。例如，山东省在数据开放平台上开展了公共数据资源开放需求征集在线填报活动，以便更精准地提供公共数据，如图 6 所示。

山东公共数据开放网
DATA.SD.GOV.CN

首页 数据目录 数据服务 数据应用 地图服务 数据统计 互动交流 开放生态

关于公开征集公共数据资源开放需求的公告

发布时间：2020-09-23　信息来源：山东省大数据局

为推动山东省公共数据资源高质量开放，鼓励社会各界对公共数据资源开发利用，加快数据要素有效流动，提高数据要素配置效率，充分发挥公共数据资源经济价值和社会效益，有效赋能产业发展、社会治理和公共服务，现向社会各界征集对山东省公共数据资源开放的具体需求。

一、征集时间

2020年9月25日—10月31日

二、征集方式

通过山东公共数据开放网在线填报，http://data.sd.gov.cn/portal/interact/.

在征集活动结束后，山东省大数据局将统一汇总需求并反馈至相关部门研究，在符合法律法规情况下，可开放的公共数据资源将在山东公共数据开放网（data.sd.gov.cn）集中开放。

图 6　山东省平台开展的公共数据资源开放需求征集活动

资料来源：山东公共数据开放网，http：//data. sd. gov. cn/。

上海市、北京市等城市举办了专业领域的数据开放小赛。上海市自 2016 年起，已成功举办 6 届上海图书馆开放数据竞赛，如图 7 所示。该比赛通过为参赛者提供丰富和海量的历史人文数据，推动专项数据的创新利用，征集了较多优秀作品和创意。北京市在交通领域组织了智慧交通开放创新大赛，促进交通出行数据的社会利用。

图7　上海市举办的上海图书馆开放数据竞赛

资料来源：上海图书馆开放数据竞赛网，http://opendata.library.sh.cn/。

上海市在交通出行、财税金融、医疗健康等领域，开展公共数据开放利用试点项目，推动公共数据在各行业的利用，产出了银行信用贷、征信职业背调、金融风控等一批利用成果，如图8所示。

三　利用多样性

政府数据开放的成效最终体现在数据利用与成果产出上，只有社会利用开放数据产出了各种成果，才能真正释放出公共数据所蕴含的价值。利用多样性针对利用主体和成果产出两个方面进行评测，具体涵盖各地政府平台上展示的有效利用成果的利用者多样性、成果形式多样性和成果主题多样性。

图 8　上海市开展数据利用试点项目

资料来源：上海市公共数据开放平台，https：//data. sh. gov. cn/。

（一）利用者多样性

利用者多样性是指平台上展示的有效利用成果的利用主体的多样性，包含企业、个人、团体、高校、研究机构等利用者类型。多元主体的共同参与能够凝聚市场与社会的智慧，产出各种利用成果满足不同群体的需要，进而充分发挥出公共数据的经济价值与社会价值。

当前我国政府开放数据的利用者以企业为主，高校、研究机构等主体也有部分参与。深圳市政府开放数据的利用者多样性较为丰富，企业、高校的共同参与既产出了商业应用，也有社会公益性的服务应用，如图 9 所示。

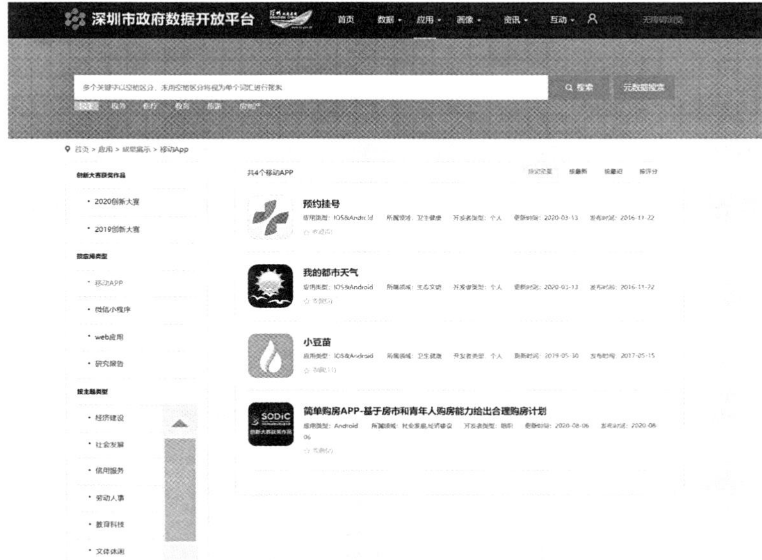

图 9　深圳市的利用者多样性较为丰富

资料来源：深圳市政府数据开放平台，https：//opendata. sz. gov. cn/。

（二）成果形式多样性

成果形式多样性是指各地政府平台上展示的有效利用成果的利用形式的多样性，包含服务应用、数据可视化、研究成果和创新方案等多种类型。多种形式的成果产出有利于释放政府开放数据在产业发展、生活服务、科学研究、公共治理等多个领域的利用价值。

当前，我国政府开放数据的利用成果以服务应用与创新方案为主，研究成果等其他类型的利用成果数量仍较少。在省域中，山东省的成果形式多样性最为丰富，涵盖了服务应用、创新方案与研究成果等多种类型。在城市中，青岛市的成果形式多样性最为突出，有效利用成果也包括了服务应用、创新方案与研究成果等多种类型。

（三）成果主题多样性

成果主题多样性是指各地政府平台上展示的有效利用成果覆盖的行业主

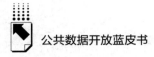

题的多样性。多项主题的利用成果产出能够发挥政府数据开放在数字经济、数字社会多个领域的赋能作用，也在一定程度上反映出政府数据开放在各行业领域的相对均衡性。

在省域中，贵州省的成果主题多样性较为丰富。贵州省平台展示的有效利用成果覆盖了农业农村、交通出行、生活服务等主题，如图 10 所示。在城市中，上海市的成果主题多样性比较突出，覆盖了财税金融、经贸工商、交通出行、信用服务、卫生健康、教育科技、生活服务、文化休闲等不同主题，如图 11 所示。

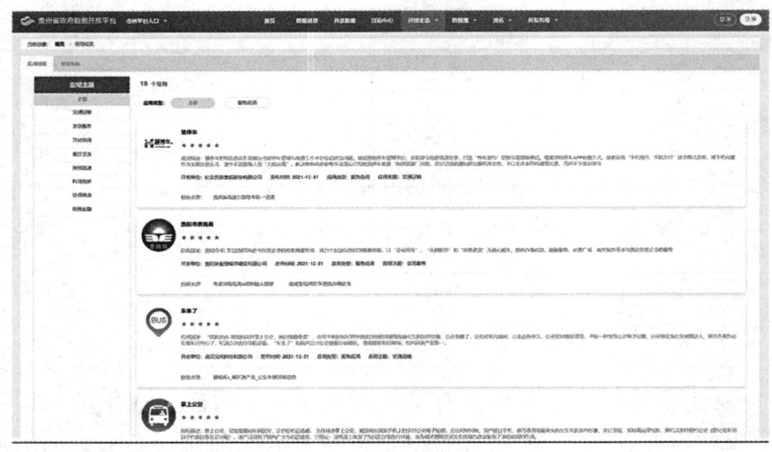

图 10　贵州省的成果主题多样性较为丰富

资料来源：贵州省政府数据开放平台，http：//data. guizhou. gov. cn/。

四　成果数量

成果数量评测社会利用各地政府开放数据产出的有效成果的数量。考虑到省级政府与所属地市政府的分工与省级向地市的赋能作用，在对省域成果数量的评测中，除了省本级产出的有效成果外，利用层还将省域所属城市的有效利用成果按照一定比例计入省域中。

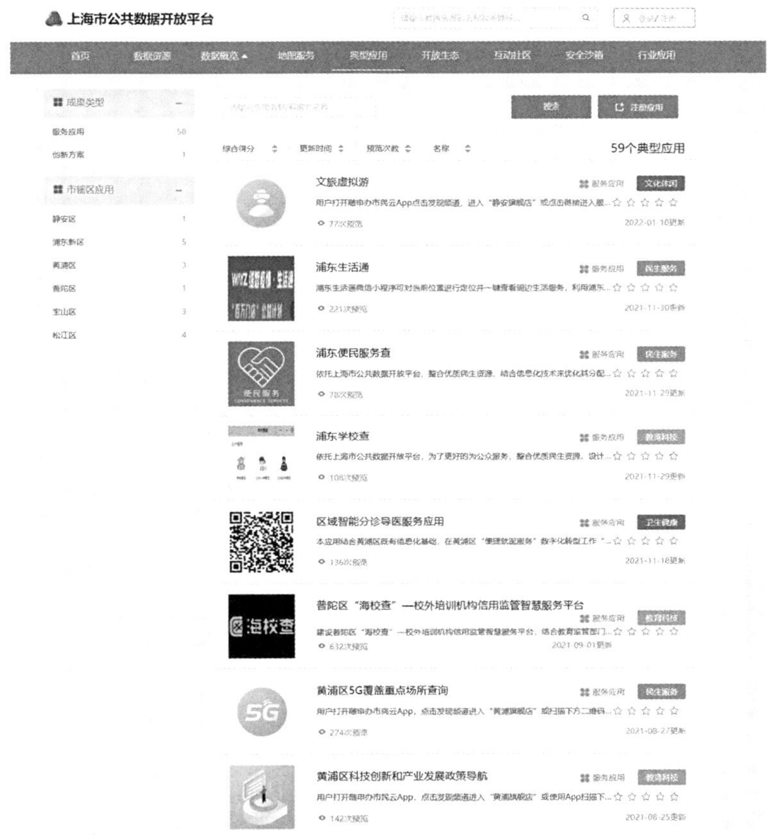

图 11　上海市的成果主题多样性较为丰富

资料来源：上海市公共数据开放平台，https：//data. sh. gov. cn/。

（一）有效成果数量

与 2019 年同期相比，2021 年我国政府开放数据产出的有效成果总量有较大幅度的提升，从 7 个增长到了 72 个。在省域中，贵州省本级的有效成果数量最多，浙江省本级与所属城市合计的有效成果数量最多。在城市中，上海市的有效成果数量最多，达到了 13 个。我国主要省域与城市产出的有效成果数量如图 12、图 13 所示。

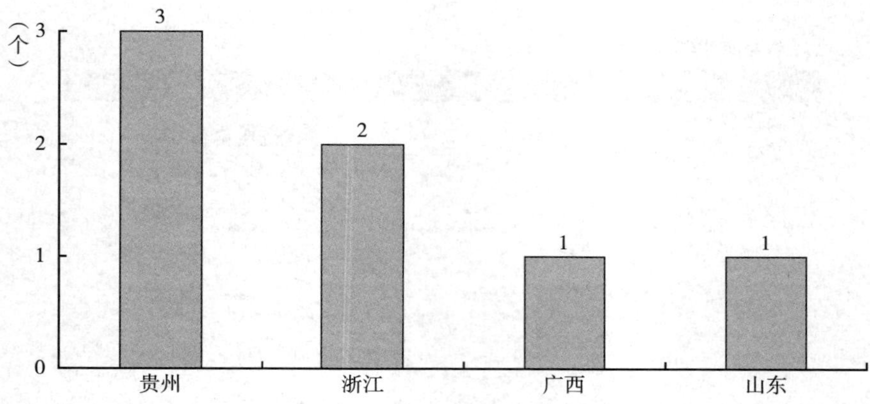

图 12　各省域的有效成果数量

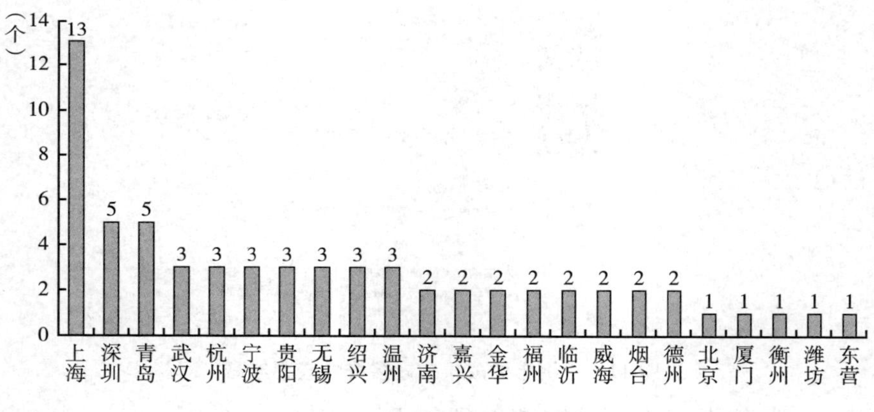

图 13　各城市的有效成果数量

（二）成果有效率

成果有效率是指有效成果占平台展示的全部成果的比例。在省域中，山东省、浙江省、贵州省的成果有效率较高。在城市中，上海市、青岛市、深圳市、福州市、日照市、济南市等城市的成果有效率较高，平台上展示的无效成果数量较少。

五 成果质量

成果质量包括优质成果、服务应用质量与创新方案质量三个指标，评测平台上展示的服务应用与创新方案是否与本地域开放数据和生产生活相关联、由社会主体开发、成果可用且清晰地标注了所利用的开放数据集，以及有效成果是否有用、好用。高质量的利用成果能够真正释放政府开放数据的价值，赋能数字经济与数字社会的发展。

（一）优质成果

优质成果是指由社会开发，依靠开放数据支撑其核心功能，能对公众有用、好用且爱用的有效利用成果。在省域中，浙江省、贵州省产出了优质成果。在城市中，上海市、青岛市、深圳市、杭州市、贵阳市、无锡市、烟台市等城市也出现了一些优质的应用。现列举部分优质成果如下。

1. 浙江省应用——“高德地图（停车场板块）”

“高德地图（停车场板块）”是嵌入在导航地图应用中的一个服务板块，如图 14 所示。该板块利用浙江省数据开放平台开放的停车场数据满足用户的出行停车需求，为市民提供停车指引。该板块可根据用户的出行特点制定停车方案，停车场的实时动态信息也直接在应用中予以展示，包括停车场位置、与出发点距离、开放时间、停车场泊位总数与泊位空闲情况、收费标准等，由此辅助用户的决策。该应用中使用的开放数据由省级部门协调，地市配合提供，实现了浙江省内多地市的一体化服务。

2. 贵州省应用——“追花族”

贵州省平台展示的“追花族”应用通过调用预警信息、气象卫星云图图像产品、精细化城镇预报等数据，为养蜂人转场提供信息服务，如图 15 所示。

图 14　浙江省的“高德地图（停车场板块）”

资料来源：浙江数据开放网，http：//data. zjzwfw. gov. cn/。

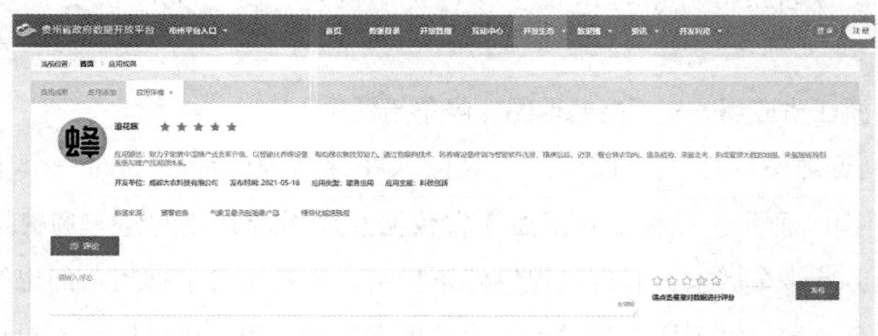

图 15　贵州省的“追花族”

资料来源：贵州省政府数据开放平台，http：//data. guizhou. gov. cn/。

3. 上海市应用——“工商银行政采贷”

“工商银行政采贷”是上海市数据开放的利用试点项目，如图 16 所示。该应用通过政府采购项目信息、供应商信息、中标信息等开放数据，以企业中标政府项目为主要依据，结合企业与政府的历史合作情况、项目完成情况、行政处罚情况、监督检查结果、违法失信行为等普惠金融数据进行综合评判，对中标企业给予一定额度的信用贷款。“工商银行政采贷”通过对各部门数据的整合利用，缓解信贷融资中的信息不对称，降低交易成本，让开放数据释放出内在价值。

图 16　上海市的“工商银行政采贷”

资料来源：上海市公共数据开放平台，https://data.sh.gov.cn/。

4. 深圳市应用——“小区罗盘”

“小区罗盘”微信小程序是一款基于多源数据的居住小区品质评测工具，如图 17 所示。该小程序面向居民的多样化、个性化的居住需求，提供全方位的小区及周边生活服务质量的专业评价。该小程序结合深圳政府开放平台数据、网络公开数据和自有数据，建立多项评估指标，对住房小区进行多维度的评价。该服务应用从住房决策需求出发，融合利用政府与社会数据，为居民选房购房提供参考。

图 17　深圳市的“小区罗盘”

资料来源：深圳市政府数据开放平台，https：//opendata. sz. gov. cn/。

5. 青岛市应用——“宜行青岛”

青岛市平台展示的“宜行青岛”是一款提供停车充电查询服务的应用，如图 18 所示。通过该应用，用户可以在线寻找附近停车场的空闲车位，以解决停车位难找的问题。用户还能查找周边的充电桩信息，以及充电桩的剩余车位数、价格等情况。

6. 杭州市应用——“车来了”

杭州市的“车来了”是一款公交出行应用，如图 19 所示。该应用可以查询每一辆公交的路线信息与实时位置，为市民提供乘车参考。杭州数据开放平台开放了公交 GPS 动态数据接口，以支撑该应用的实时位置查询服务，改善市民的公交乘车体验。

图 18　青岛市的“宜行青岛”

资料来源：青岛公共数据开放网，http：//data. qingdao. gov. cn/。

图 19　杭州市的“车来了”

资料来源：杭州市数据开放平台，https：//data. hz. zjzwfw. gov. cn/。

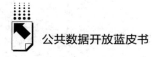

7. 烟台市应用——“e 车易行”

烟台市的“e 车易行”是一款共享汽车出行应用，如图 20 所示。该应用通过利用政府开放的充电桩数据，鼓励用户将共享汽车停放在充电桩区域，提高共享汽车的调度效率。

序号	资源名称	提供部门	关联时间
1	充电桩站点及充电桩数量	烟台市大数据局	2020-11-25 10:30:48
2	烟台市物业服务企业项目信息	烟台市住房和城乡建设局	2020-11-25 10:30:48
3	长岛经济发展局电动汽车充电基...	烟台市长岛县	2021-04-22 08:58:46
4	龙口市充电桩信息	烟台市龙口市	2021-04-22 08:58:46
5	长岛出租汽车车辆营运证核发信息	烟台市长岛县	2021-04-22 08:59:05
6	长岛县个体货运车车辆《道路运...	烟台市长岛县	2021-04-22 08:59:05
7	栖霞市车辆年审信息	烟台市栖霞市	2021-04-22 08:59:05
8	道路运输达标车辆核查办件结果...	烟台市行政审批服务局	2021-04-22 08:59:05

图 20　烟台市的“e 车易行”

资料来源：烟台公共数据开放网，http：//data. yantai. gov. cn/。

（二）服务应用质量

服务应用质量是指社会利用开放数据所产生的服务应用的质量，包括无无关成果、无政府自身开发成果、无不可用成果、无数据来源不明与无数据关联缺失五个负向指标。

无无关成果是指平台上不存在与本地数据开放和利用不相关的成果。

无政府自身开发成果是指平台上不存在由政府部门自身或委托第三方开发的利用成果，这类成果不是政府向社会开放数据后由市场进行开放利用所产生的。

无不可用成果是指平台上不存在无法搜索到、能搜索到但无法下载或能下载但无法正常使用的成果。

无数据来源不明是指平台上展示的成果不存在没有标注所利用的开放数据集的问题。

无数据关联缺失是指平台上展示的成果不存在标注了数据来源，但这些数据集在平台上并未开放或其质量不足以支撑该应用的开发的问题。

各地政府清理数据开放平台上展示的无效成果，为利用成果标注数据来源与关联链接，能够启发与引导其他数据利用者开发新的服务应用，促进数据利用创意的生成。

在省域中，贵州省的服务应用质量得分较高。在城市中，青岛市、福州市、潍坊市等城市的服务应用质量得分较高，对无关成果、政府自身开发成果、不可用成果的清理力度较大，对服务应用的数据来源情况与数据关联链接标注较为全面。

（三）创新方案质量

创新方案质量是指平台上展示的开放数据比赛成果的质量，包括是否利用了开放数据、标注了所利用的数据集、方案的介绍是否详实等维度。

在省域中，山东省、浙江省、四川省的创新方案质量较高。例如，四川省的“企业用电魔方”创新方案标注了有效的数据集，对方案的数据利用情况做了介绍，如图 21 所示。

图 21　四川省的创新方案质量较高

资料来源：四川数据开放平台，https：//www. sc. gov. cn/10462/c106730/sjkfzt. shtml。

在城市中，上海市、青岛市、深圳市、日照市、烟台市、济南市、宁波市、杭州市、温州市等城市的创新方案质量较高。例如，上海市的“优行地铁”创新方案标注了所使用的数据集，并对创新方案的用途、数据利用情况进行了介绍，如图 22 所示。

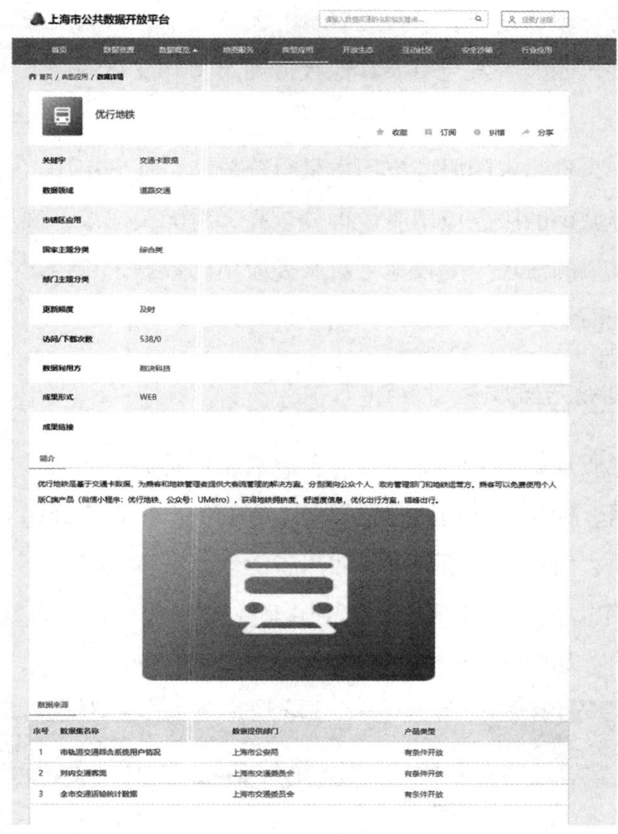

图 22　上海市的创新方案质量较高

资料来源：上海市公共数据开放平台，https：//data. sh. gov. cn/。

六　报告建议

在比赛举办（参与）方面，建议加强省域与地市的上下联动，发挥省域对地市的赋能作用，扩大开放数据创新利用比赛的影响力并提升赛事组织的实际效果，同时鼓励地市结合自身特色开展专项赛题。

在引导赋能方面，建议积极组织多样化、常态化、专业性的引导赋能活动，营造有利于政府数据开放利用的生态体系。

在成果数量与质量方面，建议进一步提高有效利用成果的数量和质量，清理与数据开放无关的、由政府自身开发的、无法获取或无法正常使用的成果，为展示的利用成果标明其所利用的开放数据集并提供有效链接。

在利用多样性方面，建议鼓励和引导高校、社会组织、公众等主体参与，以提高开放数据利用者类型的多样性，并通过各行业领域的促进活动提升成果形式与主题覆盖的多样性。

区域与行业篇

Regional and Industrial Reports

B.7

长三角地区政府数据开放一体化报告*

刘新萍　吕文增**

摘　要： 报告从准备度、平台层、数据层和利用层四个维度对长三角政府数据开放一体化现状和水平进行研究和分析。从整体上看，长三角各地的政府数据开放水平参差不齐，浙江、上海等在全国处于引领位置，但区域内仍有些地方尚未开展数据开放工作。报告发现，长三角地区还缺乏推进区域政府数据开放协同合作的法规政策支撑；长三角各地平台在功能设置上都达到了较高水平，相互之间差异较小，但平台间的跨省互联和协同尚未实现；数据集主题的重合度、数据集内容的匹配度和原数据标准的一致性均有待提高；长三角地区还

* 本文系国家社科基金青年项目"政府数据开放生态系统建设路径研究"（批准号：19CGL049）的研究成果之一。

** 刘新萍，博士，上海理工大学管理学院副教授，硕士生导师，兼任复旦大学数字与移动治理实验室执行副主任，研究方向为数字治理、数据开放、跨部门数据共享与协同；吕文增，复旦大学数字与移动治理实验室研究员，管理学硕士，研究方向为政府数据开放、数字治理。

未举办过真正跨省的开放数据创新利用活动，也缺少跨省的数据利用成果，未能有效推动开放数据的跨区域融合利用。报告建议长三角各地继续探索前沿，突破难点，加强区域内经验交流，拓展整个长三角地区的数据开放广度和深度。

关键词： 政府数据开放　数据利用　长三角一体化

一　引言

长江三角洲（以下简称“长三角”）地区是我国经济发展最活跃、开放程度最高、创新能力最强的区域之一，在国家现代化建设大局和全方位开放格局中具有举足轻重的战略地位。推动长三角一体化发展，增强长三角地区创新能力和竞争能力，提高经济集聚度、区域连接性和政策协同效率，对于引领全国高质量发展、建设现代化经济体系而言意义重大。

2018 年 11 月 5 日，在首届中国国际进口博览会开幕式上，国家主席习近平宣布将支持长江三角洲区域一体化发展并上升为国家战略。2019 年 12 月 1 日，中共中央、国务院发布了《长江三角洲区域一体化发展规划纲要》，明确了长三角规划范围包括上海市、江苏省、浙江省、安徽省全域，并提出共同打造数字长三角，加快长三角政务数据资源共享共用。2020 年 8 月 18~21 日，习近平总书记在安徽合肥主持召开扎实推进长三角一体化发展座谈会并发表重要讲话，指出要“紧扣一体化和高质量两个关键词，坚持目标导向、问题导向相统一，真抓实干、埋头苦干，推动长三角一体化发展不断取得成效”。

政府数据开放是指公共管理和服务机构面向社会提供具备原始性、可机器读取、可供社会化利用的数据集的公共服务。近年来，国家对政府数据开放工作高度重视。2015 年国务院印发的《促进大数据发展行动纲要》

要求稳步推动公共数据资源开放。2017 年 2 月，中央全面深化改革领导小组审议通过了《关于推进公共信息资源开放的若干意见》，要求着力推进重点领域公共信息资源开放，释放经济价值和社会效应。2017 年 12 月，习近平总书记在中共中央政治局第二次集体学习时强调，要推动实施国家大数据战略，加快完善数字基础设施，推进数据资源整合和开放共享。2018 年 1 月，中央网信办、国家发改委、工信部联合印发《公共信息资源开放试点工作方案》，确定在北京、上海、浙江、福建、贵州五地开展公共信息资源开放试点。2020 年 4 月 9 日，《中共中央　国务院关于构建更加完善的要素市场化配置体制机制的意见》首次将“数据”与土地、劳动力、资本、技术等传统要素并列，提出要推进政府数据开放共享，研究建立促进企业登记、交通运输、气象等公共数据开放和数据资源有效流动的制度规范。

2018 年 6 月，上海市委书记李强指出，“综观全球，没有一个地方因为封闭而发展，都是因为开放而兴旺，长三角亦应是如此。以互联互通为前提，我们将打造陆、水、空、信息四张网，把区域内陆、水、空、信息的重要节点连起来，让区域联通更便捷”。他还强调基础设施连通，还包括数据资源的开放共享。2018 年 7 月，沪苏浙皖大数据联盟共同签署《沪苏浙皖三省一市大数据联盟合作备忘录》，加快数字资源开放共享，助推长三角更高质量一体化发展。

在长三角地区深入推进政府数据开放一体化，有利于打造数字长三角，促进数据要素的跨域流动和融合利用，推动区域数字经济和数字社会的一体化高质量发展。在此背景下，本报告对长三角政府数据开放一体化的现状进行了研究和评价。

《长三角地区政府数据开放一体化报告》（以下简称“报告”）是“中国开放数林指数”系列报告发布的首个区域性报告。开放数据，蔚然成林，期待长三角地区的每一棵开放“数木”不仅枝繁叶密、花开结果，更能根系相通、枝叶相连，最终成长为一片茂盛多样、协同一体的长三角“开放数林”。

二　指标体系与研究方法

（一）指标体系

评估指标体系共包括准备度、平台层、数据层、利用层四个维度及下属多级指标（见图1）。

准备度是“数根”，是数据开放的基础，包括法规政策效力与内容、组织与实施、标准规范制定三个一级指标。

平台层是“数干”，是数据开放的枢纽，包括数据发现、数据获取、成果提交展示、互动反馈、用户体验五个一级指标。

数据层是“数叶”，是数据开放的核心，包括数据数量、数据质量、数据规范、开放范围四个一级指标。

利用层是“数果”，是数据开放的成效，包括利用促进、有效成果数量、成果质量、利用多样性四个一级指标。

（二）评估范围

报告根据公开报道，以及使用“数据+开放”“数据+公开”“公共+数据”“政务+数据”“政府+数据”“地名+数据”“地名+政府数据”“地名+开放数据”等关键词进行搜索，发现了截至2020年9月我国长三角地区已上线的地方政府数据开放平台，并从中筛选出符合以下条件的平台。

（1）原则上平台域名中需出现gov. cn，作为确定其为政府官方认可的数据开放平台的依据。

（2）平台所代表的地方政府的行政级别为地级及以上。

（3）平台形式为“集中专有式”或“集中嵌入式”。“集中专有式”是指开放数据集中汇聚在一个专门的平台上进行开放；“集中嵌入式”是指开放数据统一汇聚为一个栏目板块，嵌入在政府门户网站或政务服务网站上。各个条线部门建设的非集中式开放数据的平台不在指数的评估范围内。

图 1　长三角地区政府

层级	层级权重	一级指标	权重	二级指标	权重
“数果”	20% 利用层	利用促进	5.0%	开放数据比赛	3.0%
				引导赋能活动	2.0%
		有效成果数量	5.0%		
		成果质量	6.0%	无无关成果	0.5%
				无政府自身开发成果	2.0%
				无不可用成果	1.5%
				无数据来源不明	2.0%
		利用多样性	4.0%	利用者多样性	1.5%
				成果形式多样性	1.5%
				成果主题多样性	1.0%
“数叶”	40% 数据层	数据数量	8.0%	有效数据集总数	3.0%
				有效数据容量	5.0%
		数据质量	18.0%	优质数据集数量	4.0%
				无质量问题	9.0%
				数据持续性	5.0%
		数据规范	8.0%	分级分类	1.0%
				开放协议	2.0%
				开放格式	4.0%
				描述说明	1.0%
		开放范围	6.0%	主题覆盖	1.0%
				部门覆盖	1.0%
				常见数据集覆盖	2.0%
				关键数据集覆盖	2.0%
“数干”	20% 平台层	数据发现	4.0%	最新动态	0.5%
				数据导引	3.5%
		数据获取	6.0%	无条件开放数据获取	1.0%
				有条件开放数据申请	3.0%
				未开放数据请求	2.0%
		成果提交展示	2.0%	利用成果提交功能	1.0%
				利用成果展示	1.0%
		互动反馈	5.0%	数据集发布者联系方式	1.0%
				用户评价	1.0%
				意见建议	1.5%
				数据纠错	1.5%
		用户体验	3.0%	平台互联互通	0.5%
				账户体验	1.0%
				个性化服务	1.0%
				包容性功能	0.5%
“数根”	20% 准备度	法规政策效力与内容	8.0%	数据要求	2.4%
				开放方式	1.0%
				开发利用	1.5%
				全生命周期安全管理	1.5%
				保障机制	1.6%
		组织与实施	7.0%	主管部门	2.0%
				领导重视	2.0%
				实施规则与计划	3.0%
		标准规范制定	5.0%	数据标准	3.0%
				平台标准	2.0%

一体化评估指标体系

报告共发现了符合以上条件的地方平台 32 个，其中省级平台 3 个，地级（含副省级）平台 29 个，为此，将上线了这些平台的地方作为报告的研究对象。各地方的平台名称和平台域名如表 1 所示。

表 1　评估范围（按行政层级及拼音首字母排序）

序号	平台名称	地点	层级	平台域名
1	江苏省人民政府数据开放栏目	江苏省	省级	http://www.jiangsu.gov.cn/col/col33688/index.html
2	上海市公共数据开放平台	上海市	省级	https://data.sh.gov.cn
3	浙江数据开放平台	浙江省	省级	http://data.zjzwfw.gov.cn
4	南京市政府数据服务网	江苏省南京市	副省级	http://data.nanjing.gov.cn
5	杭州市数据开放平台	浙江省杭州市	副省级	http://data.hz.zjzwfw.gov.cn/
6	宁波市政府数据服务网	浙江省宁波市	副省级	http://data.nb.zjzwfw.gov.cn/nbdata/fore/index.html
7	蚌埠市信息资源开放平台	安徽省蚌埠市	地级	http://data.bengbu.gov.cn/index.aspx
8	阜阳市人民政府数据开放栏目	安徽省阜阳市	地级	http://www.fy.gov.cn/openData
9	黄山市人民政府数据开放栏目	安徽省黄山市	地级	http://www.huangshan.gov.cn/DataDevelopment
10	开放六安	安徽省六安市	地级	http://data.luan.gov.cn:8081/dop
11	马鞍山市人民政府数据开放栏目	安徽省马鞍山市	地级	http://www.mas.gov.cn/content/column/4697374
12	铜陵市人民政府数据开放	安徽省铜陵市	地级	http://www.tl.gov.cn/sjtl/sjkf/
13	芜湖市政务数据开放平台	安徽省芜湖市	地级	https://data.wuhu.cn/
14	宣城市人民政府数据开放网	安徽省宣城市	地级	http://sjkf.xuancheng.gov.cn/open-data-web
15	常州市人民政府数据开放栏目	江苏省常州市	地级	http://opendata.changzhou.gov.cn
16	淮安市数据开放服务网	江苏省淮安市	地级	http://opendata.huaian.gov.cn/dataopen

续表

序号	平台名称	地点	层级	平台域名
17	连云港市公共数据开放网	江苏省连云港市	地级	http://www.lyg.gov.cn/data/showindex/index.do
18	南通市公共数据开放网	江苏省南通市	地级	http://data.nantong.gov.cn/home/html/index.html
19	苏州市政府数据开放平台	江苏省苏州市	地级	http://www.suzhou.gov.cn/OpenResourceWeb/home
20	泰州市政务数据开放平台	江苏省泰州市	地级	http://opendata.taizhou.gov.cn
21	无锡市公共数据开放平台	江苏省无锡市	地级	http://data.wuxi.gov.cn/
22	宿迁市人民政府数据开放栏目	江苏省宿迁市	地级	http://www.suqian.gov.cn/cnsq/sjkf/sjkf.shtml
23	徐州市公共数据开放网	江苏省徐州市	地级	http://www.xz.gov.cn/zgxz/sjkf
24	开放扬州	江苏省扬州市	地级	http://data.yangzhou.gov.cn
25	湖州市公共数据开放平台	浙江省湖州市	地级	http://data.huz.zjzwfw.gov.cn/home
26	金华市数据开放平台	浙江省金华市	地级	http://data.jh.zjzwfw.gov.cn/jdop_front/index.do
27	丽水市数据开放平台	浙江省丽水市	地级	http://data.ls.zjzwfw.gov.cn/jdop_front/index.do
28	衢州市数据开放平台	浙江省衢州市	地级	http://data.qz.zjzwfw.gov.cn/
29	绍兴市数据开放平台	浙江省绍兴市	地级	https://data.sx.zjzwfw.gov.cn/kf/home
30	台州市数据开放平台	浙江省台州市	地级	http://data.taz.zjzwfw.gov.cn/tz/home
31	温州市数据开放平台	浙江省温州市	地级	http://data.wz.zjzwfw.gov.cn/jdop_front/index.do
32	舟山市数据开放平台	浙江省舟山市	地级	http://data.zs.zjzwfw.gov.cn/#/IndexPage

（三）数据采集与分析方法

准备度评估主要对长三角各地相关法律法规、政策、年度计划与工作方案、标准规范、新闻报道等资料进行了描述性统计分析和文本分析。搜索方法主要包括以下两种：一是在百度搜索引擎以关键词检索相关法规与政策文本、标准

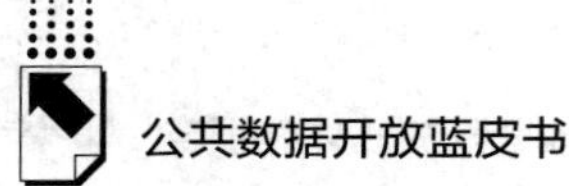

规范、年度工作计划、有关地方党政领导讲话支持的新闻报道以及数据开放主管部门的信息；二是在地方政府门户网站以及政府数据开放平台上通过人工观察和关键词检索采集数据。评估范围数据采集的截止时间为2020年9月。

数据层评估主要通过机器自动抓取长三角各地公共数据开放平台上开放的数据，结合人工观察采集相关信息，然后对数据进行了描述性统计分析、交叉分析、文本分析和空间分析。数据采集截止时间为2020年4月，对“动态更新”这一指标的评测时段为2020年1月1日至3月31日一个季度。

平台层评估主要采用人工观察法对长三角各地政府数据平台上的各项功能进行观测并做描述性统计分析，数据采集截止时间为2020年6月，指数出品方还对平台的回复情况（包括回复时间和回复质量）进行了评估，数据采集截止时间为2020年8月。对于6月之后进行过全面改版的平台，数据采集截止时间为2020年10月。

利用层评估主要对长三角各地公共数据开放平台上展示的利用成果进行了人工观察和测试，对2018年以来各地开展的开放数据创新利用比赛信息进行了网络检索，并对采集到的数据进行了描述性统计分析。数据采集截止时间为2020年6月。

此外，为确保数据采集准确全面，对部分指标采用报告出品方自主采集和向地方征集相结合的方式，从各地征集到的公开资料经验证后也纳入评估数据。

（四）指标计算方法

指数出品方基于长三角各地在各项评估指标上的实际表现从低到高按照0~5分共6档分值进行评分，其中5分为最高分，相应数据缺失或完全不符合标准则分值为0。对于连续型统计数值类数据则使用极差归一法将各地统计数据结果换算为0~5分之间的数值作为该项得分。

长三角各地平台在准备度、平台层、数据层、利用层四个维度上的指数总分等于每个单项指标的分值乘以相应权重所得到的加权总和。最终，各地开放数林指数等于准备度指数、平台层指数、数据层指数、利用层指数乘以相应权重的加权平均分。各地开放数林指数计算公式如下：

$$\begin{aligned}\text{各地开放数林指数} = & \sum(\text{准备度指标分值} \times \text{权重}) \times 20\% + \\ & \sum(\text{平台层指标分值} \times \text{权重}) \times 20\% + \\ & \sum(\text{数据层指标分值} \times \text{权重}) \times 40\% + \\ & \sum(\text{利用层指标分值} \times \text{权重}) \times 20\%\end{aligned}$$

三　长三角公共数据开放概貌

长三角地区是我国地方政府数据开放实践的重要发源地。2012 年上半年，上海市推出了全国第一个地方政府数据开放平台；2014 年，无锡市上线了长三角第一个、全国第二个地级政府数据开放平台；2015 年 10 月，浙江省上线了全国第一个省域政府数据开放平台。2018 年以来，长三角地区的政府数据开放平台数量快速增长，截至 2020 年 9 月，区域内已上线了 32 个省级、副省级与地级政府数据开放平台，如图 2 和表 2 所示。

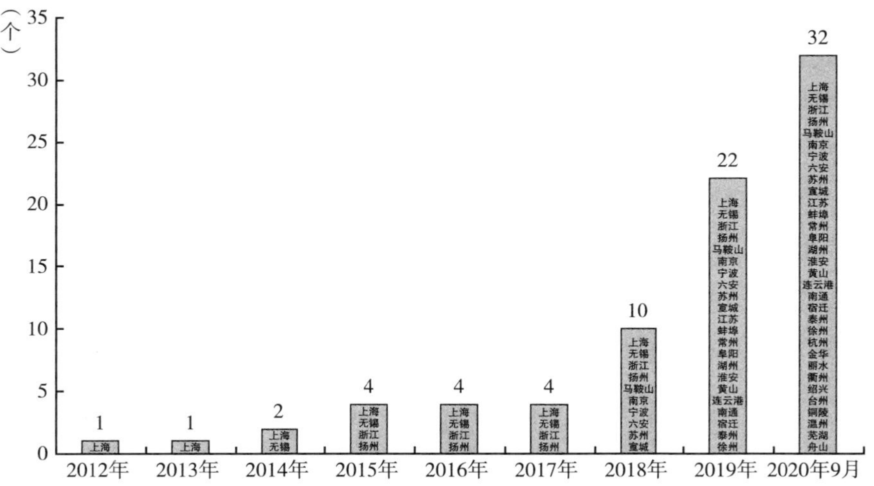

图 2　长三角各地政府数据开放平台上线时间

表 2　长三角各地平台上线时间一览

上线时间	地方
2020 年 1~4 月	地级（含副省级）：杭州、金华、丽水、衢州、绍兴、台州、铜陵、温州、芜湖、舟山
2019 年	省级：江苏 地级（含副省级）：蚌埠、常州、阜阳、湖州、淮安、黄山、连云港、南通、宿迁、泰州、徐州
2018 年	地级（含副省级）：马鞍山、南京、宁波、六安、苏州、宣城
2017 年	—
2016 年	—
2015 年	省级：浙江 地级（含副省级）：扬州
2014 年	地级（含副省级）：无锡
2013 年	—
2012 年	省级：上海

从空间分布来看，长三角地区已有 3 个省级政府数据开放平台上线，分别是上海、浙江和江苏，仅有安徽的省级平台尚未上线；共有 29 个地级平台上线，主要分布在浙江省除嘉兴以外的所有地区、江苏省的大部分地区和安徽省的东南部地区。在长三角地区，“开放数据、蔚然成林”的愿景已基本实现。

四　长三角开放数林指数

区域内各个地方的政府数据开放水平能彼此相当、齐头并进是推动横向跨地区协同的基础和条件，因此报告首先对各个地方各自的数据开放水平进行了评估。截至 2020 年 9 月，在省级层面，上海在准备度与平台层上处于领先地位，浙江在数据层与利用层上表现最优，如表 3 所示。

表 3　长三角省级地方指数与排名

地方	准备度		平台层		数据层		利用层	
	指数	排名	指数	排名	指数	排名	指数	排名
浙江	16. 20	2	12. 91	2	32. 23	1	12. 40	1
上海	17. 00	1	16. 15	1	26. 82	2	9. 05	2
江苏	1. 60	3	2. 45	3	0. 35	3	6. 00	3
安徽	—	—	—	—	—	—	—	—

在地级（含副省级）层面，宁波综合表现最优，其次是绍兴、温州、台州和衢州等地，如表 4 所示。

表 4　长三角地级（含副省级）地方指数与排名（前二十）

地方	准备度指数	平台层指数	数据层指数	利用层指数	综合指数	总排名
宁波	10. 38	8. 53	20. 47	6. 10	45. 48	1
绍兴	8. 15	8. 97	18. 20	4. 65	39. 97	2
温州	7. 76	7. 82	17. 63	5. 60	38. 81	3
台州	7. 38	9. 77	17. 55	2. 10	36. 80	4
衢州	7. 56	7. 52	16. 44	3. 10	34. 62	5
无锡	6. 19	8. 50	13. 13	6. 00	33. 82	6
金华	4. 50	7. 73	17. 43	4. 10	33. 76	7
杭州	4. 50	9. 05	17. 73	2. 10	33. 38	8
湖州	6. 82	7. 07	15. 73	2. 10	31. 72	9
丽水	5. 85	5. 77	13. 68	5. 60	30. 90	10
常州	2. 60	6. 13	16. 00	1. 70	26. 43	11
铜陵	2. 00	7. 03	12. 35	4. 00	25. 38	12
连云港	7. 81	3. 05	14. 01	0. 50	25. 37	13
芜湖	4. 47	3. 09	13. 75	4. 00	25. 31	14
泰州	2. 60	4. 32	14. 34	2. 00	23. 26	15
苏州	2. 00	2. 29	13. 31	5. 20	22. 80	16
舟山	4. 50	2. 99	13. 59	1. 60	22. 68	17
宣城	3. 80	5. 29	12. 41	0. 50	22. 00	18
马鞍山	2. 00	5. 44	13. 55	0. 50	21. 49	19
扬州	3. 20	4. 75	10. 40	1. 70	20. 05	20

在空间分布上，开放数据水平相对较高的副省级和地级城市主要集中于浙江省的东部和南部，如宁波、绍兴和温州；紧跟其后的是浙江省内的其他地方、江苏南部的无锡和北部的连云港，再之后是江苏南部的其他地方和安徽东南部的地市。整体上，长三角各地的政府数据开放水平参差不齐，一方面，浙江、上海等在全国处于引领位置；另一方面，区域内仍有些地方尚未开展数据开放工作，在数据开放意识和水平上落后于我国中西部的一些地方。

在开放数据的数量上，截至 2020 年 4 月，在长三角区域内，上海平台开放的有效数据集总数最高，已开放了超过 3000 个数据集，其次是泰州、无锡、杭州、浙江等地的平台（见图 3）。浙江、上海和宁波平台开放的有效数据集容量最大。数据容量是指将一个地方平台中可下载的、结构化的、各个时间批次发布的数据集的字段数（列数）乘以条数（行数）后得出的数据总量，更能真实反映一个地方的开放数据总量。

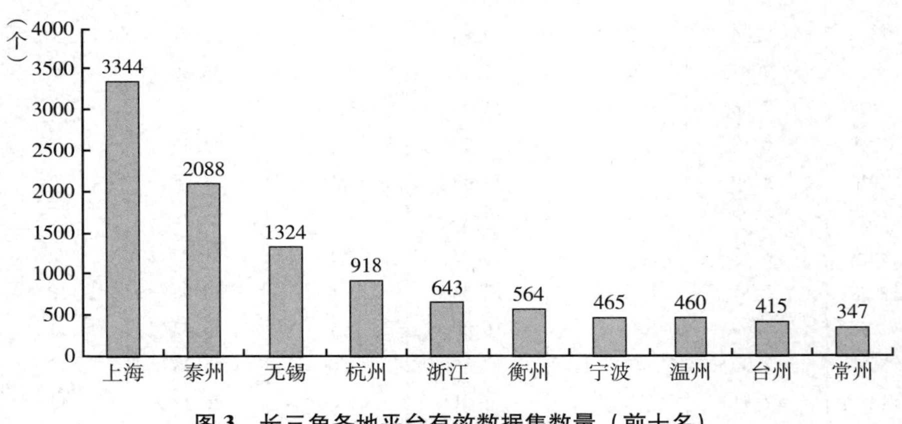

图 3　长三角各地平台有效数据集数量（前十名）

报告还对长三角各地平台上开放的优质数据集的数量进行了比较，如图 4 所示，发现浙江和上海开放的优质数据集的数量最多。优质数据集是指数据容量大、社会需求大的数据集。报告首先对各地平台上所有可下载的数据集按照数据容量进行排序，在数据容量相同的情况下再按照下载量排序，最终选出排名居前 1%的数据集作为优质数据集。

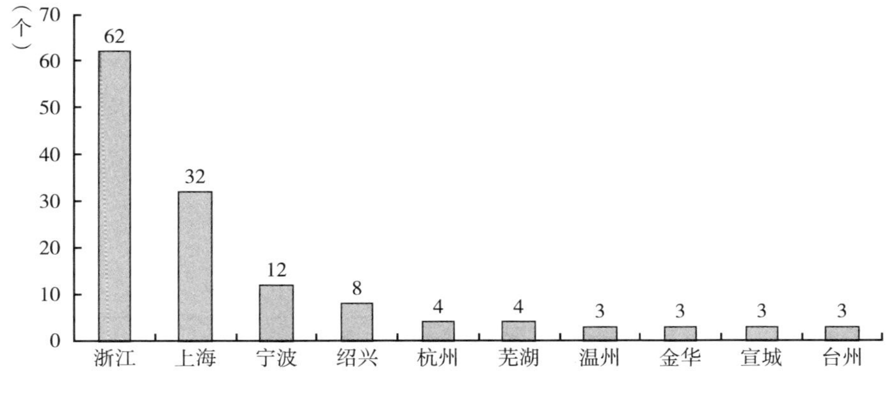

图4　长三角各地平台优质数据集数量（前十名）

表5是长三角地区开放的排前十位的优质数据集，这些数据集普遍具有较高的条数和字段数量，内容主要涉及交通运输、司法、住房、城市管理等方面。

表5　长三角各地平台优质数据集列表（前十位）

序号	数据集名称	地方	数据容量	条数	字段数
1	公交车 GPS 数据信息	宁波	25005000	1000200	25
2	单位未履行生效裁判信息	浙江	18136621	788547	23
3	道路运输证	浙江	13210494	600477	22
4	公积金个人贷款信息	浙江	9511282	864662	11
5	垃圾分类场所	上海	8685268	868526	10
6	排班作业计划数据	杭州	8476695	565113	15
7	数字城管办结信息	杭州	7766554	323606	24
8	道路运输从业人员从业资格证	浙江	6939072	495648	14
9	出租车 GPS 数据信息	宁波	6601991	287043	23
10	区域交通运行指数基本信息	宁波	6472710	431514	15

五　长三角数据开放一体化发展现状

（一）法规政策的协同度

制定相关的法规政策是推进政府数据开放的法治基础和保障。截至

2020 年 9 月，上海、浙江和连云港已出台了专门针对数据开放的地方政府规章或规范性文件。其他地方出台的法规政策在专门性上主要有两种类型：一种是将数据开放与共享合并制定，另一种是将数据开放作为公共数据资源管理的组成部分之一来制定。长三角各地已公布的与政府数据开放相关的法规政策如表 6 所示。

表 6　长三角各地数据开放相关法规政策

城市	名称	颁布时间	专门性
浙江	《浙江省公共数据开放与安全管理暂行办法》	2020 年 6 月	专门针对数据开放
上海	《上海市公共数据开放暂行办法》	2019 年 8 月	专门针对数据开放
连云港	《连云港市公共数据开放与开发利用管理暂行办法》	2019 年 11 月	专门针对数据开放
温州	《温州市公共数据共享开放管理暂行办法》	2020 年 9 月	针对数据开放与共享
	《温州市城市交通数据资源社会开放共享管理办法(试行)》	2016 年 12 月	针对交通数据开放与共享
台州	《台州市城市交通数据资源开放管理暂行办法》	2016 年 12 月	针对交通数据开放
芜湖	《芜湖市政务信息资源管理办法》	2020 年 7 月	针对政务信息资源管理
无锡	《无锡市公共数据管理办法》	2020 年 2 月	针对公共数据管理
宁波	《宁波市公共数据管理办法》	2019 年 11 月	针对公共数据管理
南京	《南京市政务数据管理暂行办法》	2019 年 8 月	针对政务数据管理
湖州	《湖州市公共数据管理办法》	2018 年 11 月	针对公共数据管理
丽水	《丽水市公共数据资源管理办法》	2020 年 1 月	针对公共数据管理
	《丽水市城市交通数据资源开放共享管理办法(试行)》	2016 年 12 月	针对交通数据开放与共享
衢州	《关于 2019 年衢州市城市交通数据资源社会开放共享管理办法的公告》	2018 年 11 月	针对交通数据开放与共享
绍兴	《绍兴市城市交通数据资源开放共享管理办法 》	2016 年 12 月	针对交通数据开放与共享

制定开放数据工作的标准规范和操作指南，有利于推进数据开放工作的标准化和规范化实施。上海和浙江均制定了专门针对数据开放的地方标准或技术规范，如表 7 所示。

表 7　长三角各地数据开放标准规范

省域	标准规范名称
浙江	浙江省公共数据开放技术规范
上海	上海市公共数据开放分级分类指南(试行)

然而，在区域一体化协同方面，仅上海和丽水制定的管理办法中涉及长三角公共数据管理和共享的内容。例如，《上海市公共数据和一网通办管理办法》的第七条（长三角一体化）要求“本市立足长三角一体化战略目标，加强与长三角地区公共数据和‘一网通办’工作的合作交流，通过数据资源共享、平台融会贯通、业务协同办理等方式，推动区域协同发展”；《丽水市公共数据资源管理办法》第六条提出要“通过数据资源共享、平台贯通融合、业务协同办理等方式，加强与长三角地区公共数据工作的合作交流”。对于推进长三角各地在政府数据开放工作上的协同合作，还缺少相应的法规政策支撑。

（二）开放平台的连接性

报告发现，长三角区域内上线的政府数据开放平台在功能设置上都达到了较高水平，相互之间差异较小，具备了在平台间推进跨区域协同的基础和条件。但平台之间的跨省互联和协同尚未实现，仅浙江省和江苏省平台提供了省内各地平台之间的链接。

（三）数据集主题的重合度

在各地开放数据集覆盖主题的重合度上，浙江平台开放的数据集已覆盖了全部 14 个基本主题，上海平台覆盖了除农业农村、社保就业、财税金融外的基本主题，其他两省尚未开放基本主题下的数据集，如表 8 所示。

表 8　长三角省级平台开放数据集主题重合度

主题	上海	浙江	江苏	安徽
经贸工商	√	√		
交通出行	√	√		
机构团体	√	√		
文化休闲	√	√		
卫生健康	√	√		
教育科技	√	√		
社会民生	√	√		
资源环境	√	√		
成建住房	√	√		
公共安全	√	√		
农业农村		√		
社保就业		√		
财税金融		√		
信用服务	√	√		

（四）数据集内容的匹配度

各地开放名称和内容相近的数据集有助于数据利用者进行跨地区的数据融合利用，形成长三角区域数据协同。在各地平台开放的 14 类常见数据集中，在长三角地区，仅有上海平台开放了所有 14 类常见数据集，浙江平台开放了其中 12 类常见数据集，江苏和安徽尚未开放这些常见数据集，如表 9 所示。

表 9　长三角省级平台常见数据集名称的匹配度

项目	上海	浙江	江苏	安徽
企业注册登记数据	√	√		
行政许可处罚	√	√		
预决算	√			
建设规划项目	√	√		
医疗机构、价格、医保药品、医保诊疗	√	√		

续表

项目	上海	浙江	江苏	安徽
食品生产经营抽检	√	√		
学校名录、师生评优、教育收费	√	√		
旅游景区、企业、接待人数、服务质量投诉	√	√		
建筑企业资质、建筑物、专业人员	√	√		
农产品价格、补贴、农业机械证照、安监	√	√		
科技项目、计划、成果	√			
药品生产经营、价格、购用、质监	√	√		
环境监测、影响评价	√	√		
道路运输企业、从业人员、交通执法	√	√		

报告还比较了各地开放的名称相同或相似的常见数据集的字段内容。以“行政许可类”数据为例，如表 10 所示，上海与浙江两地平台开放的“行政许可类”数据集中的大多数字段能够匹配，但个别字段没有同时出现在两地开放的数据集中。江苏和安徽则尚未开放同类数据集。

表 10　行政许可类数据集字段的匹配度

项目	上海	浙江	江苏	安徽
企业名称	√	√		
行政许可事项	√	√		
统一社会信用代码	√	√		
许可范围		√		
有效期	√	√		
组织机构代码	√	√		
税务登记号	√			

再以“食品生产经营抽检”数据集为例，如表 11 所示，上海与浙江两地开放的食品抽检数据集中的多数字段能够匹配，但个别字段也没有同时出现在两地开放的数据集中。

表 11　食品生产经营抽检类数据集字段的匹配度

项目	上海	浙江	江苏	安徽
标称生产企业名称	√	√		
被抽查单位地址	√	√		
生产日期/批号	√	√		
规格型号	√	√		
生产企业统一社会信用代码		√		
不合格项目/检验结果/标准值		√		
食品名称	√	√		
被抽样单位名称	√	√		
检验机构	√			

报告又进一步对各地平台上开放的关键数据集的匹配度进行了比较，同样发现各地之间差异较大，同一个关键数据集，在有的地方开放了，在有的地方没有开放。如表 12 所示，浙江平台开放了四项关键数据集，上海平台开放了两项关键数据集，而江苏和安徽尚未开放任何一项关键数据集。与全国其他地方相比，长三角地区都未开放疫情防控类数据集。

表 12　长三角省级平台关键数据集名称的匹配度

项目	上海	浙江	江苏	安徽
企业注册登记数据	√	√		
公交车辆位置数据		√		
道路运输从业资格证/经营许可证	√	√		
气象预报预警数据		√		
疫情防控数据				

即使在不同地区都已开放的关键数据集中，所开放的字段内容也各有不同。以“企业注册登记类数据”为例（见表 13），上海与浙江平台上的该项数据集在多数字段上能够匹配，但在部分字段上，一个地方开放了，另一个地方却未开放。不同地区开放的数据集之间的匹配度将直接影响数据利用者对数据进行跨域融合利用的程度。

表 13　企业注册登记类数据集字段的匹配度

项目	上海	浙江	江苏	安徽
企业(机构)名称	√	√		
统一社会信用代码		√		
组织机构代码				
税务登记证号(国)		√		
企业类型/登记类型	√	√		
法定代表人	√	√		
经营范围及方式	√			
成立日期/登记日期	√	√		
住所/注册地址	√	√		
注册资本(金)	√			

(五)元数据标准的一致性

在开放数据集的元数据标准上，浙江平台为数据集提供了所有的基本元数据信息，上海平台提供了除数据量外的基本元数据信息，两地平台的元数据标准基本一致，但江苏和安徽未提供开放数据集的基本元数据信息(见表 14)。

表 14　长三角省级平台元数据标准的一致性

项目	上海	浙江	江苏	安徽
名称	√	√		
摘要简介	√	√		
关键字	√	√		
数据主题	√	√		
数据提供单位	√	√		
数据格式	√	√		
开放类型	√	√		
更新频率	√	√		
发布日期	√	√		
更新日期	√	√		
数据量		√		
数据指标	√	√		

（六）数据利用的跨域性

为了促进开放数据的社会化利用，上海市于2015年在长三角地区率先举办了开放数据创新应用大赛（SODA），至今已连续举办6届，成为数据开放领域的品牌赛事，提升了开放数据的社会知晓度和利用水平，也带动了江苏和浙江举办同类比赛。长三角各地自2018年以来举办的部分开放数据创新利用比赛如表15所示。2020年浙江数据开放创新应用大赛还在各地市设置了分赛区，带动了全省的开放数据协同利用。然而，目前长三角地区还未举办过真正跨省的开放数据创新利用活动，未能有效推动开放数据的跨区域融合利用。

表15　长三角省级开放数据创新利用比赛

地方	比赛名称
上海市	上海开放数据创新应用大赛（SODA）
浙江省	浙江数据开放创新应用大赛
江苏省	江苏大数据开发与应用大赛（华录杯）

在社会利用开放数据产生的有效成果的数量和质量上，浙江表现相对领先。例如，高德地图（停车场板块）融合利用了杭州、宁波、台州三市的停车场数据，为市民提供停车指引。然而，在长三角地区还缺少跨省的数据利用成果，应对跨域开放数据进行深度融合利用。

六　长三角公共数据开放建言

长三角地区的公共数据资源基础较好，社会利用需求很高，但仍有一些地方尚未推出政府数据开放平台，已上线平台的地方在数据开放实际水平上也参差不齐。因此，报告建议长三角已上线政府数据开放平台的地方继续探索前沿，突破难点；还未推出政府数据开放平台的地方尽早上线（如安徽省级平台、安徽省和江苏省内部分地方的平台），并充分学习区域内数据开放先进地区的经验和做法，以拓展整个长三角地区的数据开放广度和深度。

报告还发现，长三角区域的数据开放一体化程度仍偏低，未能充分满足社会对跨域数据进行融合利用的迫切需求。因此报告对提升长三角数据开放一体化水平提出以下建议。

在准备度方面，建议长三角地区的各个地方联手推出有利于促进数据开放区域一体化的政策文件，在各地已制定或即将制定的法规政策中，增加有关推进长三角数据开放一体化的内容要求，并探索制定统一的长三角数据开放标准规范。建议地方党政领导加大对推进长三角数据开放一体化的支持力度，建立跨地区的统筹协调沟通机制。

在平台层方面，建议长三角地区的各个地方平台之间实现相互链接，并加强更深层次的互联互通。

在数据层方面，建议长三角地区的各个平台在数据集主题覆盖、数据集名称和字段、元数据标准等方面提高匹配度和一致性。

在利用层方面，建议在长三角地区举办跨省的开放数据创新利用比赛，促进跨地区的数据融合利用，产生跨地区的数据利用成果，推进长三角数字经济与数字社会一体化发展。

开放数据，蔚然成林，期待长三角各地方的政府数据开放工作能早日根系相通、枝叶相连，实现共开共用、共享共赢。

B.8

粤港澳大湾区政府数据开放报告

郑 磊　张忻璐*

摘　要： 报告从准备度、平台层、数据层和利用层四个维度对粤港澳大湾区政府数据开放的现状和水平进行了研究和评价。目前，粤港澳大湾区的2个特别行政区与9个城市都已上线了政府数据开放平台。报告发现，深圳、香港开放数据综合等级最高，广州、东莞紧随其后，其后是江门、澳门和中山等地。在单项维度上，香港在准备度和利用层上表现最优，深圳在平台层和利用层上处于领先地位。报告还展示了在各个维度上粤港澳大湾区政府数据开放的标杆案例。报告建议制定和完善政策法规与文件，促进和规范政府数据开放；增强平台对开放数据利用的支撑作用，注重平台用户的体验及获得感；开放高容量、高需求的优质数据集，并保持不断增长和动态更新；举办各类引导赋能活动，在粤港澳大湾区营造有利于政府数据开放利用的良好生态。

关键词： 政府数据开放　数据利用　粤港澳大湾区

一　引言

粤港澳大湾区包括香港特别行政区、澳门特别行政区和广东省广州市、深圳市、珠海市、佛山市、惠州市、东莞市、中山市、江门市、肇庆市，是我国开放程度最高、经济活力最强的区域之一，在国家发展大局中具有重要

* 郑磊，复旦大学国际关系与公共事务学院教授，博士生导师，数字与移动治理实验室主任，研究方向为数字治理、政府数据开放、治理数字化转型等；张忻璐，复旦大学数字与移动治理实验室副主任，管理学硕士，研究方向为政府数据开放。

战略地位。2019 年 2 月 18 日，中共中央、国务院印发《粤港澳大湾区发展规划纲要》，明确粤港澳大湾区不仅要建成充满活力的世界级城市群、国际科技创新中心、“一带一路”建设的重要支撑、内地与港澳深度合作示范区，还要打造成宜居、宜业、宜游的优质生活圈，成为高质量发展的典范。

2020 年 10 月 11 日，中共中央办公厅、国务院办公厅发布《深圳建设中国特色社会主义先行示范区综合改革试点实施方案（2020—2025 年）》，提出要试点推进政府数据开放共享。支持建设粤港澳大湾区数据平台。2021 年 9 月 22 日，广东省人民政府通过《广东省公共数据管理办法》，要求公共数据应当依法有序开放。

粤港澳大湾区是我国政府数据开放的先行地区，进一步提升粤港澳大湾区的政府数据开放水平，不仅有利于促进数据要素在粤港澳大湾区的流动和利用，还有利于充分发挥粤港澳综合优势，提升粤港澳大湾区在国家经济发展和对外开放中的支撑引领作用。在此背景下，本报告对粤港澳大湾区政府数据开放的现状和水平进行了研究和评价。

《粤港澳大湾区政府数据开放报告》（以下简称“报告”）是“中国开放数林指数”发布的区域性系列报告之一。开放数据，蔚然成林，粤港澳大湾区的每一棵开放“数木”不仅枝繁叶密、花开结果，更能根系相通、枝叶相连，终将成长为一片茂盛多样、互联互通的粤港澳大湾区“开放数林”。

二　指标体系与研究方法

（一）指标体系

《粤港澳大湾区政府数据开放报告》在“中国开放数林指数”评估指标体系的基础上，立足国家政策方向，根据粤港澳大湾区的区域特点和创新实践，对部分指标进行了调整，如准备度层面增加了“数据集开放计划”指标，数据层增加了对数据描述说明的“数据字典”指标。最终确定的粤港澳大湾区开放数林指数评估指标体系包括准备度、平台层、数据层、利用层四个维度及下属多级指标，如图 1 所示。

图 1　粤港澳大湾区

层	权重	权重	一级指标	权重	二级指标
“数果” 25% 利用层	25%	5.0%	利用促进	3.0%	比赛举办
				2.0%	引导赋能活动
		4.0%	利用多样性	1.0%	利用者多样性
				2.0%	成果形式多样性
				1.0%	成果主题多样性
		8.0%	成果数量	5.0%	有效成果数量
				3.0%	成果有效率
		8.0%	成果质量	2.0%	优质成果
				6.0%	服务应用质量
“数叶” 45% 数据层	45%	9.0%	数据数量	3.0%	有效数据集总数
				6.0%	单个数据集平均容量
		20.0%	数据质量	5.0%	优质数据集
				10.0%	无质量问题
				5.0%	数据持续性
		10.0%	数据规范	2.0%	开放协议
				5.0%	开放格式
				3.0%	描述说明
		6.0%	开放范围	3.0%	常见主题覆盖
				3.0%	部门覆盖
“数干” 18% 平台层	18%	3.0%	发现预览	1.0%	开放数据目录
				1.0%	搜索功能
				1.0%	数据集预览
		4.0%	数据获取	2.0%	开放数据获取
				2.0%	未开放数据请求
		2.0%	成果提交展示	1.0%	利用成果提交
				1.0%	利用成果展示
		8.0%	互动反馈	1.0%	数据发布者联系方式
				1.0%	用户评价
				2.0%	意见建议
				2.0%	数据纠错
				2.0%	权益申诉
		1.0%	个性化体验	0.5%	收藏功能
				0.5%	推送功能
“数根” 12% 准备度	12%	6.0%	法规政策效力与内容	2.0%	数据开放要求
				1.5%	数据利用要求
				1.5%	全生命周期安全管理
				1.0%	保障机制
		6.0%	组织与领导	4.0%	年度工作计划与方案
				2.0%	领导重视

旨数评估指标体系

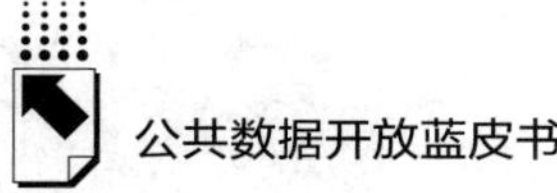

准备度是“数根”，是数据开放的基础，包括法规政策效力与内容、组织与领导两个一级指标。

平台层是“数干”，是数据开放的枢纽，包括发现预览、数据获取、成果提交展示、互动反馈、个性化体验五个一级指标。

数据层是“数叶”，是数据开放的核心，包括数据数量、数据质量、数据规范、开放范围四个一级指标。

利用层是“数果”，是数据开放的成效，包括利用促进、利用多样性、成果数量、成果质量四个一级指标。

（二）评估范围

指数出品方根据公开报道，以及使用“数据+开放”“数据+公开”“公共+数据”“政务+数据”“政府+数据”“地名+数据”“地名+政府数据”“地名+开放数据”等关键词进行搜索，发现了截至 2021 年 6 月粤港澳大湾区已上线的地方政府数据开放平台，并从中筛选出符合以下条件的平台。

（1）原则上平台域名中需出现 gov，作为确定其为政府官方认可的数据开放平台的依据。

（2）平台所代表的地方政府的行政级别为地级及以上。

本次评估中，指数出品方共发现符合条件的地方平台 11 个，为此将这些平台作为本次评估的对象。

具体地方、平台名称和平台链接如表 1 所示。

表 1　评估范围（按拼音首字母排序）

序号	地方	平台名称	类别	平台链接
1	澳门特别行政区	澳门特别行政区政府数据开放平台	特别行政区	https://data.gov.mo/
2	香港特别行政区	资料一线通	特别行政区	https://data.gov.hk/sc/
3	广东省广州市	广州市政府数据统一开放平台	副省级	http://data.gz.gov.cn/

续表

序号	地方	平台名称	类别	平台链接
4	广东省深圳市	深圳市政府数据开放平台	副省级	https://opendata.sz.gov.cn/
5	广东省东莞市	数据东莞	地级	http://dataopen.dg.gov.cn/
6	广东省佛山市	开放广东—佛山市	地级	https://gddata.gd.gov.cn/data/dataSet/toDataSet/dept/38-
7	广东省惠州市	开放惠州	地级	http://data.huizhou.gov.cn/
8	广东省江门市	开放江门	地级	http://data.jiangmen.gov.cn/
9	广东省肇庆市	开放广东—肇庆市	地级	https://gddata.gd.gov.cn/opdata/base/collect? deptCode=518&t=1634143844073
10	广东省中山市	中山市政府数据统一开放平台	地级	http://zsdata.zs.gov.cn/web/index
11	广东省珠海市	珠海市民生数据开放平台	地级	http://data.zhuhai.gov.cn/#/

（三）数据采集与分析方法

准备度评估主要对相关法律法规、政策、总体计划与方案、领导讲话的新闻报道等资料进行了描述性统计分析和文本分析。搜索方法主要包括以下两种：一是在搜索引擎以关键词检索相关法规与政策文本、总体计划与方案、有关地方党政领导讲话支持的新闻报道；二是在地方政府门户网站以及政府数据开放平台上通过人工观察和关键词检索采集数据。评估范围数据采集的截止时间为 2021 年 6 月。

平台层评估主要采用人工观察法对各地方政府数据开放平台上各项功能进行观测并做描述性统计分析，数据采集截止时间为 2021 年 5 月。同时，指数出品方还对平台的回复情况（包括回复时间和回复质量）进行了评估，回复情况采集截止时间为 2021 年 5 月。

数据层评估主要通过机器自动抓取各地方政府数据开放平台上开放的数据，结合人工观察采集相关信息，然后对数据进行了描述性统计分析、交叉分析、文本分析和空间分析。数据采集截止时间为 2021 年 5 月，对“动态更新”这一指标的评测时段为 2021 年 1 月至 5 月。

利用层评估主要对各地方政府数据开放平台上展示的利用成果进行了人工观察和测试，对 2019 年以来各地开展的开放数据创新利用比赛信息进行了网络检索，并对采集到的数据进行了描述性统计分析。数据采集截止时间为 2021 年 5 月。

此外，为确保数据采集准确全面，对部分指标采用报告出品方自主采集和向地方征集相结合的方式，从各地征集到的公开资料经验证后也纳入评估数据。

（四）指数计算方法

指数出品方基于各地在各项评估指标上的实际表现从低到高按照 0~5 分共 6 档分值进行评分，其中 5 分为最高分，相应数据缺失或完全不符合标准则分值为 0。对于连续型统计数值类数据则使用极差归一法将各地统计数据结果换算为 0~5 分之间的数值作为该项得分。

各地平台在准备度、平台层、数据层、利用层四个维度上的指数总分等于每个单项指标的分值乘以相应权重所得到的加权总和。最终，各地开放数林指数等于准备度指数、平台层指数、数据层指数、利用层指数乘以相应权重的加权平均分。各地开放数林指数计算公式如下：

$$\begin{aligned}\text{粤港澳大湾区开放数林指数} = &\sum(\text{准备度指标分值} \times \text{权重}) \times 12\% + \\ &\sum(\text{平台层指标分值} \times \text{权重}) \times 18\% + \\ &\sum(\text{数据层指标分值} \times \text{权重}) \times 45\% + \\ &\sum(\text{利用层指标分值} \times \text{权重}) \times 25\%\end{aligned}$$

三　粤港澳大湾区公共数据开放概貌

香港于 2011 年上线了政府数据开放平台“资料一线通”。自 2015 年以来，粤港澳大湾区上线的地方政府数据开放平台数量持续快速增长，如图 2 所示。目前，粤港澳大湾区的两个特别行政区与九个城市都已上线了政府数据开放平台。各地平台具体上线时间如表 2 所示。

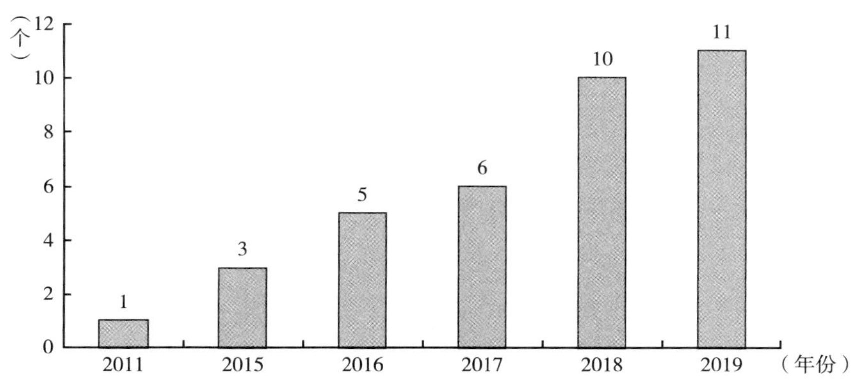

图 2 粤港澳大湾区政府数据开放平台数量

表 2 粤港澳大湾区平台上线时间一览（按拼音首字母排序）

上线时间	地方
2019	澳门
2018	惠州、江门、中山、珠海
2017	佛山
2016	广州、深圳
2015	东莞、肇庆
2011	香港

四 大湾区开放数林指数

截至 2021 年 6 月，粤港澳大湾区各地开放数林指数等级如表 3 所示，各地指数综合得分可分为五个等级。深圳、香港开放数据综合等级最高，为 A+等级；广州、东莞紧随其后，为 A 等级；其次是江门、澳门和中山等地。在单项维度上，香港在准备度和利用层上表现最优，进入 A+等级；深圳在平台层和利用层上处于领先地位，进入 A+等级。

表 3　粤港澳大湾区各地开放数林指数等级

地方	准备度等级	平台层等级	数据层等级	利用层科级	综合等级	综合指数区间
深圳	A	A+	A	A+	A+	55 分以上
香港	A+	B+	A	A+	A+	
广州	C	A+	B+	B+	A	40~45 分
东莞	C	B	A+	B	A	
江门	C+	B+	B+	B+	B+	30~40 分
澳门	B+	B	B+	B	B+	
中山	B	C+	B+	B	B+	
惠州	C	B	B+	C+	B	25~30 分
肇庆	C	A	B	B	B	
佛山	C+	A	B	C+	B	
珠海	C	C+	C+	B	C+	15~20 分

在空间分布方面，粤港澳大湾区开放数林指数综合等级较高的地方主要集中在香港、深圳、东莞、广州这一条绿色“林带”上。

五　粤港澳大湾区公共数据开放标杆

本部分将重点推介粤港澳大湾区政府数据开放的标杆案例，以供各地进行对标分析。

（一）准备度

1. 法规政策

深圳制定并公布了地方性法规《深圳经济特区数据条例》，如图 3 所示，其中专门针对公共数据开放作出了要求，如图 4 所示。

深圳经济特区数据条例

发布时间：2021-07-06

深圳市第七届人民代表大会常务委员会

公告

第十号

《深圳经济特区数据条例》经深圳市第七届人民代表大会常务委员会第二次会议于2021年6月29日通过，现予公布，自2022年1月1日起施行。

深圳市人民代表大会常务委员会

2021年7月6日

图 3 《深圳经济特区数据条例》

资料来源：深圳市政府数据开放平台，https：//opendata. sz. gov. cn/article/article/toArticleDetails/1420212300016590848。

第三节 公共数据开放

第四十五条 本条例所称公共数据开放，是指公共管理和服务机构通过公共数据开放平台向社会提供可机器读取的公共数据的活动。

第四十六条 公共数据开放应当遵循分类分级、需求导向、安全可控的原则，在法律、法规允许范围内最大限度开放。

第四十七条 依照法律、法规规定开放公共数据，不得收取任何费用。法律、行政法规另有规定的，从其规定。

第四十八条 公共数据按照开放条件分为无条件开放、有条件开放和不予开放三类。

无条件开放的公共数据，是指应当无条件向自然人、法人和非法人组织开放的公共数据；有条件开放的公共数据，是指按照特定方式向自然人、法人和非法人组织平等开放的公共数据；不予开放的公共数据，是指涉及国家安全、商业秘密和个人隐私，或者法律、法规等规定不得开放的公共数据。

第四十九条 市政务服务数据管理部门应当建立以公共数据资源目录体系为基础的公共数据开放管理制度，编制公共数据开放目录并及时调整。

有条件开放的公共数据，应当在编制公共数据开放目录时明确开放方式、使用要求及安全保障措施等。

第五十条 市政务服务数据管理部门应当依托城市大数据中心建设统一、高效的公共数据开放平台，并组织公共管理和服务机构通过该平台向社会开放公共数据。

公共数据开放平台应当根据公共数据开放类型，提供数据下载、应用程序接口和安全可信的数据综合开发利用环境等多种数据开放服务。

图 4 《深圳经济特区数据条例》中关于“数据开放”的内容条款

资料来源：深圳市政府数据开放平台，https：//opendata. sz. gov. cn/article/article/toArticleDetails/1420212300016590848。

2. 组织与领导

香港的年度开放数据计划由特别行政区政府的各部门分别制定，并在香港“资料一线通”（data. gov. hk）上发布，如图 5 所示。同时，用户还可以在互联网上方便快捷地搜索到各部门的年度开放数据计划，如图 6 所示。

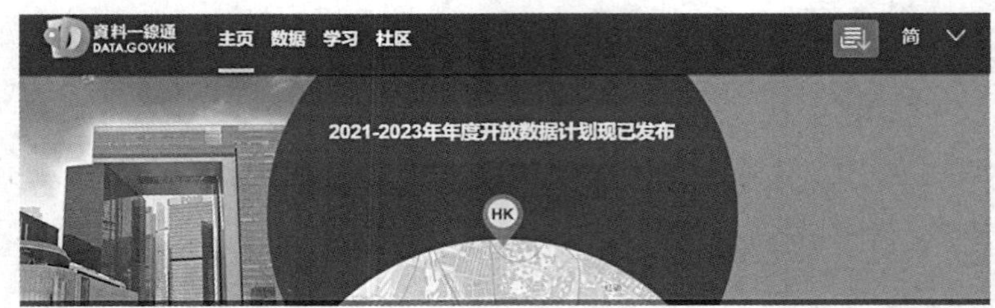

图 5　香港“资料一线通”首页

资料来源：香港“资料一线通”网站，https：//data. gov. hk/en/。

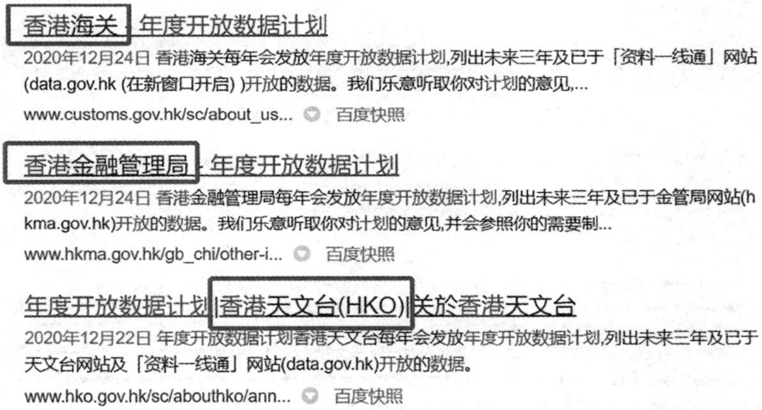

香港海关 - 年度开放数据计划
2020年12月24日 香港海关每年会发放年度开放数据计划,列出未来三年及已于「资料一线通」网站(data.gov.hk (在新窗口开启))开放的数据。我们乐意听取你对计划的意见,...
www.customs.gov.hk/sc/about_us... 百度快照

香港金融管理局 - 年度开放数据计划
2020年12月24日 香港金融管理局每年会发放年度开放数据计划,列出未来三年及已于金管局网站(hkma.gov.hk)开放的数据。我们乐意听取你对计划的意见,并会参照你的需要制...
www.hkma.gov.hk/gb_chi/other-i... 百度快照

年度开放数据计划|香港天文台(HKO)|关於香港天文台
2020年12月22日 年度开放数据计划香港天文台每年会发放年度开放数据计划,列出未来三年及已于天文台网站及「资料一线通」网站(data.gov.hk)开放的数据。
www.hko.gov.hk/sc/abouthko/ann... 百度快照

图 6　“香港年度开放数据计划”网络搜索截图

资料来源：笔者以“香港数据开放计划”为关键词在百度搜索引擎的检索结果。

在数据集开放计划中，香港在“资料一线通”平台上公布了计划开放的数据集列表，如图 7 所示。例如，香港房屋委员会（房委会）/房屋署在 2021～2023 年开放数据计划中列明了已开放的数据集和计划开放的数据集，如图 8 所示。

图 7　香港年度开放计划—数据集列表

资料来源：香港“资料一线通”网站，https：//data. gov. hk/en - data/dataset/hk-ogcio-st_ div_ 04-aodp-new-dataset-list。

（二）平台层

1. 高级搜索功能

深圳、肇庆、佛山平台提供了有多个筛选项的高级搜索功能，并同时支持对数据集和利用成果的搜索，如图 9 所示。

香港房屋委员会(房委会)/房屋署
2021至2023年的开放数据计划

A. 在2021年发放的部门数据集

#	数据类型/数据集名称	目标发放日期	更新频率	备注
1	出售绿表置居计划单位(绿置居)2019的成交记录	02/2021	一次性	单位成交记录数据将以机读的JavaScript对象表示法(JSON)格式及应用程序编程接口提供。
2	出售居者有其屋计划单位(居屋)2020的成交记录	另行公布	当资料齐备时发放	目标发放日期将依据居屋2020选楼期结束而定。 单位成交记录数据将以JSON格式及应用程序编程接口提供。
3	绿置居2020/21的成交记录	另行公布	当资料齐备时发放	目标发放日期将依据绿置居2020/21选楼期结束而定。 单位成交记录数据将以JSON格式及应用程序编程接口提供。

B. 在2022年及2023年发放的部门数据集

#	数据类型/数据集名称	目标发放日期	更新频率	备注
1	居屋2021的成交记录	另行公布	当资料齐备时发放	目标发放日期将依据居屋2021的选楼时间表而定。 单位成交记录数据将以JSON格式及应用程序编程接口提供。
2	居屋2022的成交记录	另行公布	当资料齐备时发放	目标发放日期将依据居屋2022的选楼时间表而定。 单位成交记录数据将以JSON格式及应用程序编程接口提供。
3	绿置居2022的成交记录	另行公布	当资料齐备时发放	目标发放日期将依据绿置居2022的选楼时间表而定。 单位成交记录数据将以JSON格式及应用程序编程接口提供。

图8　香港房屋委员会（房委会）/房屋署2021~2023年开放数据计划

资料来源：香港房屋委员会（房委会）/房屋署2021~2023年的开放数据计划，https：//www. housingauthority. gov. hk/sc/common/pdf/about - us/publications - and - statistics/open-data-plan/2021_ 2023_ OpenDataPlan_ SC. pdf。

2. 可按时间段下载历史数据的功能

香港平台提供了可按时间段下载历史数据的功能，用户可根据特定时间段下载数据集的各个历史版本，如图10所示。

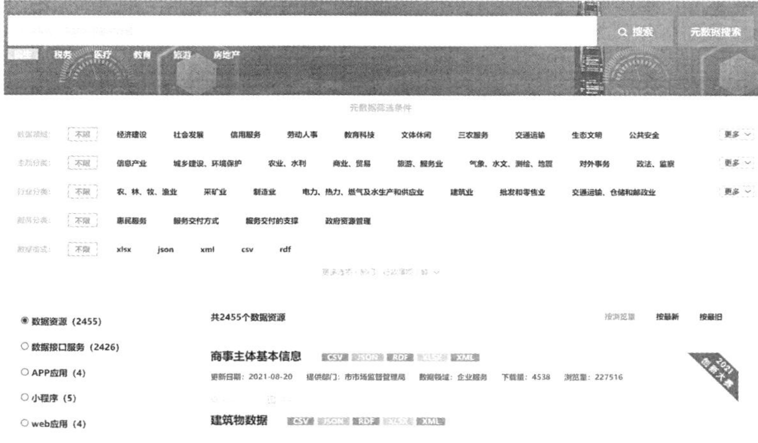

图 9　深圳平台的高级搜索功能

资料来源：深圳市政府数据开放平台，https：//opendata. sz. gov. cn/data/search/toSearch。

图 10　香港平台的按时间段下载历史数据功能

资料来源：资料一线通，https：//data. gov. hk/sc-data/dataset/hk-itc-fbl-fund-for-better-living-approved-projects。

3. 未开放数据请求

深圳、广州平台提供了对未开放数据的请求功能，并对外公开了用户的数据请求和平台的回复，如图 11 所示。此外，深圳平台还对用户的数据请求进行了及时有效的回复，如图 12 所示。

建议公布广州市电动汽车充换电市场的有关数据		2020-09-10 09:44:43	2020-10-19 12:54:28	已回复
申请黄埔区开放大道中（东区规划十路 - 永和隧道南出口）建设工程环境影响评价公开		2020-08-21 16:05:54	2020-08-24 08:59:53	已回复

咨询详情

标题： 建议公布广州市电动汽车充换电市场的有关数据

具体建议： 国家正大力支持电动汽车发展，而电动汽车充换电服务是制约电动汽车发展应用的关键之一，为推动该行业的科学发展和合理投资，建议平台定期公布广州市电动汽车充换电市场的有关数据以供市场参考，以免市场的低效投资和发展失衡。建议定期公布的数据包括但不限于：①各区充换电基础设施的种类和数量（公共充电桩、换电站，相关功率等，市工信有数据），②各区电动汽车的充电量（市供电局有数据）；③各区新能源汽车的保有量（市交委、市公安局有数据）。

建议人：

回复人： xxhfwzx_admin

回复内容： 感谢您的留言反馈。感谢您对广州市政府数据开放工作提出的建议，我们会与电动汽车相关数据提供部门进一步沟通协调，在业务部门同意开放该部分数据后，第一时间发布在本平台。同时，我们也在积极与其他部门沟通协调，进一步扩大政府数据开放范围，也请您及时关注【首页】-【最新数据】，或者在本平台搜索你想要了解的关键字以获取最新动态。再次感谢您对广州市政府数据开放工作的支持和关注！

图 11　广州平台公开的未开放数据请求和平台回复

资料来源：广州市政府数据统一开放平台，https：//data. gz. gov. cn/odweb/interact/index. htm#。

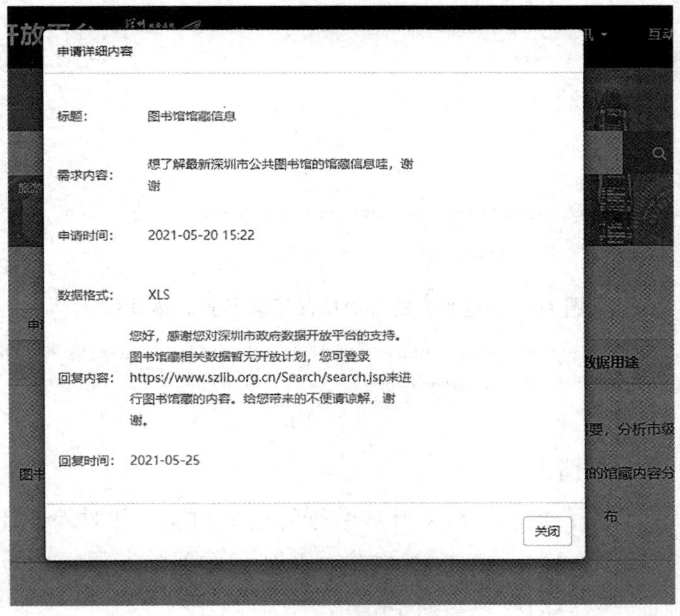

申请详细内容

标题： 图书馆馆藏信息

需求内容： 想了解最新深圳市公共图书馆的馆藏信息哇，谢谢

申请时间： 2021-05-20 15:22

数据格式： XLS

回复内容： 您好，感谢您对深圳市政府数据开放平台的支持。图书馆藏相关数据暂无开放计划，您可登录https://www.szlib.org.cn/Search/search.jsp来进行图书馆藏的内容。给您带来的不便请谅解，谢谢。

回复时间： 2021-05-25

关闭

图 12　深圳平台对未开放数据请求的回复

资料来源：深圳市政府数据开放平台，https：//opendata. sz. gov. cn/maintenance/personal/toApply。

4. 意见建议

香港平台在意见建议提交页面特别提醒用户不要提供任何可识别个人身份的信息，以保护用户的个人信息，如图 13 所示。

图 13　香港平台在意见建议提交页面对用户个人信息保护的提醒

资料来源：资料一线通，https：//data. gov. hk/sc/feedback。

广州平台对用户的意见建议进行了及时有效的回复，如图 14 所示，并对外公开了用户的意见建议和平台的回复，如图 15 所示。

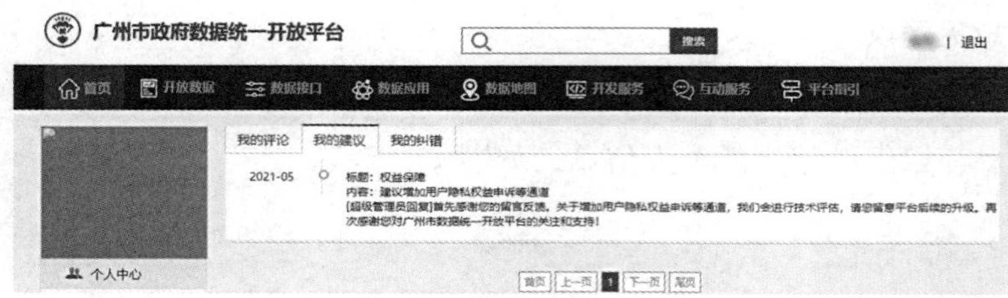

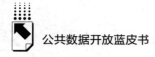

图 14　广州平台对用户意见建议的回复

资料来源：广州市政府数据统一开放平台，https：//data. gz. gov. cn/odweb/developer/interact/myAdvice. htm。

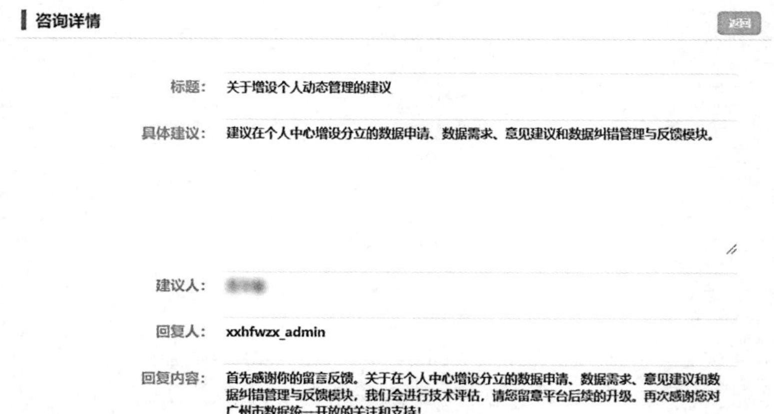

图 15　广州平台公开的用户意见建议和平台回复内容

资料来源：广州市政府数据统一开放平台，https：//data. gz. gov. cn/odweb/interact/index. htm#。

5. 数据纠错

深圳平台对用户的数据纠错进行了及时有效的回复，如图 16 所示，并对外公开了用户的纠错和平台的回复，如图 17 所示。

（三）数据层

1. 数据数量

数据集是指由数据组成的集合，通常以表格形式出现，每一“列”代表

图 16　深圳平台对用户数据纠错的回复

资料来源：深圳市政府数据开放平台，https：//opendata. sz. gov. cn/maintenance/personal/toCorrectionList。

首页 > 互动 > 纠错公开详情

互动交流

常见问题

数据申请

调查问卷

提交建议

留言反馈

纠错公开

预报预警数据_灾害性天气预警

资源名称：预报预警数据_灾害性天气预警

问题描述：灾害性天气预警数据中暴雨预警数据只到2019年6月30日，麻烦完善19年下半年度的数据信息，谢谢！

提交时间：2020-02-25 10:54

分发部门：市气象局（台）

回复内容：您好，感谢您对深圳市政府数据开放平台的支持。数源单位已对此数据进行了完善，给您带来的不便我们深表歉意，谢谢。

回复时间：2020-02-26 12:20:34

状态：处理完成

图 17　深圳平台公开的用户纠错和平台回复内容

资料来源：深圳市政府数据开放平台，https：//opendata. sz. gov. cn/interaction/correction/toCorrectionDetails/1232136836348170240。

一个特定变量，每一“行”则对应一个样本单位。截至 2021 年上半年，深圳、香港和广州开放的有效数据集的总数最高，均开放了超过 1000 个数据集，如图 18 所示，其后是中山、东莞、佛山、珠海等地。

数据容量是指将一个地方平台中可下载的、结构化的、各个时间批次发布的数据集的字段数（列数）乘以条数（行数）后得出的数据总量。截至 2021 年上半年，东莞平台开放的有效数据集的容量最大，超过 2.6 亿，其次是深圳和香港平台，总容量均超过了 5000 万，如图 19 所示。

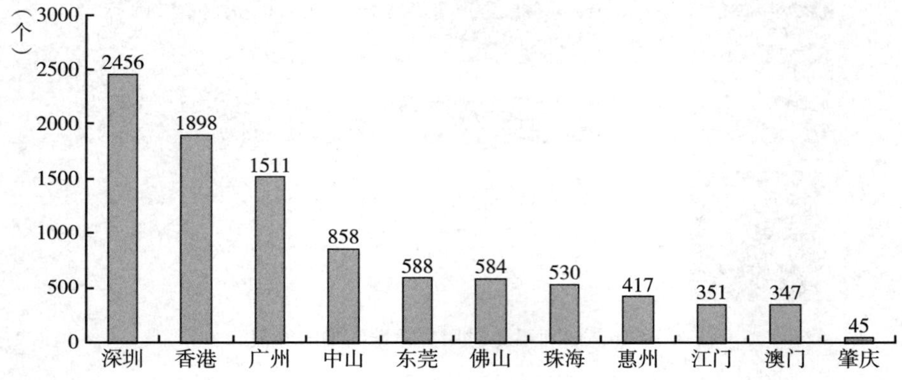

图 18　粤港澳大湾区各地平台有效数据集数量

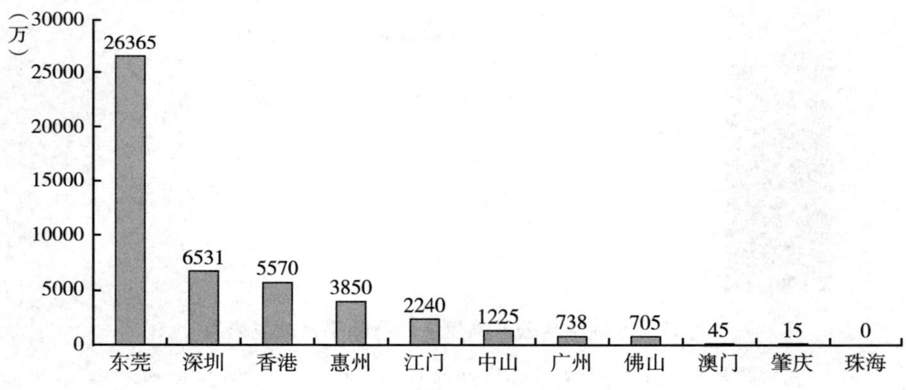

图 19　粤港澳大湾区各地平台有效数据集容量

报告进一步分析了地方开放的单个数据集平均容量，单个数据集平均容量最高的是东莞，平均容量达到 31 万，其次是惠州、江门、香港、深圳等地，如图 20 所示。

2. 数据质量

数据容量高、社会需求高的优质数据集是开放数据的重点。报告对粤港澳大湾区各地平台上所有可下载的数据集（共约 8610 个）按照数据容量进行排序，最终选出排名居前 1%的数据集作为高容量数据集（共约

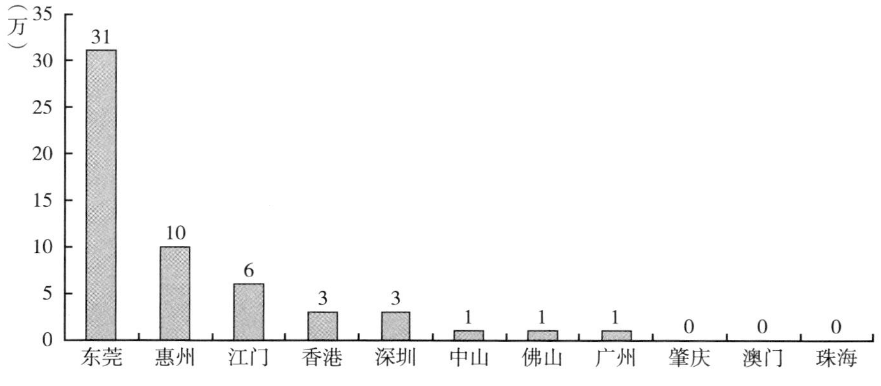

图 20　粤港澳大湾区各地平台单个数据集平均容量

87 个）。高容量数据集数量的地区分布如图 21 所示，所有的高容量数据集集中分布在 5 个地方，其中东莞的高容量数据集最多，其次是香港、惠州等地。

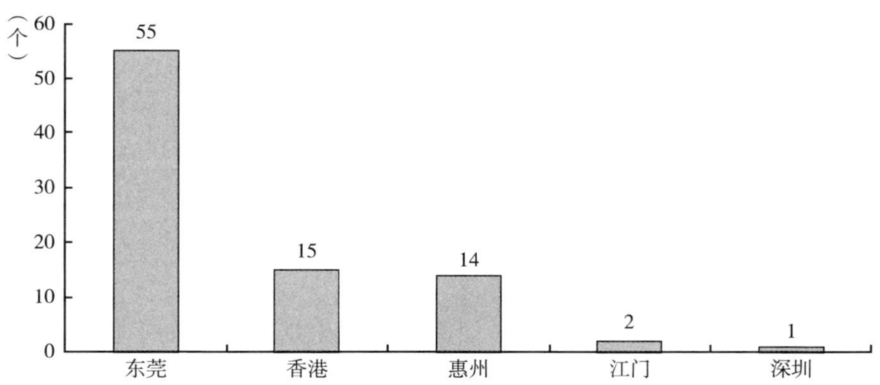

图 21　粤港澳大湾区高容量数据集的地区分布

表 4 是粤港澳大湾区排前十位的高容量数据集列表，这些数据集普遍具有较高的条数和字段数，内容涉及面较广，主要涉及工程项目、商事主体、行政许可、交通等方面。表 5 是香港平台排前五位的高容量数据集，主要涉及地理、交通、环保、选举、研究数据等方面。

表 4　粤港澳大湾区排前十位的高容量数据集

序号	数据集名称	地方	数据容量	条数	字段数
1	涉企信息_工程竣工验收备案信息	东莞	35125800	2341720	15
2	就业人员信息	东莞	34371848	2148241	16
3	工商登记信息	东莞	32197058	1694582	19
4	深圳公交线路轨迹表	深圳	28401471	4057353	7
5	推送市交易中心信息-专业分	东莞	24203544	3025443	8
6	工商行政许可公示信息	东莞	23410785	1377105	17
7	工程施工许可信息	东莞	18239623	868553	21
8	涉企信息_企业不良行为信息	东莞	10671794	762271	14
9	惠州市工商开业登记信息	惠州	9727450	648497	15
10	航空照片飞行索引	香港	7205072	257324	28

表 5　香港平台排前五位的高容量数据集

序号	数据集名称	提供部门	数据容量	条数	字段数
1	航空照片飞行索引	地政总署	7205072	257324	28
2	交通运输资料月报	运输署	3222000	537000	6
3	公共政策研究资助计划研究项目的实证数据（项目编号：2013. A6. 012. 13A）——我们能否摆脱香港烟雾弥漫的日子：形成机理与控制策略？	政策创新与统筹办事处	2476283	72348	34
4	过去海水水质数据	环境保护署	2395458	82602	29
5	2020 年选民登记数字	选举事务处	2348352	391392	6

在“无问题数据”这项指标下，高缺失数据集是指有 60%以上的空缺数据的数据集；碎片化数据集是指按照时间、行政区划、政府部门等被人为分割的数据集，不利于数据的融合利用；低容量数据集是指因数据量本身稀少或颗粒度过大等原因而造成的数据条数在三行或三行以内的数据集，其再利用价值较低；生硬转化格式是指平台将非结构化的 DOC、PDF 等文件生硬地转化成 XLS、CSV、XML 等可机读格式。总体上，存在数据质量问题较少的地方是香港、澳门、东莞、中山、江门等地。

在开放数据持续性上，澳门、中山、东莞能对平台上已开放数据集保持

常态化更新；香港平台为每个数据集留存了可按日下载的历史数据，如图 22 所示。

图 22　香港平台提供的历史数据存档与获取

资料来源：香港资料一线通，https：//data. gov. hk/sc/。

3. 数据规范

开放授权协议是指以契约的形式确定数据开放主体和数据使用者之间有关数据利用的权利和义务关系，有利于保障和规范数据的合理使用。香港平台在数据使用条款中，对用户须遵守的条件作出了详细的要求，如图 23 所示。

使用本网站所载的资料

你可以资料的原来格式免费浏览、下载、分发、複製和列印有关资料，以及为有关资料建立超连结，作商业和非商业用途，惟须遵守以下条件：

- 你必须遵守使用条款；
- 你必须在资料及其所有複製本（包括但不限於纸张複製本、数码複製本及载於其他网站的複製本）上清楚註明资料的来源和确认政府为该等资料的知识产权拥有人；
- 你必须就因你直接或间接使用、複製及 / 或分发资料而引起任何有关侵犯他人权利的指称或申索，及政府所涉及的费用、损失、损害及法律责任，向政府作出弥偿；以及
- 你须妥善註明有关资料原属政府和本网站所有。

第3段所指的「商业用途」包括但不限於以下用途：
在任何业务过程中或为促进任何业务：

- 要约供应货品、服务、设施、土地或土地权益的用途；
- 要约提供商业机会或投资机会的用途；
- 宣传或推广货品、服务、设施、土地或土地权益的用途；
- 宣传或推广商业机会或投资机会的用途；
- 为货品、服务、设施、土地或土地权益的供应者或準供应者作宣传或推广用途；以及
- 为商业机会或投资机会的提供者或準提供者作宣传或推广用途。

图 23　香港平台提供的使用条款及条件

资料来源：香港资料一线通，https：//data. gov. hk/sc/。

深圳和江门为平台上开放的所有数据集均提供了可机读格式、非专属格式和 RDF 格式。深圳平台提供了较为规范 RDF 格式，如图 24 所示。RDF 格式（资源描述框架）作为 W3C 的推荐标准，使用了“主体—谓词—客体”三元组形式来描述数据资源和它们之间的关系，使数据资源更易于被机器阅读和理解，每一条数据都是唯一的资源 URI，有助于数据利用者发现和链接相关数据资源。


```
<rdf:RDF
    xmlns:rdf="http://www.w3.org/1999/02/22-rdf-syntax-ns#"
    xmlns:dc="http://purl.org/dc/elements/1.1/"
    xmlns:szmeta="http://opendata.sz.gov.cn/rdf/1.0#">
  <rdf:Description rdf:about="http://opendata.sz.gov.cn/data/dataSet/toDataDetails/29200_01300931#data3529">
    <szmeta:ZZJGDM>763481754</szmeta:ZZJGDM>
    <szmeta:JYCS>深圳市福田区福华路金田新村2栋305房</szmeta:JYCS>
    <szmeta:JYFW>一般经营范围：日用品、护肤品、化妆品、家居护理用品、厨房用品的销售；信息咨询（不含限制项目）。；许可经营范围：</szmeta:JYFW>
    <szmeta:TYSHXYDM>91440300763481754M</szmeta:TYSHXYDM>
    <szmeta:BZ>（未换照）#预赋码。(因2014、2015年度未年报且未纳税长期停业未经营个人独资企业，市局于2017年06月15日拟吊销)(因2014、2015年度未年:
    <szmeta:QYMC>深圳市安惠贸易商行</szmeta:QYMC>
    <szmeta:HZRQ>2004-05-31</szmeta:HZRQ>
    <szmeta:CLRQ>2004-05-31</szmeta:CLRQ>
    <szmeta:DJJGDH>4403</szmeta:DJJGDH>
    <szmeta:RECORDID>005AA23AD3304ADC935FD138C32EE149</szmeta:RECORDID>
    <szmeta:YYZT>2</szmeta:YYZT>
    <szmeta:ZCH>4403046007324</szmeta:ZCH>
    <szmeta:BIZHONG>156</szmeta:BIZHONG>
    <szmeta:ZCZB>1.000000</szmeta:ZCZB>
  </rdf:Description>
  <rdf:Description rdf:about="http://opendata.sz.gov.cn/data/dataSet/toDataDetails/29200_01300931#data6158">
    <szmeta:HZRQ>2018-04-19</szmeta:HZRQ>
    <szmeta:TYSHXYDM>92440300MA5JTQD3X9</szmeta:TYSHXYDM>
    <szmeta:JYCS>深圳市龙岗区坂田街道南坑村民营路13号</szmeta:JYCS>
    <szmeta:ZCZB>10.000000</szmeta:ZCZB>
    <szmeta:DJJGDH>4403</szmeta:DJJGDH>
    <szmeta:CLRQ>2013-10-29</szmeta:CLRQ>
    <szmeta:QYMC>深圳市龙岗区坂田湘味香人家餐厅</szmeta:QYMC>
    <szmeta:ZCH>440307811140322</szmeta:ZCH>
    <szmeta:BIZHONG>156</szmeta:BIZHONG>
    <szmeta:RECORDID>3df89a65e24c427396da48e93b0112b0</szmeta:RECORDID>
    <szmeta:ZZJGDM>MA5JTQD3X</szmeta:ZZJGDM>
    <szmeta:JYFW>一般经营范围：；许可经营范围：中餐制售</szmeta:JYFW>
    <szmeta:BZ>（未换照）#预赋码。</szmeta:BZ>
    <szmeta:YYZT>4</szmeta:YYZT>
  </rdf:Description>
  <rdf:Description rdf:about="http://opendata.sz.gov.cn/data/dataSet/toDataDetails/29200_01300931#data8688">
    <szmeta:ZZJGDM> </szmeta:ZZJGDM>
    <szmeta:ZCH>440304804295931</szmeta:ZCH>
    <szmeta:CLRQ>2002-05-22</szmeta:CLRQ>
    <szmeta:TYSHXYDM> </szmeta:TYSHXYDM>
    <szmeta:BIZHONG>156</szmeta:BIZHONG>
    <szmeta:JYFW>一般经营范围：电子元器件；许可经营范围：</szmeta:JYFW>
    <szmeta:DJJGDH>4403</szmeta:DJJGDH>
    <szmeta:QYMC>深圳市福田区新群豪仪器仪表工具行</szmeta:QYMC>
    <szmeta:YYZT>4</szmeta:YYZT>
```


图 24　深圳平台为数据集提供了较为规范的 RDF 格式

资料来源：深圳市政务数据开放平台，https：//opendata. sz. gov. cn/。

香港平台为每个数据集的字段提供了详细的数据字典。如图 25 所示，在香港平台上的开放数据字典中，提供了数据集介绍、数据集内可获取文件的名称、格式和标注，并为每个字段提供名称、数据类别、内容长度、度量单位、备注等信息。

		endTime	纪录完结时间 YYYY-MM-DD'T'hh:mm:ssZ 例子: 2020-09-01T08:19:00+08:00
rainfall	雨量	data	unit: 量度单位
			place: 数据位置
			max[1]: 最高雨量纪录
			min[1]: 最低雨量纪录
			Main: 分区站是否维修中 (TRUE/FALSE)
		startTime	纪录开始时间 YYYY-MM-DD'T'hh:mm:ssZ 例子: 2020-09-01T08:19:00+08:00
		endTime	纪录完结时间 YYYY-MM-DD'T'hh:mm:ssZ 例子: 2020-09-01T08:19:00+08:00
icon	图示	以数组表示 天气图示列表: https://www.hko.gov.hk/textonly/v2/explain/wxicon_sc.htm	
iconUpdateTime	图示更新时间	YYYY-MM-DD'T'hh:mm:ssZ 例子: 2020-09-01T08:19:00+08:00	
uvindex	紫外线指数	data	place: 位置
			value: 值
			desc: 强度
			message[1]: 信息
		recordDesc	资料详情
updateTime	更新时间	YYYY-MM-DD'T'hh:mm:ssZ 例子: 2020-09-01T08:19:00+08:00	

污水处理量数据

此数据集提供4间污水处理厂(昂船洲、小蚝湾、赤柱及马湾)之每月污水处理量的数据(GeoJSON格式)。

数据名称	数据类型	数据描述
月份	日期	污水流量月份 (格式 MM/YYYY)
污水每月总流量 (立方米/月)	数字	4间污水处理厂（昂船洲、小蚝湾、赤柱及马湾）的每月污水流量总额

排放水水质 (每月几何平均值)

此数据集提供有关昂船洲污水处理厂和马湾污水处理厂之排放水水质的每月几何平均值数据(GeoJSON格式)。

数据名称	数据类型	数据描述
月份	日期	大肠杆菌计量几何平均值月份 (格式 MM/YYYY)
几何平均值	数字	以几何平均算法表达一个月内每日平均大肠杆菌计量（个/100毫升）

排放水水质

此数据集提供有关昂船洲污水处理厂和马湾污水处理厂之排放水水质的数据(GeoJSON格式)。

数据名称	数据类型	数据描述
日期	日期	随意取集排放水样本日期 (格式 DD/MM/YYYY)
随意取集排放水样本中大肠杆菌 (个/100毫升)	数字	随意取集排放水样本中大肠杆菌总数 (每天于昂船洲污水处理厂 15A号室和每星期三次马湾污水处理厂取集放水样本)

图25　香港平台为每个数据集的字段提供数据字典

资料来源：香港资料一线通，https：//data. gov. hk/sc/。

（四）利用层

1. 利用促进

深圳举办了2021年全球开放数据应用创新大赛，如图26、图27所示，推动数据跨域跨界融合，参赛者可利用香港、澳门及珠三角其他八个城市开放的来自政府、企业、社会等多种渠道的数据。

图 26　2021 年深圳全球开放数据应用创新大赛

资料来源：全球开放数据应用创新大赛网，http：//www. sodic. com. cn/。

图 27　2021 年深圳全球开放数据应用创新大赛利用大湾区多地开放的数据

资料来源：全球开放数据应用创新大赛网，http：//www. sodic. com. cn/。

2. 利用多样性

香港平台上展示的利用成果主题覆盖面较广，如图 28 所示，涵盖城建住房、交通出行、卫生健康、社会民生、财税金融等领域。

图 28　香港平台上展示的成果覆盖了多个领域

资料来源：香港资料一线通，https：//data. gov. hk/sc/。

3. 成果数量

香港平台上展示的利用开放数据产生的有效成果数量最多，如图 29 所示，达到了 22 个。

4. 成果质量

香港与深圳平台上展示了相对较多的优质利用成果。如香港平台上的 Citymapper（见图 30）综合利用了公交路线、巴士到站等数据，为市民提供便捷的交通出行引导服务。

深圳平台上的“小区罗盘”（见图 31）融合利用了交通、文旅等多种主题的开放数据，为市民提供选房指南。

图 29　香港平台上展示的有效成果

资料来源：香港资料一线通，https：//data. gov. hk/sc/。

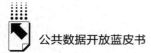

图 30　香港平台展示的 Citymapper 服务应用

资料来源：香港资料一线通，https：//data. gov. hk/sc/。

图 31　深圳平台展示的“小区罗盘”小程序

资料来源：深圳市政府数据开放平台，https：//opendata. sz. gov. cn/。

六　粤港澳大湾区公共数据开放建言

基于报告总体发现和各地先进经验，提出以下优化建议。

（一）政策供给与组织保障

通过制定政策法规与文件促进和规范政府数据开放，对数据开放要求、数据利用要求、数据开放全生命周期安全管理、保障机制等作出规定。

制定和公开政府数据开放的总体计划与方案，地方高层领导加大对政府数据开放的支持力度。

（二）持续运营与改善体验

提高数据发现和数据获取的便利度，提供和完善高级搜索与数据集预览功能，降低开放数据获取门槛并提供按时间段下载历史数据的功能，加强对未开放数据请求的回复及公开。

增强平台对开放数据利用的支撑作用，完善利用成果提交功能，展示多种利用成果类型及来源信息。

提升互动反馈的时效和质量，提供数据发布者联系方式，公开用户对数据集及利用成果的评价，加强对意见建议和数据纠错的回复及公开，提供权益申诉功能，并提醒用户在互动中注意保护个人信息。

注重平台用户的体验及获得感，完善收藏和推送功能。

（三）容量提升与描述说明

提升有效数据集的数量与容量，开放高容量、高需求的优质数据集。

减少高缺失、碎片化、低容量的数据集，保持开放数据集的不断增长和动态更新，并提供历史数据。

为单个数据集提供差异化的开放授权协议，在协议中详尽说明责任和义务。

提高开放数据集可机读格式、非专属格式、RDF 格式的比例，为开放数据集提供丰富的元数据信息和详细的数据字典说明。

（四）数据利用与生态培育

促进数据在开放之后的开发利用，包括综合性的开放数据利用比赛和条线性的引导赋能活动，举办跨区域的开放数据创新利用大赛，在粤港澳大湾区营造有利于政府数据开放利用的良好生态。

提高有效利用成果的数量和质量，清理与数据开放无关的、由政府自身开发的、无法获取或无法正常使用的成果，为展示的利用成果标明其所利用的开放数据集并提供链接。

提高开放数据利用者的多样性，提升利用成果形式与主题领域的多样性。

B.9
中国交通运输业公共数据开放报告

吕文增　张忻璐　郑　磊*

摘　要： 报告从准备度、数据层、利用层三个维度对我国交通运输领域公共数据开放的现状和水平进行了研究和评价。从整体上看，我国已有 11 个省级和 83 个城市政府数据开放平台开放了交通运输领域数据，交通运输部门开放的数据集总数为 8985 个，开放的数据容量达到 2.78 亿，居各行业领域之首。报告发现，全国范围内开放交通运输领域数据数量较多的省域主要集中在东部地区以及西部的部分地区。在准备度方面，北京市、台州市等 7 个城市制定了专门针对交通运输领域数据开放的法规政策。在数据数量和质量等方面，开放的数据集总量与容量都存在显著的地区间差距，开放的交通运输类数据仍以静态数据为主，同时存在碎片化、低容量、更新不及时、标准不一致等问题。在数据利用方面，交通运输领域的开放数据利用尚处于起步阶段，利用促进活动类型仍较为单一，有效成果数量较少。报告还借鉴了美国、巴黎、伦敦等国外交运数据开放的案例。报告建议各地完善交通运输领域数据开放的法律法规；持续开放更多、更高质量的交通运输领域数据集，扩大数据开放范围；鼓励和引导交通运输领域开放数据的利用，构建价值共创生态。

关键词： 公共数据开放　数据利用　交通运输

---

* 吕文增，复旦大学数字与移动治理实验室研究员，管理学硕士，研究方向为政府数据开放、数字治理；张忻璐，复旦大学数字与移动治理实验室副主任，管理学硕士，研究方向为政府数据开放；郑磊，复旦大学国际关系与公共事务学院教授，博士生导师，数字与移动治理实验室主任，研究方向为数字治理、政府数据开放、治理数字化转型等。

一 引言

近年来，国家对公共数据开放工作高度重视。2020 年 4 月 9 日，《中共中央 国务院关于构建更加完善的要素市场化配置体制机制的意见》首次将“数据”与土地、劳动力、资本、技术等传统要素并列，提出要推进政府数据开放共享，研究建立促进企业登记、交通运输、气象等公共数据开放和数据资源有效流动的制度规范。2021 年 3 月 13 日，《中华人民共和国国民经济和社会发展第十四个五年规划和 2035 年远景目标纲要》提出要扩大基础公共信息数据安全有序开放，探索将公共数据服务纳入公共服务体系，构建统一的国家公共数据开放平台和开发利用端口，优先推动企业登记监管、卫生、交通、气象等高价值数据集向社会开放。2021 年 12 月，国务院办公厅印发《要素市场化配置综合改革试点总体方案》，再次要求优先推进企业登记监管、卫生健康、交通运输、气象等高价值数据集向社会开放。

作为国家经济命脉，交通运输领域生成和储存的公共数据内容丰富、应用面广，开放交通运输领域的公共数据对助推数字经济和数字社会发展具有重要意义。《交通运输公共数据开放报告》（以下简称“报告”）是中国开放数林指数系列报告发布的首个行业领域类报告。

二 指标体系与研究方法

（一）指标体系

开放数林指数邀请国内外政界、学术界、产业界 70 余位专家共同参与，组成“中国开放数林指数”评估专家委员会，以体现跨界、多学科、第三方的专业视角。专家委员会基于数据开放的基本理念和原则，借鉴国际数据开放评估指标体系的经验，立足我国政府数据开放的政策要求与地方实践，构建起一个系统、全面、可操作的地方政府数据开放评估指标体系，并为每项指标分配权重，如图 1 所示。

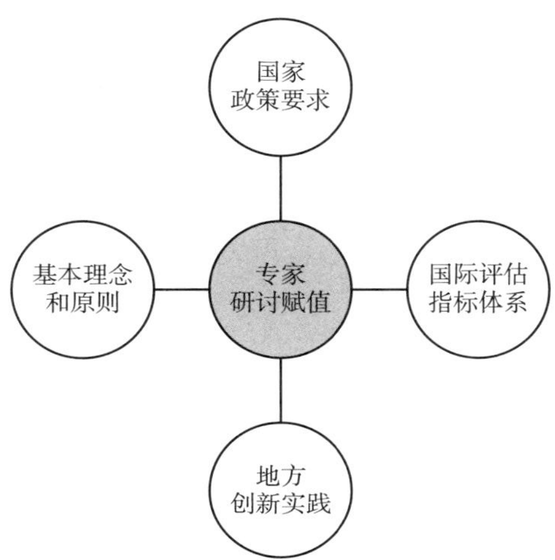

图 1　评估指标体系的构建方法

基于开放数林指标体系，结合交通运输领域特点，报告重点从准备度、数据层和利用层三个维度及下属多级指标对交通运输领域开放的公共数据开展评估（见图 2）。

准备度是“数根”，是数据开放的基础，包括数据开放要求、数据利用要求、安全管理要求、保障机制四个一级指标。

数据层是“数叶”，是数据开放的核心，包括数据数量、数据质量、数据规范、开放范围四个一级指标。

利用层是“数果”，是数据开放的成效，包括利用促进、利用多样性、有效成果数量、成果质量四个一级指标。

（二）评估范围

根据公开报道，以及使用“数据+开放”“数据+公开”“公共+数据”“政务+数据”“政府+数据”“地名+数据”“地名+政府数据”“地名+开放数据”等关键词进行搜索，发现了截至 2021 年 4 月我国已上线的相关国家部委和地方政府数据开放平台，并从中筛选出符合以下条件的平台。

图 2　交通运输领域

层	权重	权重	一级指标	权重	二级指标
“数果” 25% 利用层	25%	6.0%	利用促进	4.0%	比赛举办
				2.0%	引导赋能活动
		5.0%	利用多样性	2.0%	利用者多样性
				3.0%	成果形式多样性
		7.0%	有效成果数量		
		7.0%	成果质量	2.0%	优质服务应用
				4.0%	服务应用质量
				1.0%	创新方案质量
“数叶” 60% 数据层	60%	15.0%	数据数量	5.0%	有效数据集总数
				10.0%	平均单个数据集容量
		25.0%	数据质量	6.0%	优质数据集
				12.0%	无质量问题
				7.0%	数据持续性
		15.0%	数据规范	3.0%	开放协议
				9.0%	开放格式
				3.0%	描述说明
		5.0%	开放范围		
“数根” 15% 准备度	15%	5.0%	数据开放要求	1.0%	开放目录与清单
				2.0%	开放数据质量
				1.0%	开放方式
				1.0%	开放数据需求征询与回应
		2.0%	数据利用要求		
		4.0%	安全管理要求	1.2%	开放前数据审查
				1.2%	开放中安全管控
				1.6%	开放后风险处理（管控）
		4.0%	保障机制	1.0%	人员能力
				1.0%	资金保障
				2.0%	职责分工

指数评估指标体系

（1）平台由行政级别为地级以上的政府建设和运营（不包括港澳台）；

（2）开放形式为开设专门、统一的数据开放平台，由地方条线部门单独建设的开放数据平台不在评估范围内；

（3）平台上确实开放了电子格式、可通过下载或接口形式获取、结构化的交通运输领域数据集。

本次评估中，共发现符合以上条件的国家级交通运输数据开放平台两个，如表1所示；符合以上条件的省域11个，如表2所示；符合以上条件的城市83个，如表3所示。报告将上线了这些平台的国家部委、省域和城市作为评估对象，研究我国交通运输领域公共数据开放的情况。

表1　国家级交通运输数据开放平台

序号	平台名称	平台链接
1	中华人民共和国交通运输部官网数据开放栏目	https://www.mot.gov.cn/sjkf/
2	综合交通出行大数据开放云平台	https://transportdata.cn/traffictravel/index

表2　省域评估范围（按拼音首字母排序）

序号	省域	省本级平台名称	平台链接
1	福建省	福建省公共信息资源统一开放平台	http://data.fujian.gov.cn/
2	广东省	广东省人民政府开放广东	http://gddata.gd.gov.cn/
3	广西壮族自治区	广西壮族自治区公共数据开放平台	http://data.gxzf.gov.cn/portal/index
4	贵州省	贵州省政府数据开放平台	http://data.guizhou.gov.cn/index.html
5	河北省	河北省公共数据开放网	http://hebmgov.gov.cn/home
6	河南省	河南省公共数据开放平台	http://data.hnzwfw.gov.cn/
7	宁夏回族自治区	宁夏公共数据开放平台	http://opendata.nx.gov.cn/portal/index
8	山东省	山东公共数据开放网	http://data.sd.gov.cn

续表

序号	省域	省本级平台名称	平台链接
9	四川省	四川公共数据开放网	http://www.scdata.gov.cn/
10	新疆维吾尔自治区	新疆维吾尔自治区政务数据开放网	http://data.xinjiang.gov.cn/index.html
11	浙江省	浙江省人民政府数据开放平台	http://data.zjzwfw.gov.cn/jdop_front/index.do

表 3　城市评估范围（按行政层级及拼音首字母排序）

序号	城市	平台名称	城市类型	平台链接
1	北京市	北京市政务数据资源网	直辖市	https://data.beijing.gov.cn/
2	上海市	上海市公共数据开放平台	直辖市	https://data.sh.gov.cn/
3	天津市	天津市信息资源统一开放平台	直辖市	https://data.tj.gov.cn/
4	福建省厦门市	厦门市大数据安全开放平台	副省级城市	http://data.xm.gov.cn/opendata/index.html#/
5	广东省广州市	广州市政府数据统一开放平台	副省级城市	http://data.gz.gov.cn/
6	广东省深圳市	深圳市政府数据开放平台	副省级城市	https://opendata.sz.gov.cn/
7	黑龙江省哈尔滨市	哈尔滨市政府数据开放平台	副省级城市	http://data.harbin.gov.cn
8	湖北省武汉市	武汉政务公开数据服务网	副省级城市	https://data.wuhan.gov.cn/
9	山东省济南市	济南政府数据开放平台	副省级城市	data.jinan.gov.cn/
10	山东省青岛市	青岛公共数据开放网	副省级城市	http://data.qingdao.gov.cn
11	四川省成都市	成都市公共数据开放平台	副省级城市	http://www.cddata.gov.cn/
12	浙江省杭州市	杭州数据开放平台	副省级城市	http://data.hz.zjzwfw.gov.cn:8082/
13	浙江省宁波市	宁波市政府数据服务网	副省级城市	http://data.nb.zjzwfw.gov.cn/nbdata/fore/index.html

续表

序号	城市	平台名称	城市类型	平台链接
14	安徽省蚌埠市	蚌埠市信息资源开放平台	地级城市	http://www.bengbu.gov.cn/sjkf/index.html
15	安徽省阜阳市	阜阳市人民政府数据开放栏目	地级城市	http://www.fy.gov.cn/openData/
16	安徽省马鞍山市	马鞍山市人民政府数据开放栏目	地级城市	http://www.mas.gov.cn/content/column/4697374
17	安徽省铜陵市	铜陵市人民政府数据开放	地级城市	http://www.tl.gov.cn/sjtl/sjkf/
18	安徽省芜湖市	芜湖市政务数据开放平台	地级城市	https://data.wuhu.cn/
19	福建省福州市	福州市政务数据开放平台	地级城市	http://data.fuzhou.gov.cn
20	广东省潮州市	开放广东—潮州市	地级城市	http://gddata.gd.gov.cn/data/dataSet/toDataSet/dept/515
21	广东省东莞市	数据东莞	地级城市	http://dataopen.dg.gov.cn/
22	广东省佛山市	开放广东—佛山市	地级城市	https://gddata.gd.gov.cn/data/dataSet/toDataSet/dept/38
23	广东省惠州市	开放惠州	地级城市	http://data.huizhou.gov.cn/
24	广东省江门市	开放江门	地级城市	http://data.jiangmen.gov.cn/
25	广东省茂名市	开放广东—茂名市	地级城市	http://gddata.gd.gov.cn/data/dataSet/toDataSet/dept/31
26	广东省清远市	开放广东—清远市	地级城市	http://gddata.gd.gov.cn/data/dataSet/toDataSet/dept/512
27	广东省汕尾市	开放广东—汕尾市	地级城市	http://gddata.gd.gov.cn/data/dataSet/toDataSet/dept/59
28	广东省韶关市	开放广东—韶关市	地级城市	http://gddata.gd.gov.cn/data/dataSet/toDataSet/dept/37
29	广西壮族自治区百色市	百色公共数据开放平台	地级城市	http://bs.data.gxzf.gov.cn/
30	广西壮族自治区防城港市	防城港公共数据开放平台	地级城市	http://fcg.data.gxzf.gov.cn/
31	广西壮族自治区贵港市	贵港公共数据开放平台	地级城市	http://gg.data.gxzf.gov.cn/

续表

序号	城市	平台名称	城市类型	平台链接
32	广西壮族自治区桂林市	桂林公共数据开放平台	地级城市	http://gl. data. gxzf. gov. cn/
33	广西壮族自治区贺州市	贺州公共数据开放平台	地级城市	http://hz. data. gxzf. gov. cn/
34	广西壮族自治区来宾市	河池公共数据开放平台	地级城市	http://lb. data. gxzf. gov. cn/
35	广西壮族自治区柳州市	柳州市公共数据开放平台	地级城市	http://lz. data. gxzf. gov. cn/
36	广西壮族自治区钦州市	钦州市人民政府数据开放平台	地级城市	http://qz. data. gxzf. gov. cn/
37	贵州省贵阳市	贵阳市政府数据开放平台	地级城市	http://www. gyopendata. gov. cn/
38	贵州省黔东南苗族侗族自治州	黔东南苗族侗族自治州人民政府	地级城市	http://www. qdn. gov. cn/ztzl/sjkfzl/index. html
39	海南省三亚市	三亚市政府数据统一开放平台	地级城市	http://dataopen. sanya. gov. cn:20336/
40	河北省承德市	承德市政府数据开放平台	地级城市	http://www. chengde. gov. cn/shuju/web/index
41	黑龙江省佳木斯市	佳木斯市公共数据开放网	地级城市	http://data. jms. gov. cn/
42	江苏省常州市	常州市人民政府数据开放栏目	地级城市	http://opendata. changzhou. gov. cn/
43	江苏省淮安市	淮安市公共数据开放网	地级城市	http://opendata. huaian. gov. cn/dataopen/
44	江苏省连云港市	连云港市公共数据开放网	地级城市	http://www. lyg. gov. cn/data/
45	江苏省苏州市	苏州市政府数据开放平台	地级城市	http://www. suzhou. gov. cn/OpenResourceWeb/home
46	江苏省泰州市	泰州市政务数据开放平台	地级城市	http://opendata. taizhou. gov. cn/
47	江苏省无锡市	无锡市数据开放平台	地级城市	http://data. wuxi. gov. cn/
48	江西省抚州市	开放抚州门户	地级城市	http://data. jxfz. gov. cn
49	江西省宜春市	宜春市数据开放平台	地级城市	http://data. yichun. gov. cn/extranet/openportal/pages/default/index. html

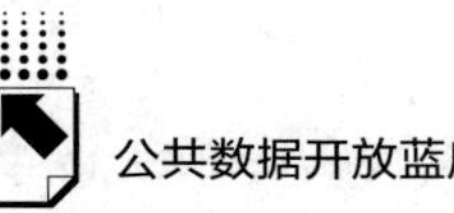

续表

序号	城市	平台名称	城市类型	平台链接
50	宁夏回族自治区银川市	银川市城市数据开放平台	地级城市	data. yinchuan. gov. cn
51	山东省滨州市	滨州市公共数据开放网	地级城市	http://bzdata. sd. gov. cn/
52	山东省德州市	德州市公共数据开放网	地级城市	http://dzdata. sd. gov. cn/
53	山东省东营市	东营市公共数据开放网	地级城市	http://dydata. sd. gov. cn/
54	山东省菏泽市	菏泽市公共数据开放网	地级城市	http://hzdata. sd. gov. cn/
55	山东省济宁市	济宁市公共数据开放网	地级城市	http://jindata. sd. gov. cn/
56	山东省聊城市	聊城市公共数据开放网	地级城市	http://lcdata. sd. gov. cn/
57	山东省临沂市	临沂市公共数据开放网	地级城市	http://lydata. sd. gov. cn/
58	山东省日照市	日照市公共数据开放网	地级城市	http://rzdata. sd. gov. cn/
59	山东省泰安市	泰安市公共数据开放网	地级城市	http://tadata. sd. gov. cn/
60	山东省威海市	威海市公共数据开放网	地级城市	http://whdata. sd. gov. cn/
61	山东省潍坊市	潍坊市公共数据开放网	地级城市	http://wfdata. sd. gov. cn/
62	山东省烟台市	烟台市公共数据开放网	地级城市	http://ytdata. sd. gov. cn/
63	山东省枣庄市	枣庄市公共数据开放网	地级城市	http://zzdata. sd. gov. cn/
64	山东省淄博市	淄博市公共数据开放网	地级城市	http://zbdata. sd. gov. cn/
65	四川省阿坝藏族羌族自治州	阿坝州政务信息开放网站	地级城市	http://data. abazhou. gov. cn/index/index. html
66	四川省泸州市	泸州市政府数据开放平台	地级城市	https://data. luzhou. gov. cn/portal/index; jsessionid=80F1ADCC699983089D92A94F338C49F9
67	四川省眉山市	眉山市公共数据资源开放平台	地级城市	http://data. ms. gov. cn/portal/index
68	四川省南充市	南充市人民政府政务信息开放	地级城市	http://data. nanchong. gov. cn/index/index. html
69	四川省内江市	内江市数据开放平台	地级城市	http://data. neijiang. gov. cn/#/
70	四川省攀枝花市	攀枝花市政务数据开放平台	地级城市	http://data. pzhszwfw. com/odweb/
71	四川省遂宁市	遂宁市人民政府网—数据开放栏目	地级城市	http://data. suining. gov. cn/
72	四川省雅安市	雅安市人民政府数据开放栏目	地级城市	http://data. yaan. gov. cn/index/index. html
73	四川省宜宾市	宜宾市政务数据资源开放门户	地级城市	http://data. yibin. gov. cn/
74	四川省资阳市	资阳市政务数据资源开放门户	地级城市	http://data. ziyang. gov. cn/index/index. html

续表

序号	城市	平台名称	城市类型	平台链接
75	浙江省湖州市	湖州市公共数据开放平台	地级城市	http://data.huzhou.gov.cn/index.html
76	浙江省嘉兴市	嘉兴市公共数据开放平台	地级城市	http://data.jx.zjzwfw.gov.cn/jdop_front/index.do
77	浙江省金华市	金华市数据开放平台	地级城市	http://data.jh.zjzwfw.gov.cn/jdop_front/index.do
78	浙江省丽水市	丽水市数据开放平台	地级城市	http://data.ls.zjzwfw.gov.cn/
79	浙江省衢州市	衢州数据开放平台	地级城市	http://data.qz.zjzwfw.gov.cn
80	浙江省绍兴市	绍兴数据开放平台	地级城市	https://data.sx.zjzwfw.gov.cn/
81	浙江省台州市	台州数据开放平台	地级城市	http://data.taz.zjzwfw.gov.cn
82	浙江省温州市	温州数据开放平台	地级城市	http://data.wz.zjzwfw.gov.cn/
83	浙江省舟山市	舟山数据开放平台	地级城市	http://data.zs.zjzwfw.gov.cn:8092/

（三）数据采集与分析方法

准备度评估主要对交通运输领域公共数据开放的法律法规与政策文件、标准规范等资料进行了描述性统计分析和文本分析。搜索方法主要包括以下两种：一是在搜索引擎以关键词检索相关法律法规、政策文件、标准规范文本；二是在相关国家部委和地方政府门户网站、政府数据开放平台、行业信息标准规范平台、地方标准信息服务平台以及相关法律法规数据库，通过人工观察和关键词检索采集数据。数据采集截止时间为 2021 年 5 月。

数据层评估主要通过机器自动抓取和处理相关国家部委和各地政府数据开放平台上开放的数据，结合人工观察采集相关信息，然后对数据进行了描述性统计分析和文本分析。数据采集截止时间为 2021 年 5 月，采集范围为国家部委和各地政府数据开放平台上交通出行、交通运输等主题下各政府部门和企事业单位开放的相关数据，其中政府部门主要包括交通运输、公安、自然资源等，企事业单位主要包括公交公司、空港、轨道集团等。对“动态更新”这一指标的评测时段为 2021 年 1 月至 5 月。

利用层评估主要对相关国家部委和各地政府数据开放平台上展示的利用

成果进行了人工观察和测试，对2019年以来相关国家部委和各地开展的开放数据创新利用比赛信息进行了网络检索，并对采集到的数据进行了描述性统计分析。数据采集截止时间为2021年5月。

（四）指数计算方法

指数出品方基于各地在各项评估指标上的实际表现从低到高按照0~5分共6档分值进行评分，其中5分为最高分，相应数据缺失或完全不符合标准则分值为0。对于连续型统计数值类数据则使用极差归一法将各地统计数据结果换算为0~5分之间的数值作为该项得分。

各地平台在准备度、数据层、利用层三个维度上的指数总分等于每个单项指标的分值乘以相应权重所得到的加权总和。最终，各地开放数林指数等于准备度指数、数据层指数、利用层指数乘以相应权重的加权平均分。各地开放数林指数计算公式如下：

$$\begin{aligned}\text{交通运输领域开放数林指数} = & \sum(\text{准备度指标分值} \times \text{权重}) \times 15\% + \\ & \sum(\text{数据层指标分值} \times \text{权重}) \times 60\% + \\ & \sum(\text{利用层指标分值} \times \text{权重}) \times 25\%\end{aligned}$$

三　全国交通运输公共数据开放概貌

2016年，《交通运输部办公厅关于推进交通运输行业数据资源开放共享的实施意见》明确提出“建立健全行业数据资源开放共享体制机制”以及“完善行业数据资源开放共享技术体系、建立互联互通的行业数据资源开放共享平台”等目标。随后，交通运输部门又相继出台了《数字交通发展规划纲要》《推进综合交通运输大数据发展行动纲要（2020—2025年）》等文件，均提到了要构建和完善数据资源开放机制。

2021年12月，交通运输部发布的《数字交通“十四五”发展规划》针对“行业成体系、成规模的公共数据较少，数据开放与社会期望还存在差距”的现状，提出“研究制定交通运输公共数据开放和有效流动的制度规范，推动条件成熟的公共数据资源依法依规开放和政企共同开发利用”。

目前，国家交通运输部官网数据开放栏目（链接：https：//www. mot. gov. cn/sjkf/）与交通运输部综合交通出行大数据开放云平台（链接：https：//transportdata. cn/）都已开放了交通运输领域的数据集。其中，无条件开放的数据集 47 个，数据容量近 6000 万，数据内容主要涉及国内部分省市的交通线路站点、客运站班次、线路、货运车辆、运输与维修经营业务等。此外，还开放了来自航空公司、OpenITS 联盟的研究数据。同时，出行云平台还开放了 124 个有条件开放的数据集，内容主要涉及国内部分省市的运输车、出租车、公交车的定位数据，轨道、公交、出租车的线路、站点站台与票价数据，公路高速路路线与收费数据，百度地图路况数据以及高校实验室提供的交通类科研数据。

截至 2021 年 4 月，我国已有 174 个省级和城市的地方政府上线了数据开放平台，其中省级平台 18 个（含省和自治区，不含直辖市），城市平台 156 个（含直辖市、副省级和地级行政区），共开放了 187178 个有效数据集。有 11 个省级和 83 个城市平台开放了交通运输领域数据。如图 3 和图 4 所示，与其他条线部门相比，交通运输部门（含轨道交通、公交公司）开放的数据集总数为 8985 个，仅次于民政、统计、农业农村和教育等部门；交通运输部门开放的数据容量达到 2. 78 亿，在各部门居首位，其次是住房和城乡建设、市场监管（含工商、质监、食药监）、文化旅游等部门。在空间分布方面，开放交通运输领域数据数量较多的省域集中在东部地区和西部的部分地区。

在准备度方面，北京市、台州市等 7 个城市制定了专门针对交通运输领域数据开放的法规政策，对数据开放、全生命周期安全管理等方面作出了详细的规定。其他地方在有关“数据资源管理”“公共数据”的法规政策中，在涉及开放范围、利用促进的内容中提及了“交通运输”领域，但未具体展开。

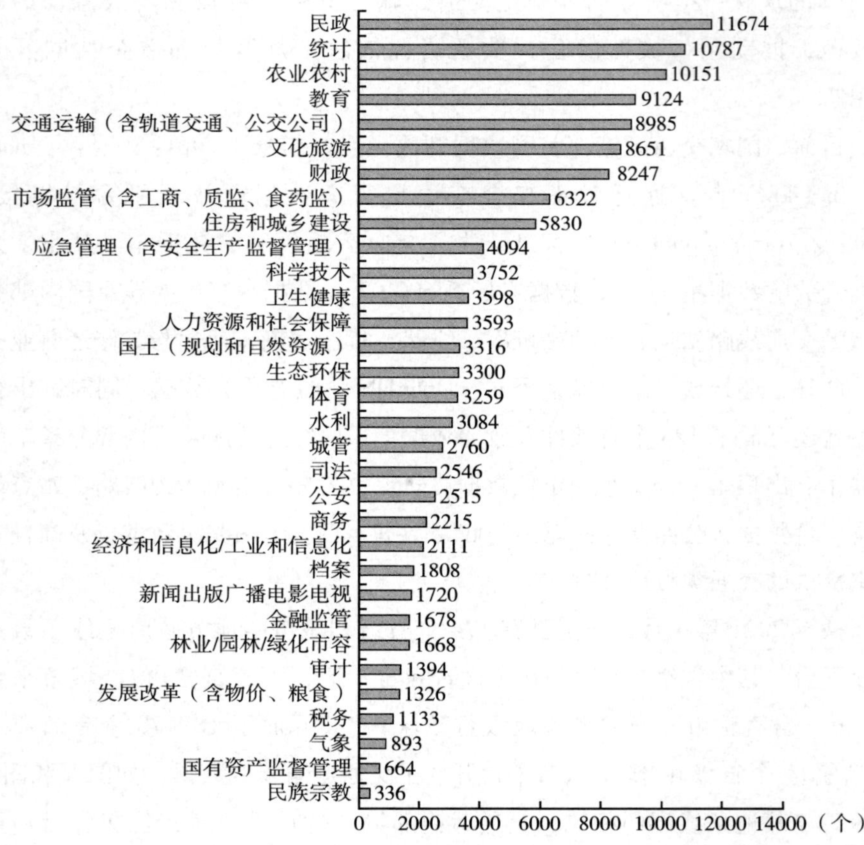

图 3　各条线部门开放的有效数据集总数

在数据数量和质量等方面，开放的交通运输领域数据集在总量与容量上存在显著的地区间差距；开放的交通运输类数据仍以静态数据为主，尚未有地方在数据开放平台上提供实时动态数据。少部分地方存在碎片化与低容量等数据质量问题，数据更新及时性仍有待提高。各地开放的数据在标准规范上也不一致，相比省本级平台，城市平台开放的数据中可机读格式比例较高；各地开放的数据范围也不够全面，数据丰富程度不足。

在数据利用方面，少数地方在交通运输领域已开展了开放数据创新利

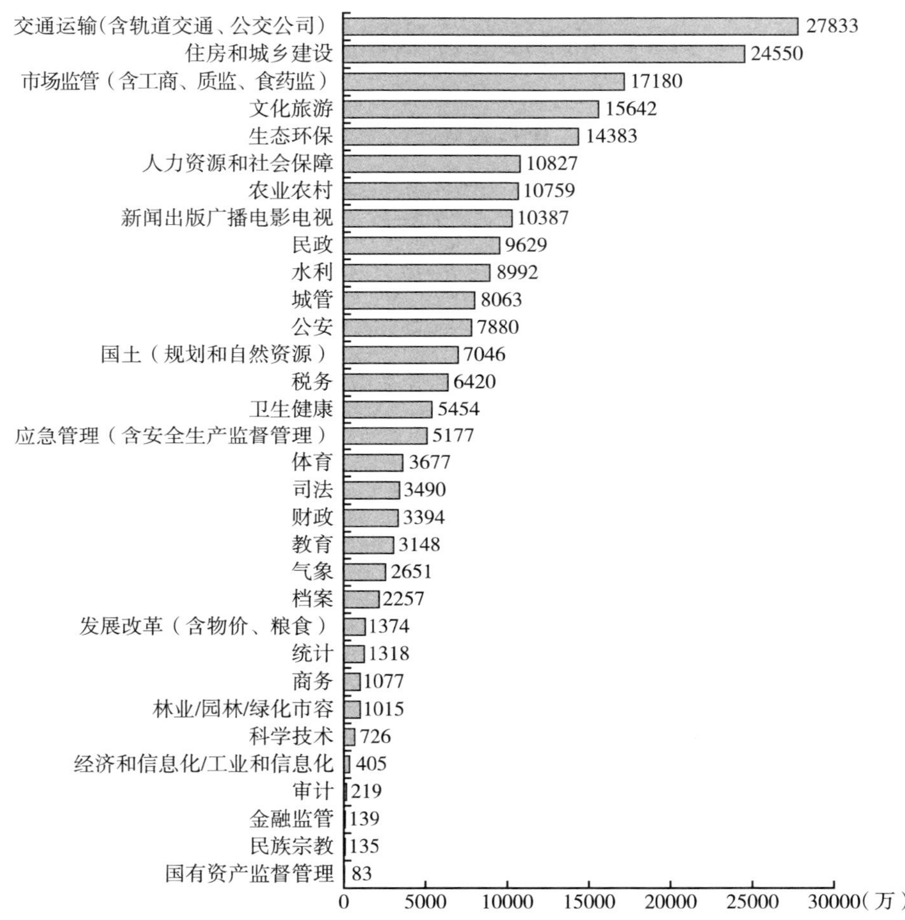

图 4　各条线部门开放的数据容量

用比赛、项目案例试点等数据利用促进活动，在公共交通、停车导航等应用场景产出了部分有效成果。但各地的数据利用促进活动类型仍较为单一，有效成果数量较少，且主要由企业开发利用，个人、社会组织、高校等其他社会主体参与利用的程度不足，交通运输领域的开放数据利用尚处于起步阶段。

四　交通运输开放数林指数

2021 年交通运输领域开放数林省域指数如表 4 所示。浙江省的综合表现最优，进入 A+等级；山东省也表现优异，进入 A 等级，其后是广东省、四川省等省域。在单项维度上，浙江省在数据层和利用层上表现最优，进入 A+等级。

表 4　交通运输领域开放数林指数综合等级（省域）

省域	准备度等级	数据层等级	利用层等级	综合等级
浙江	C	A+	A+	A+
山东	C	A	B	A
广东	C	B+	B	B+
四川	C	B+	B+	B+
贵州	B+	C+	B+	B
福建	C	B	B	B
广西	C	B	C+	B
河南	C	B	C+	B
江苏	C	C+	B	C+
陕西	C	C+	C+	C+
河北	C	C+	C+	C+
海南	C+	C+	B	C+
江西	C	C+	B	C+
宁夏	C	C+	C+	C+
湖北	B+	C+	C+	C+
湖南	C	C	C+	C+
青海	C	C	C+	C+
新疆	C	C	C+	C+

2021 年交通运输领域开放数林城市指数（前二十）如表 5 所示。深圳市和丽水市的综合表现最优，进入 A+等级；青岛市、宁波市、金华市也表现优异，进入 A 等级，其后是台州市、贵阳市、绍兴市、烟台市、上海市、武汉市等城市。在单项维度上，舟山市、丽水市和青岛市分别在准备度、数据层和利用层上表现最优，进入 A+等级。

表 5　交通运输领域开放数林指数综合等级（城市前二十）

城市	准备度等级	数据层等级	利用层等级	综合等级
深圳	C	A	A	A+
丽水	B	A+	C+	A+
青岛	C	B+	A+	A
宁波	C	A	B+	A
金华	C	A	B	A
台州	A	B+	B	B+
贵阳	C	B	A	B+
绍兴	B	B	B+	B+
烟台	C	B+	B+	B+
上海	C	B	A	B+
武汉	C	B+	B+	B+
威海	C	A	B+	B
衢州	B+	B	C+	B
温州	C+	B	C+	B
北京	B+	B	C+	B
临沂	C	B	B+	B
嘉兴	C	B	B	C+
厦门	C	B	B	C+
舟山	A+	B	C+	C+
济南	C	B+	C+	C+

省域交通运输领域开放数林指数空间分布方面，数据开放水平较高的省域主要集中在东南部沿海地区的浙江、山东等省域以及位于西部的贵州、四川等省域，成为全国交通运输领域的优质“数木”。

五　地方交通运输公共数据开放标杆

（一）准备度

截至 2021 年 5 月，在全国地级以上城市中，有 7 个城市出台了专门性的法规政策，主要集中在浙江省内，如表 6 所示。

表 6　专门针对交通运输领域数据开放的法规政策

地方	发布时间	法规政策
绍兴市	2016 年 12 月	《绍兴市城市交通数据资源开放共享管理办法》
温州市	2016 年 12 月	《温州市城市交通数据资源社会开放共享管理办法(试行)》
台州市	2016 年 12 月	《台州市城市交通数据资源开放管理暂行办法》
丽水市	2016 年 12 月	《丽水市城市交通数据资源开放共享管理办法(试行)》
舟山市	2017 年 10 月	《舟山城市交通数据开放制度》
衢州市	2018 年 11 月	《关于 2019 年衢州市城市交通数据资源社会开放共享管理办法的公告》
北京市	2019 年 11 月	《北京市交通出行数据开放管理办法(试行)》

在职责分工上，绍兴市、温州市和丽水市明确了城市交通管理部门是城市交通数据资源开放的责任主体，并对财政、规划、住建、公安等部门的职责分工作出了明确规定。例如，温州市对各部门职责分工的规定如图 5 所示。

第五条(职责分工)市级各城市交通管理部门是城市交通数据资源开放共享的责任主体，应当在各自职责范围内，做好本部门数据资源的采集获取、目录编制、共享提供和更新维护工作。

市交通运输局负责城市交通数据资源开放共享的统筹规划和本办法的组织实施，承担城市交通数据资源开放基础设施以及资源管理平台的建设、运行和维护，负责城市交通数据资源维护管理、安全运行管理等工作。并提供中长途客运、城市公交、城乡公交、出租车、国省道路况等静态和动态信息；

市财政局负责城市交通数据资源公开共享的资金保障。

市规划局负责提供公共停车场专项规划、大型建筑近期规划等信息；

市住建委负责提供城市道路和路外停车泊位的建设信息；

市公安局交通警察支队负责提供非机动车道路面停车位、交通运行指数、交通基础设施(信号灯、卡口、标志牌)、交通管制、城市道路施工公告等静态和动态信息；

市综合行政执法局负责提供涉及交通管理的道路施工信息、公共自行车、人行道停车数据和道路属性信息。

图 5　《温州市城市交通数据资源社会开放共享管理办法（试行）》对职责分工的规定

资料来源：温州市交通运输局官网，http：//wzjt. wenzhou. gov. cn/art/2017/10/31/art_1630140_12290896. html。

在开放目录与清单上，7 个地方的法规政策均将交通运输领域的数据开放目录以附件的形式呈现在文件中。表 7 展示了 2019 年北京市交通出行数据开放目录。

表 7　2019 年北京市交通出行数据开放目录

类别	数据类型	数据名称	数据描述	更新频率	开放方式	获取渠道	原始数据来源单位
地面公交	静态数据	公交线路信息	线路代码、线路名称	变更后更新	无条件开放	网站下载	公交集团
	静态数据	公交站点信息	线路名称、方向、站点序号、站点名称	变更后更新	无条件开放	网站下载	公交集团
	动态数据	公交到站预报信息	线路名称、方向、车辆 ID、下一站到站距离、下一站到站时刻、目的站点、目的站到站时刻、经度、纬度、时间（另附:线路及站点经纬度信息）	1 分钟	依申请开放	接口访问	公交集团
	动态数据	公交拥挤度	线路、起点站名称、终点站名长、数据时间、拥挤度等	5 分钟	依申请开放	接口访问	公交集团
轨道交通	静态数据	轨道线路信息	路线名称、线路里程	变更后更新	无条件开放	网站下载	轨指中心
	静态数据	轨道站点信息	路线名称、车站名称、行业方向、首班车时间、末班车时间	变更后更新	无条件开放	网站下载	轨指中心
	动态数据	轨道站点拥挤度	站点编码、数据时间、拥挤度（红黄绿）	5 分钟	依申请开放	接口访问	轨指中心
	动态数据	轨道区间拥挤度	起始站点、目的站点、数据时间、拥挤度（红黄绿）	5 分钟	依申请开放	接口访问	轨指中心
静态交通	静态数据	路侧停车位基础信息	停车场名、位置（道路名）、泊位数量、经度、纬度	变更后更新	无条件开放	网站下载	北京市交通委
	动态数据	综合交通枢纽停车场信息（大兴国际机场）	停车场名称、泊位数量、时间、剩余停车位	5 分钟	依申请开放	接口访问	大兴国际机场
	静态数据	公租自行车停车位基础信息	站点编码、站点名称、位置、车位数	变更后更新	无条件开放	网站下载	北京市交通委
	动态数据	公租自行车可停放车辆数	站点编码、可租车辆数、可还车辆数、数据更新时间	5 分钟	依申请开放	接口访问	北京市交通委

续表

类别	数据类型	数据名称	数据描述	更新频率	开放方式	获取渠道	原始数据来源单位
路网运行	动态数据	实时路况信息	道路名称、起点、终点、道路方向、平均车速、拥堵程度、路况更新时间	5 分钟	依申请开放	接口访问	北京市交通委
	动态数据	公路事件信息	发布时间、事件描述、数据来源	实时	依申请开放	接口访问	北京市交通委

资料来源：北京市人民政府官网，http：//www. beijing. gov. cn/zhengce/zhengcefagui/201911/t20191105_ 483739. html。

在开放数据需求的征询与回应上，绍兴市、丽水市等地对交通运输领域数据开放的申请和需求回应作出了具体要求。例如，丽水市规定，符合城市交通数据资源开放共享条件和资质的机构可向数据资源提供方提出开放申请，说明开放范围、开放用途、申请数据项内容和数据安全保障措施等，并以书面形式提交资源提供方审核。资源提供方应当在收到书面申请后 10 个工作日内，提出是否同意开放的意见及理由。

（二）数据层

1. 数据数量

截至 2021 年 5 月，各地共开放了 8985 个交通运输领域的有效数据集，数据总容量达到 2. 78 亿。数据集总量统计的是平台上可通过下载或 API 接口获取的有效数据集总数。数据容量是指将一个地方平台中可下载的、结构化的、各个时间批次发布的数据集的字段数（列数）乘以条数（行数）后得出的数量，体现的是平台上开放的可下载数据集的数据量和颗粒度。

图 6 和图 7 分别列出数据容量排前十的省域与城市，并反映了地方有效数据集总数、数据容量和单个数据集平均容量之间的关系。数据容量更能体现一个地方的数据开放总量，单个数据集平均容量也更能反映一个地方开放数据集的平均水平。例如，浙江省有效数据集总数虽然相对较少，

但数据容量与单个数据集平均容量均远高于其他省域。丽水市开放的有效数据集总数和数据容量虽然排名并不靠前，但单个数据集平均容量最高，达到 143 万。

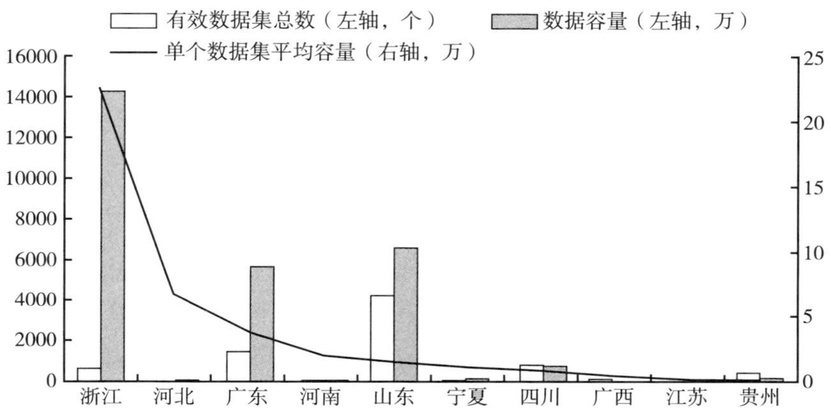

图 6　省域有效数据集总数、数据容量与单个数据集平均容量比较

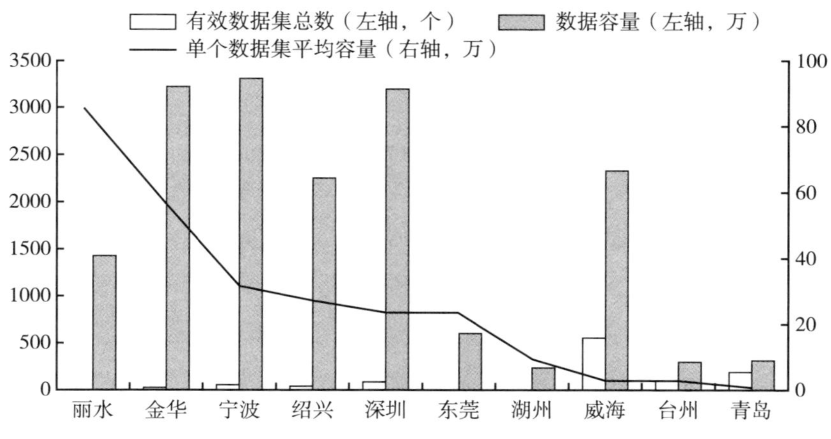

图 7　城市有效数据集总数、数据容量与单个数据集平均容量比较

2. 优质数据集

（1）高容量数据集

报告将各地开放的交通运输领域数据集中容量最高的前 1%作为高容量

数据集，并统计了其在各地区的分布。省域开放的交通运输领域数据中，高容量数据集最多的省域如图 8 所示，浙江省开放的高容量数据集最多，达到 33 个，远超其他省域，其次是山东省、广东省和四川省。城市开放的交通运输领域数据集中，高容量数据集最多的是金华市，其次是威海市、绍兴市、宁波市等地，如图 9 所示。表 8 和表 9 是省本级与城市开放的数据容量最高的前 10 个交通运输领域数据集，这些数据集主要集中于经营许可、运输证、公交线路站点、车辆船舶道路基本信息、班次时刻表、客货运量等方面。

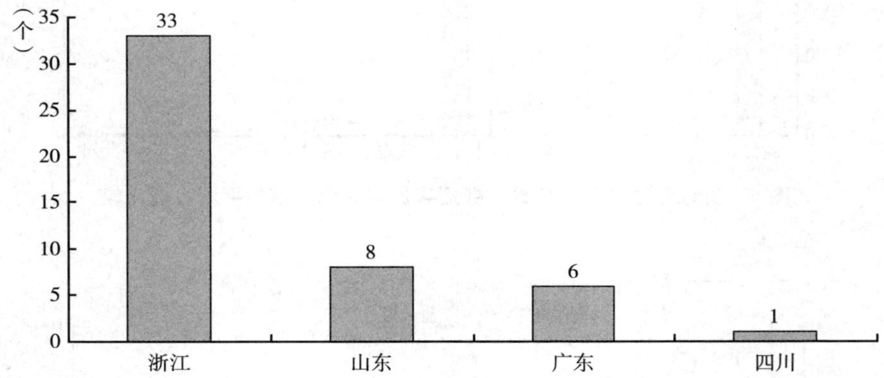

图 8　高容量交通运输领域数据集的省域分布

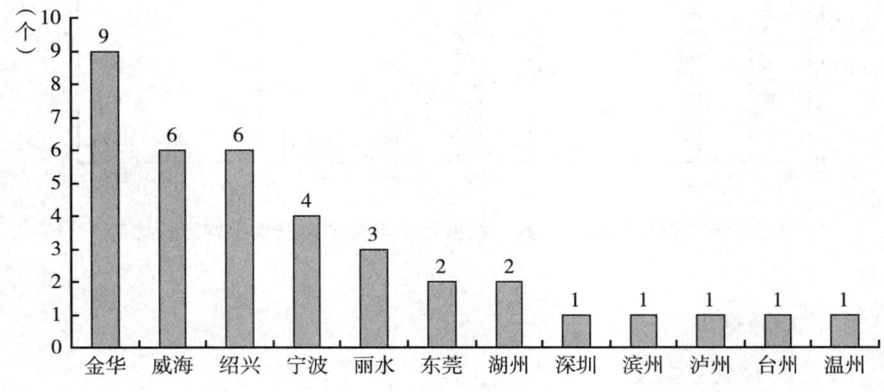

图 9　高容量交通运输领域数据集的城市分布

表 8 省级平台开放的前 10 个高容量数据集一览

序号	地方	数据集名称	行	列	数据容量
1	浙江省	中华人民共和国道路运输证	684170	22	15051740
2	山东省	省内网约车车辆基本信息表	366216	29	10620264
3	广东省	广东省交通运输道路运输企业信用信息	791750	7	5542250
4	广东省	广东省公路桥梁基础信息(国、省、县道)	171436	24	4114464
5	浙江省	中华人民共和国道路运输经营许可证	243382	16	3894112
6	浙江省	道路运输证版式文件	682001	4	2728004
7	浙江省	客运出租汽车驾驶员证版式文件(新)	155209	10	1552090
8	山东省	省内船舶管理业务经营许可证信息	24841	59	1465619
9	浙江省	渔业船舶检验证书(海事局)	36296	30	1088880
10	广东省	交通违法案件	134992	7	944944

表 9 城市平台开放的前 10 个高容量数据集一览

序号	地方	数据集名称	行	列	数据容量
1	深圳市	深圳公交线路轨迹表	4057353	7	28401471
2	金华市	港航船舶基本信息	350951	35	12283285
3	宁波市	车辆基础信息	304000	35	10640000
4	宁波市	班车客运路线信息	587776	16	9404416
5	丽水市	公交线路站点关联信息	979865	8	7838920
6	绍兴市	火车站时刻信息	391592	18	7048656
7	宁波市	区域交通运行指数基本信息	431427	15	6471405
8	威海市	道路运输行业车辆基本信息	138550	41	5680550
9	威海市	威海市交通运输局(智慧交通综合管理平台)从业人员报考信息	99998	49	4899902
10	绍兴市	实时客流量新昌信息	944847	5	4724235

宁波市开放的道路运输车辆信息中，详细提供了车辆的车牌号、车辆类型、颜色、车架号、注册时间、车辆有效期、运输证号等关键字段，如图 10 所示。

图 10　宁波市开放的道路运输车辆基础信息

资料来源：宁波市数据开放平台，http：//data. ningbo. gov. cn/nbdata/fore/index. html/#/。

丽水市开放的公交站点信息表中，涵盖了站点名称与所在经纬度，如图 11 所示。

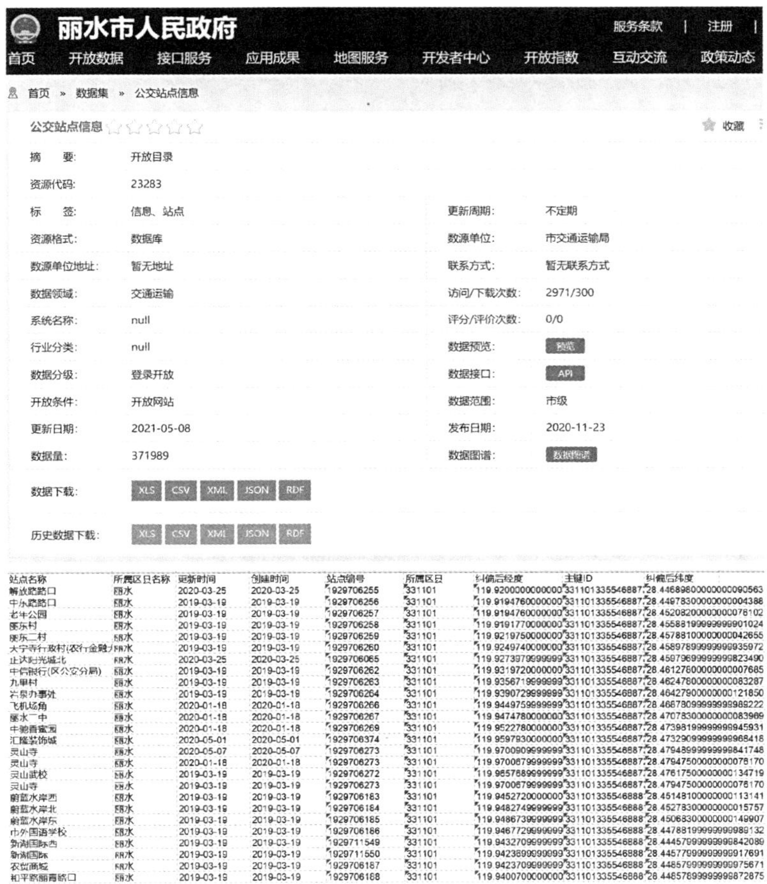

丽水市人民政府　　服务条款 | 注册 |

首页　开放数据　接口服务　应用成果　地图服务　开发者中心　开放指数　互动交流　政策动态

首页 » 数据集 » 公交站点信息

公交站点信息　　收藏

摘　　要:	开放目录		
资源代码:	23283		
标　　签:	信息、站点	更新周期:	不定期
资源格式:	数据库	数源单位:	市交通运输局
数源单位地址:	暂无地址	联系方式:	暂无联系方式
数据领域:	交通运输	访问/下载次数:	2971/300
系统名称:	null	评分/评价次数:	0/0
行业分类:	null	数据预览:	预览
数据分级:	登录开放	数据接口:	API
开放条件:	开放网站	数据范围:	市级
更新日期:	2021-05-08	发布日期:	2020-11-23
数据量:	371989	数据图谱:	数据图谱
数据下载:	XLS　CSV　XML　JSON　RDF		
历史数据下载:	XLS　CSV　XML　JSON　RDF		

站点名称	所属区县名称	更新时间	创建时间	站点编号	所属区县	纠偏后经度	主键ID	纠偏后纬度
解放路路口	丽水	2020-03-25	2020-03-25	1929706255	331101	119.9200000000000	331101335546887	28.4468980000000090563
中东路路口	丽水	2019-03-19	2019-03-19	1929706256	331101	119.9194760000000	331101335546887	28.4497830000000004388
老年公园	丽水	2019-03-19	2019-03-19	1929706257	331101	119.9194760000000	331101335546887	28.4520820000000076102
厦东村	丽水	2019-03-19	2019-03-19	1929706258	331101	119.9191770000000	331101335546887	28.4558819999999901024
厦东二村	丽水	2019-03-19	2019-03-19	1929706259	331101	119.9219750000000	331101335546887	28.4578810000000042655
大宁寺行政村(农行金融大	丽水	2019-03-19	2019-03-19	1929706260	331101	119.9249740000000	331101335546887	28.4589789999999935972
正达阳光城北	丽水	2020-03-25	2020-03-25	1929706065	331101	119.9273979999999	331101335546887	28.4597969999999823490
中信银行(区公安分局)	丽水	2019-03-19	2019-03-19	1929706262	331101	119.9319720000000	331101335546887	28.4612760000000007685
九里村	丽水	2019-03-19	2019-03-19	1929706263	331101	119.9356719999999	331101335546887	28.4624780000000083287
岩泉办事处	丽水	2019-03-19	2019-03-19	1929706264	331101	119.9390729999999	331101335546887	28.4642790000000121850
飞机场角	丽水	2020-01-18	2020-01-18	1929706266	331101	119.9449759999999	331101335546887	28.4687809999999989222
丽水二中	丽水	2020-01-18	2020-01-18	1929706267	331101	119.9474780000000	331101335546887	28.4707830000000083969
中驰香蜜园	丽水	2020-01-18	2020-01-18	1929706269	331101	119.9522780000000	331101335546887	28.4739819999999945931
汇隆装饰城	丽水	2020-05-01	2020-05-01	1929706374	331101	119.9597930000000	331101335546887	28.4732909999999968418
灵山寺	丽水	2020-05-07	2020-05-07	1929706273	331101	119.9700909999999	331101335546887	28.4794899999999841748
灵山寺	丽水	2020-01-18	2020-01-18	1929706273	331101	119.9700679999999	331101335546887	28.4794750000000076170
灵山武校	丽水	2019-03-19	2019-03-19	1929706272	331101	119.9657689999999	331101335546887	28.4761750000000134719
灵山寺	丽水	2019-03-19	2019-03-19	1929706273	331101	119.9700679999999	331101335546887	28.4794750000000076170
蔚蓝水岸西	丽水	2019-03-19	2019-03-19	1929706183	331101	119.9452720000000	331101335546888	28.4514810000000113141
蔚蓝水岸北	丽水	2019-03-19	2019-03-19	1929706184	331101	119.9482749999999	331101335546888	28.4527830000000015757
蔚蓝水岸东	丽水	2019-03-19	2019-03-19	1929706185	331101	119.9486739999999	331101335546888	28.4506830000000149907
市外国语学校	丽水	2019-03-19	2019-03-19	1929706186	331101	119.9467729999999	331101335546888	28.4478819999999989132
新湖国际西	丽水	2019-03-19	2019-03-19	1929711549	331101	119.9432709999999	331101335546888	28.4445799999999842089
新湖国际	丽水	2019-03-19	2019-03-19	1929711550	331101	119.9423699999999	331101335546888	28.4457799999999917691
农贸商城	丽水	2019-03-19	2019-03-19	1929706187	331101	119.9423709999999	331101335546888	28.4485799999999975671
和平路丽青路口	丽水	2019-03-19	2019-03-19	1929706188	331101	119.9400700000000	331101335546888	28.4485789999999872875

图 11　丽水市开放的公交站点信息

资料来源：丽水市公共数据开放平台，http：//data. lishui. gov. cn/jdop_front/index. do。

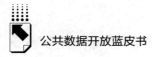

深圳市开放的公交线路轨迹信息提供了线路上每个节点的顺序、经纬度、线路 id，如图 12 所示。

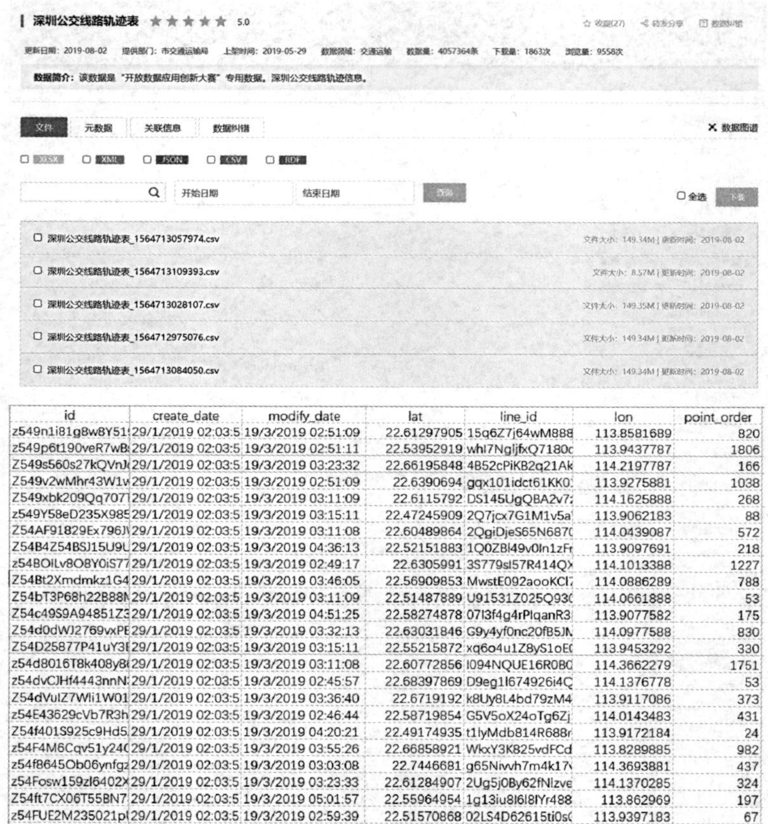

id	create_date	modify_date	lat	line_id	lon	point_order
z549n1i81g8w8Y51	29/1/2019 02:03:5	19/3/2019 02:51:09	22.61297905	15q6Z7j64wM888	113.8581689	820
z549p6t190veR7wB	29/1/2019 02:03:5	19/3/2019 02:51:11	22.53952919	whI7NgljfxQ7180	113.9437787	1806
Z549s560s27kQVnJ	29/1/2019 02:03:5	19/3/2019 03:23:32	22.66195848	4B52cPiKB2q21Ak	114.2197787	166
Z549v2wMhr43W1	29/1/2019 02:03:5	19/3/2019 02:51:09	22.6390694	gqx101idct61KK0	113.9275881	1038
Z549xbk209Qq707	29/1/2019 02:03:5	19/3/2019 03:11:09	22.6115792	DS145UgQBA2v7	114.1625888	268
z549Y58eD235X98	29/1/2019 02:03:5	19/3/2019 03:15:11	22.47245909	2Q7jcx7G1M1v5a	113.9062183	88
Z54AF91829Ex796J	29/1/2019 02:03:5	19/3/2019 03:11:08	22.60489864	2QgiDjeS65N687	114.0439087	572
Z54B4Z54BSJ15U9	29/1/2019 02:03:5	19/3/2019 04:36:13	22.52151883	1Q0ZBl49v0In1zF	113.9097691	218
z54BOILv8O8Y0iS77	29/1/2019 02:03:5	19/3/2019 02:49:17	22.6305991	3S779sI57R414Q	114.1013388	1227
Z54Bt2Xmdmkz1G4	29/1/2019 02:03:5	19/3/2019 03:46:05	22.56909853	MwstE092aooKCI	114.0886289	788
Z54bT3P68h22B88	29/1/2019 02:03:5	19/3/2019 03:11:09	22.51487889	U91531Z025Q93	114.0661888	53
Z54c49S9A94851Z	29/1/2019 02:03:5	19/3/2019 04:51:25	22.58274878	07I3f4g4rPlqanR3	113.9077582	175
Z54d0dWJ2769vxP	29/1/2019 02:03:5	19/3/2019 03:32:13	22.63031846	G9y4yf0nc20fB5J	114.0977588	830
Z54D25877P41uY3	29/1/2019 02:03:5	19/3/2019 03:15:11	22.55215872	xq6o4u1Z8yS1oE	113.9453292	330
z54d8016T8k408y8	29/1/2019 02:03:5	19/3/2019 03:11:08	22.60772856	I094NQUE16R0B	114.3662279	1751
z54dvCJHf4443nnN	29/1/2019 02:03:5	19/3/2019 02:45:57	22.68397869	D9eg1I674926i4	114.1376778	53
Z54dVuIZ7Wli1W01	29/1/2019 02:03:5	19/3/2019 03:36:40	22.6719192	k8Uy8L4bd79zM4	113.9117086	373
z54E43629cVb7R3h	29/1/2019 02:03:5	19/3/2019 02:46:44	22.58719854	G5V5oX24oTg6Zj	114.0143483	431
Z54f401S925c9Hd5	29/1/2019 02:03:5	19/3/2019 04:20:21	22.49174935	t1lyMdb814R688	113.9172184	24
z54F4M6Cqv51y24	29/1/2019 02:03:5	19/3/2019 03:55:26	22.66858921	WkxY3K825vdFCd	113.8289885	982
z54f8645Ob06ynfgz	29/1/2019 02:03:5	19/3/2019 03:03:08	22.7446681	g65Nivwh7m4k17	114.3693881	437
z54Fosw159zl6402	29/1/2019 02:03:5	19/3/2019 03:23:33	22.61284907	2Ug5j0By62fNlzve	114.1370285	324
Z54ft7CX06T55BN7	29/1/2019 02:03:5	19/3/2019 05:01:57	22.55964954	1g13iu8I6I8IYr488	113.862969	197
z54FUE2M235021p	29/1/2019 02:03:5	19/3/2019 02:59:39	22.51570868	02LS4D62615ti0s	113.9397183	67

图 12 深圳市开放的公交线路轨迹信息

资料来源：深圳市政务数据开放平台，https：//opendata. sz. gov. cn/。

深圳市开放的营运车辆实时 GPS 数据，提供了营运车辆的 GPS 记录的时间与所在的位置（经纬度）、方向、速度、里程、事件等方面的详细数据，如图 13 所示。

图 13　深圳市开放的营运车辆实时 GPS 数据

资料来源：深圳市政务数据开放平台，https：//opendata. sz. gov. cn/。

浙江省开放的“中华人民共和国道路运输经营许可证数据”，详细提供了全省范围内具有从业资格的车辆基本信息、运输证、许可证、业户名称等方面的详细数据，如图 14 所示。

浙江省人民政府 The People's Government of Zhejiang Province | 浙江·数据开放 DATA.ZJ.GOV.CN

登录 | 注册

输入搜索内容 搜索

首页 开放数据 接口服务 应用成果 地图服务 开发者中心 开放指数 互动交流

首页 » 数据集 » 中华人民共和国道路运输经营许可证

中华人民共和国道路运输经营许可证

摘　要:	全省客货道路运输业户道路运输经营许可证基本信息		
资源代码:	30701600003032/236		
标　签:	运输、中华人民共和国、经营、许可证、道路	更新周期:	每月
资源格式:	数据库-db2	数源单位:	省交通运输厅
数源单位地址:	杭州市梅花碑4号	联系方式:	0571-87809518
数据领域:	交通运输	访问/下载次数:	343/2
系统名称:	运政业务平台运政信息系统	评分/评价次数:	0/0
行业分类:	暂无	数据预览:	浏览
数据分级:	登录开放	数据接口:	API
开放条件:	开放网站	数据范围:	全省
更新日期:	2021-09-20	发布日期:	2021-09-06
数据量:	243382	数据图谱:	数据图谱
数据下载:	XLS CSV XML JSON RDF		

工商执照号	注册地址	有效期起	经济类型	经营许可证号	经营范围	证主体代码类	经营许可证字	法定代表人	政区划代码	发证机关	业户名称	有效期止	颁发机构	核发时间	证照状态
92330110MA2BN	余杭区塘栖镇塘	2017-01-25 00:00	个体	330110155102	机动车维修		杭	潘国庆		余杭区道路运输	杭州余杭	2020-01-2		2017-02-1	正常
91330304MA2AR	浙江省温州市瓯	2019-03-22 00:00	有限责任	330301100602	货运：货运		温	杨理和		温州市道路运输	温州丰润	2023-03-2		2019-03-2	正常
	绍兴县马鞍镇寺	2013-11-28 00:00	个体	330621033527	货运：普通		绍	傅永水		绍兴市柯桥区道	傅永水	2017-11-2		2013-11-2	正常
	浙江省永嘉县西	2014-05-22 00:00	个体	330324007014	货运：普通		温	吴守社		永嘉县道路运输	吴守社	2018-05-2		2007-04-0	正常
	绍兴县钱清镇外	2014-06-20 00:00	有限责任	330621010179	货运：普通		绍	施建民		绍兴市柯桥区道	绍兴新安	2018-06-1		2014-06-2	正常
	绍兴县马鞍镇亭山	2015-04-29 00:00	个体	330621025983	货运：普通		绍	童建芳		绍兴市柯桥区道	童建芳	2019-04-2		2015-04-2	正常
92330282MA284	慈溪市龙山镇	2017-02-16 00:00	个体	330282101444	货运：普通		甬	方焕强		慈溪市道路运输	方焕强	2021-02-1		2017-02-1	正常
92330400MA2B9	浙江省嘉兴市港区	2018-03-15 00:00	个体	330482100949	货运：普通		嘉	潘秀华		平湖市公路运输	嘉兴市乍浦	2022-03-1		2018-03-1	正常
91330402MA2B9	浙江省嘉兴市南湖	2018-10-22 00:00	有限责任	330401101124	货运：普通		嘉	魏明亮		嘉兴市道路运输	嘉兴市博	2022-10-2		2018-10-2	正常
9133108255175	临海市江南物流	2018-03-06 00:00	有限责任	331082251840	货运：普通		台	洪亮		临海市道路运输	临海市鸿	2022-03-0		2014-01-0	正常
92330624MA2BE	新昌县巧英乡五	2018-03-26 00:00	个体	330624100190	货运：普通		绍	俞自夫		新昌县道路运输	新昌县巧	2022-03-2		2018-03-2	正常
91330282MA2AJ	慈溪市白沙路街道	2018-12-14 00:00	有限责任	330282102422	货运：普通		甬	陆志明		慈溪市道路运输	慈溪市瑞	2022-12-1		2018-12-1	正常
	浙江省温岭市箬	2014-10-28 00:00	个体	331081012506	货运：普通		台	朱福荣		温岭市道路运输	温岭市东	2018-10-2		2014-10-2	注销
	东阳市巍山镇一	2014-06-06 12:00	个体	330783020192	货运：普通		金	吴向龙		东阳市道路运输	吴向龙	2018-06-0		2014-06-0	注销
92331004JB5RKE	路桥去路北街道	2018-04-08 00:00	个体	331004037656	货运：普通		台	叶建亲		路桥区道路运输	叶建亲	2022-04-0		2018-04-0	正常
92330602MA2FF	浙江省绍兴市越	2018-11-12 10:32	个体	330602010766	货运：普通		绍	郑灿军		绍兴市道路运输	郑灿军	2022-11-1		2018-11-1	正常
	宁海县黄坦镇旭山	2015-03-02 12:00	个体	330226100618	货运：普通		甬	娄三元		宁海县公路运输	娄三元	2019-03-0		2015-10-1	注销
92330206MA283	浙江省宁波市北仑	2016-12-10 00:00	个体	330206903928	货运：普通		甬	高峰		宁波市北仑区道	高峰	2020-12-1		2016-12-1	正常
	宁波市鄞州区五	2014-11-28 12:00	有限责任	330227505323	货运：普通		甬	张成伟		宁波市鄞州区道	宁波市鄞州	2018-11-2		2014-11-2	注销
	浙江省鄞州区集仕	2015-04-17 12:00	个体	330227518359	货运：普通		甬	张金平		宁波市鄞州区道	张金平	2019-04-1		2015-04-1	注销
	永康市四路镇四	2015-01-09 12:00	个体	330784008305	货运：普通		金	金美玲		永康市道路运输	金美玲	2019-01-0		2012-01-1	注销
91330324MA285	永嘉县瓯北街道	2016-09-07 00:00	有限责任	330324104336	货运：普通		温	单德周		永嘉县道路运输	宁波市鄞州	2020-09-0		2016-09-0	正常
92330783MA28P	东阳市吴宁街道	2017-03-02 00:00	个体	330783100368	货运：普通		金	卢欣军		东阳市道路运输	卢欣军	2021-03-0		2017-03-0	正常
92330523MA29J1	浙江省安吉县天	2017-03-03 00:00	个体	330523108263	货运：普通		湖	陈小松		安吉县道路运输	陈小松	2021-03-0		2017-03-0	正常
92330727MA28Q	磐安县仁川镇平	2017-03-16 00:00	个体	330727100052	站场：货运		金	羊明旗		磐安县道路运输	磐安县大	2021-03-1		2017-03-1	正常
9133070175907	金华市赤松乡石	2017-07-25 00:00	有限责任	330701021382	机动车维修		金	程健		金华市道路运输	浙江大昌	2020-07-2		2017-08-0	正常
	浙江省嘉善县惠	2015-02-16 00:00	个体	330421013606	机动车维修		嘉	严明		嘉善县公路运输	嘉善县惠	2018-02-1		2015-02-1	正常
92330903MA28K	普陀区沈家门街道	2018-09-04 00:00	个体	330903005794	货运：普通		舟	黄玉枝		普陀区道路运输	黄玉枝	2022-09-0		2018-09-0	正常
91330604MA288	浙江省绍兴市上	2019-06-05 00:00	有限责任	330682100814	货运：普通		绍	程凤姣		绍兴市上虞区道	绍兴上虞	2023-06-0		2019-06-0	正常

图 14　浙江省开放的道路运输经营许可证数据

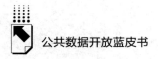

资料来源：浙江省人民政府数据开放平台，http：//data.zjzwfw.gov.cn/jdop_ front/index.do。

（2）优质 API 接口

API 接口适用于提供实时动态的高容量数据，以促进高价值数据的开放与利用。优质 API 接口需要满足接口可调用、至少每日更新、数据集容量高等标准。目前，浙江省和深圳市平台提供了多个交通运输领域数据的优质API接口，如表10所示。

表10　交通运输领域数据优质API接口

序号	地方	API接口名称
1	浙江省	中华人民共和国道路运输证
2	深圳市	营运车辆GPS数据
3	深圳市	深圳通刷卡数据

3. 常见数据集

报告对高容量数据集的名称进行文本分析后发现，出现次数最高的关键词有运输、道路、车辆、证、船舶、从业人员、客运、站点等。报告还列出了各地交通运输领域开放的10类常见数据集，如表11所示。

表11　各地开放的交通运输领域10类常见数据集

序号	常见数据集名称
1	交通行政许可处罚
2	道路运输企业、从业人员、从业资格证
3	车辆船舶基础数据
4	公交车辆驾驶员、船员信息、培训机构
5	公路、航道、桥梁、隧道基础数据
6	公交站点、停车场、空港码头
7	公交线路轨迹、客运排班、时刻表
8	交通路段路况数据
9	交通违法违章案件、抓拍位置、受理点
10	执法人员、安全质量检查

（三）利用层

1. 利用促进活动

报告分析了各地政府为促进交通运输领域开放数据的社会化利用而组织的各类活动，包括开放数据创新利用比赛和引导赋能活动等。开放数据创新利用比赛是指地方政府为促进交通运输领域的开放数据利用而组织的各类比赛，或在综合型数据开放比赛中设置了交通主题赛道。引导赋能活动是指地方政府在交通运输领域组织的各种常态化、专业性的数据利用促进活动，如交通运输领域数据开放专题研讨会、交通运输领域开放数据利用试点项目等。

在开放数据创新利用比赛方面，北京市与厦门市举办了交通运输领域的专业比赛。浙江省、四川省、山东省、广东省，以及上海市、天津市、深圳市、杭州市、宁波市等城市在数据开放大赛中设置了交通运输领域的分赛道。

2021 年北京智慧交通开放创新大赛（见图 15）设置了路口流量预测、干道信号灯协调控制、共享单车出行里程计算、出行方式识别、拥堵特征时空演化等 7 个赛道，以推动交通数据的社会化利用。

2021 年深圳全球开放数据创新应用大赛设置了数字交通分赛道（见图 16），吸引参赛者围绕城市群、交通规划、公共交通一体化协同、城市交通综合调度等方向提出解决方案。

在引导赋能活动方面，各地在交通运输领域开展的专业性促进活动数量较少，目前主要有利用试点项目和专题研讨会两种形式。

上海市在交通运输领域开展应用试点合作项目，例如上研智联自动驾驶试点项目利用临港新片区汇聚的企业自动驾驶数据和政府部门的道路设施、客流等数据，为企业训练自动驾驶算法提供数据支撑，如图 17 所示。

厦门市依托 2020 年数字中国创新大赛和厦门大数据安全开放创新应用大赛 · 交通专题，举办了智绘交通 · 数创未来交通专题研讨会，如图 18 所示。该研讨会旨在进一步探索创新合作模式，共同促进赛事成果向实践应用转化，构建数据开放利用的生态圈。

图 15　2021 年北京智慧交通开放创新大赛

资料来源：北京智慧交通开放创新大赛网，http：//tc. itsbeijing. top/。

图 16　2021 年深圳全球开放数据创新应用大赛的数字交通分赛道

资料来源：全球开放数据应用创新大赛网，http：//www. sodic. com. cn/。

图 17 上海市开展的交通运输领域数据利用试点项目

资料来源：上海市公共数据开放平台，https：//data. sh. gov. cn/。

2. 成果质量

报告对各地政府数据开放平台上展现的交通运输领域利用成果进行了筛选和分析，并列举了部分优质成果如下。

“高德地图（停车场板块）”利用浙江省数据开放平台开放的停车场数据满足用户的出行停车需求，为市民提供停车指引，可根据用户的出行特点制定停车方案并展示停车场的实时动态信息，如图 19 所示。

“宜行青岛”是一款提供停车充电查询服务的应用，如图 20 所示。通过该应用，用户可以在线寻找附近停车场的空闲车位，以解决停车位难找的问题。用户还能查找周边的充电桩信息，以及充电桩的剩余车位数、价格等情况。

智绘交通·数创未来交通专题研讨会顺利举办

日期：2020-11-23 字号：大 中 小

11月14日，由厦门市工业和信息化局、厦门市交通运输局指导，厦门市信息中心、厦门市交通运行监测指挥中心联合主办的智绘交通·数创未来交通专题研讨会在厦门市交通大厦顺利举行。

今年以来，厦门市信息中心和厦门市交通运行监测指挥中心联合举办了2020数字中国创新大赛大数据赛道和厦门大数据安全开放创新应用大赛·交通专题。两场赛事吸引了大量优秀人才参与，涌现了许多优秀作品。为进一步探索创新合作模式，共同促进赛事成果向实践应用转化，为我市吸引更多的优质项目、企业资源和交通人才；同时也让更多大数据、人工智能相关企业、机构和开发者了解、加入厦门市大数据开放生态圈，为我市智能化、数字化发展与转型缔造新的动能，举办此次交通专题研讨会。

本次研讨会以线上线下结合的方式开展，邀请了来自交通领域的领先企业、本地高校及两场赛事的获奖选手，总计40人参会，其中7位以线上形式参会。会议由厦门市交通运行监测指挥中心主任李传明主持，分为平台介绍、企业分享、成果展示、研讨交流四个议程。

研讨会充分发挥人才引进、生态构建等作用，促进赛事成果落地和政、企、校之间的合作。未来我们将开展更丰富的沙龙活动，让更多大数据、人工智能相关企业、高校、机构和开发者了解、加入厦门市大数据开放生态圈，助力我市智能化、数字化发展！

图 18　厦门市组织的交通专题研讨会

资料来源：厦门市信息中心，https：//www. xmic. org. cn/。

图 19　浙江省数据开放交通出行应用——“高德地图（停车场板块）”

资料来源：浙江数据开放网，http：//data. zjzwfw. gov. cn/。

杭州市的“车来了”应用通过调用市区公交线路和站点分布数据，为用户提供公交位置实时查询服务，如图 22 所示。

图 20　青岛市数据开放交通出行应用——“宜行青岛”

资料来源：青岛公共数据开放网，http：//data. qingdao. gov. cn/。

图 21　杭州市数据开放交通出行应用——“车来了”

资料来源：杭州市数据开放平台，https：//data. hz. zjzwfw. gov. cn/。

烟台市的“e 车易行”是一款共享汽车出行应用，如图 22 所示，通过利用政府开放的充电桩数据，鼓励用户将共享汽车停放在充电桩区域。

图 22　烟台市数据开放交通出行应用——“e 车易行”

资料来源：烟台公共数据开放网，http：//data. yantai. gov. cn/。

3. 利用多样性

在利用者多样性方面，企业是交通运输领域开放数据的主要利用者，当前全部有效服务应用均来自企业。高校团队主要通过参与开放数据创新利用比赛的形式利用开放数据。

在利用成果形式多样性方面，青岛市的有效成果形式最为丰富，涵盖服务应用、创新方案、研究成果三种类型，如图 23 所示。

图 23　青岛市的有效成果形式多样性较为丰富

资料来源：青岛公共数据开放网，http：//data. qingdao. gov. cn/。

六　交运数据开放国外案例

（一）准备度

美国在《开放政府数据法案（2018 年修正案）》中明确了交通数据开放应以现代、开放和电子格式产生、传输和发布，且应符合法案规定的数据标准，如图 24 所示。

《开放政府数据法案（2018年修正案）》中的相关内容节选

包括交通数据开放在内的由联邦政府控制、收集或创建的数据应以现代、开放和电子格式产生、传输和发布，尽可能易于访问，且应符合本法案规定的数据标准。美国的政府数据遵循默认开放的原则，即如果法律没有另外禁止，包括交通数据在内的公共数据资产应以开放格式提供，并在开放许可下使用。每个机构都可以与非政府组织、公民、非营利组织、学院和大学、私营和上市公司以及其他机构合作，基于已有的开放数据，探索以一种可能提供公共和私营部门根据法律法规进行创新的新机会。

图 24　美国《开放政府数据法案（2018 年修正案）》中的相关内容节选

资料来源：根据美国 CIO 委员会官网上《开放政府数据法案（2018 年修正案）》中的部分内容节选并翻译，https：//www. cio. gov/handbook/it - laws/ogda/? clickEvt。

美国《驾驶员隐私保护法》明确了驾驶员数据的披露条件和要求，为数据开发利用者设定了清晰的框架和边界，如图 25 所示。

在美国，交管数据受《驾驶员隐私保护法》的监管。该法案限制披露和使用驾照信息、交通违章记录和各州机动车辆管理局（DMVs）收集的其他个人信息，包括姓名、身份信息、地址、电话、照片、医疗信息等。机动车辆管理局不可以披露驾驶员信息，除非信息申请人提供驾驶员的书面授权，同意向其公开相关信息，或者符合下面的几个例外情况，才可以披露驾驶员信息：

- 验证驾驶员提供的个人信息准确性；
- 与保险承保和理赔活动相关的用途；
- 与机动车辆安全、盗窃、排放检测和产品召回相关的用途；
- 与法律程序，法律实施和类似政府机构职能相关的用途。

而类似于交通事故、交通违章和驾照状态这样的信息，并不在《驾驶员隐私保护法》的限制范围内。如果记录中包含个人信息和其他非个人信息，在删除个人信息的情况下，可以分享余下的非个人信息。

合法获得驾驶员信息的公司想要再度披露某个驾驶员的信息的行为也是被限制的，再披露的行为必须仅限于与首次披露时相同的目的。并且任何再披露记录都必须存档五年的时间以备审计，记录中必须包括记录中确定的驾驶员姓名，个人信息的接收者，以及接收者对信息的允许用途的解释。

图 25　美国《驾驶员隐私保护法》对驾驶员数据使用的规定

资料来源：《大咖访谈（中）丨提升道路交通安全，助力交警高效执法：大数据产品还能这样用》，https：//mp. weixin. qq. com/s/ZdedNIr2zI2YRRmU4X4Snw。

（二）数据层

1. 美国政府开放数据平台的交通数据

Data. gov 是美国政府开放数据平台，于 2009 年 5 月 21 日上线。目前，美国交通部（U. S. DepartmentofTransportation）在 Data. gov（美国政府开放数据平台）上开放了来自联邦航空管理局、交通统计局、联邦公路管理局等机构提供的共 998 个数据集，数据标签包含运输统计、智能交通、车联网、飞机制造、高速公路、过境货物、机场、空军等 50 余类，内容丰富，并以 XML、CSV、JSON、RDF 等可机读、非专属格式开放，如图 26 所示。

2. 纽约开放实时动态的交通数据

在纽约政府数据开放平台（链接：https：//opendata. cityofnewyork. us/）上，纽约交通部门开放了实时交通数据，如图 27 所示。纽约市交通局（NYCDOT）的交通管理中心（TMC）运行着一张全市交通速度监测地图，展示了在纽约市交通局五个行政区内（主要是主干道和高速公路）设置的传感器反馈的车辆平均速度信息。特别之处在于，这些数据向社会提供 API 接口，用户

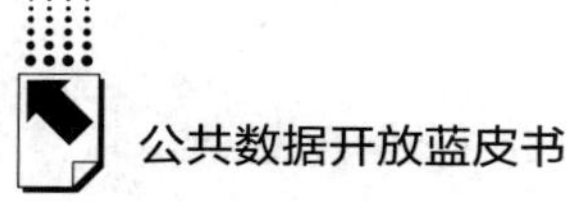

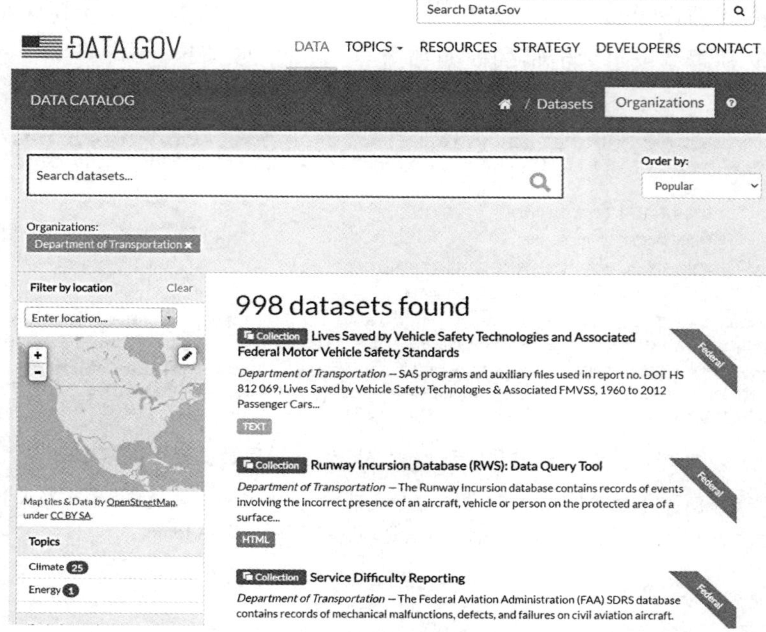

图 26　美国 Data. gov 开放的交通数据

资料来源：美国数据开放平台，https：//data. gov/。

可按照操作方法调用到 Json 格式的源数据，甚至包括 GeoJson 这类结合地理空间格式的数据，极大地方便了用户结合地理空间使用该类数据进行分析利用。

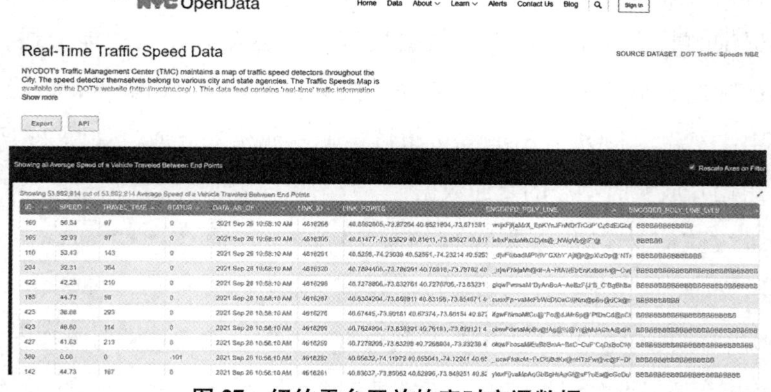

图 27　纽约平台开放的实时交通数据

资料来源：纽约市数据开放平台，https：//opendata. cityofnewyork. us/。

3. 巴黎平台开放来自企业的交通类公共数据

自行车车速表数据是法国一家企业开放的交通类公共数据，是以小时计的高质量数据集。用户可通过巴黎市政府数据开放平台（链接：https：//opendata. paris. fr/pages/home/）上提供的链接跳转到该公司网站上调用相关数据接口，如图 28 所示。

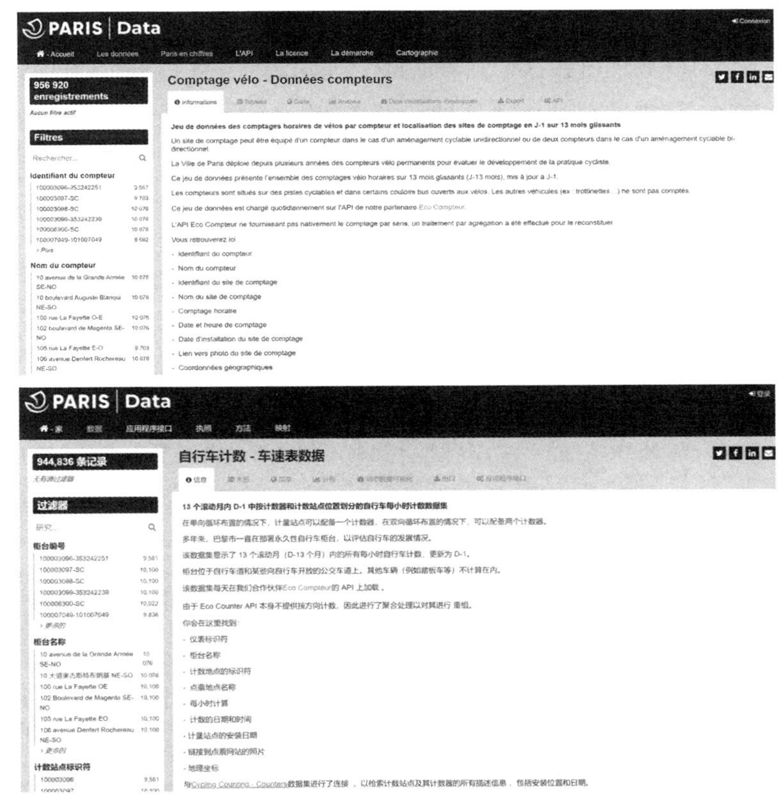

图 28　巴黎平台开放的来自企业的交通出行数据（中文为浏览器翻译，供参考）

资料来源：巴黎市政府数据开放平台，https：//opendata. paris. fr/pages/home/。

（三）利用层

1. 伦敦：公众利用道路交通与汽车充电桩数据优化公共服务

在伦敦，科研团队基于政府开放的道路交通与电动汽车基础设施交付计划数据对充电点需求进行了预测。该团队发现，到 2025 年，整个伦敦可能需要 2300~4100 个快速充电点和 33700~47500 个慢/快充电点。公众通过交通状况与汽车充电桩的在线仪表盘向政府反馈意见，辅助相关部门确定电动汽车充电需求较多的地点。

2. 美国:企业利用开放数据降低交通事故风险

在美国，律商联讯风险信息公司借助交管部门的交通事故数据，以及保险公司的交通事故理赔数据，分析道路交通事故的发生频率和严重程度，并可帮助交管部门识别与评估不同路段、车辆、驾驶人和运营公司的风险程度，从而使用不同的监管手段来主动降低风险。

七　交通运输公共数据开放建言

（一）准备度

在数据开放要求方面，建议各地在制定有关交通运输领域数据的法规政策时对数据开放目录与清单、开放数据质量、开放方式、开放数据需求征询与回应等作出具体规定。

在数据利用要求方面，建议各地在相关法规政策中对交通运输领域数据开放的利用促进活动、示范应用作出规定。

在保障机制方面，建议各地在相关法规政策中对交通领域数据开放工作的人员与资金保障作出规定。

（二）数据层

在数据数量方面，建议各地持续开放更多交通运输领域数据集，重点提升数据容量，开放更多高容量数据集，提高单个数据集的容量，特别是以 API 接口形式开放的动态的、高容量的数据。

在数据质量方面，建议各地开放更多实时动态的交通运输领域数据，而不只是开放静态的数据集，甚至是颗粒度很低的统计数据。建议清理高缺失、碎片化、极低容量的数据集，并确保开放数据集的动态更新。

在数据规范方面，建议推进交通运输领域数据的分级分类开放，并配备相应的、差异化的开放授权协议。提高可机读、非专属与 RDF 格式的数据比例，降低申请和调用 API 接口的难度；为开放数据集提供丰富的元数据说明。

在开放范围方面，建议参照报告中的“常见数据集”清单开放各地已普遍开放的交通运输领域数据，参照国内外优秀案例，扩大交通运输领域数据的开放范围。

（三）利用层

在比赛举办方面，举办专业性的交通运输领域开放数据利用比赛，或在举办综合性开放数据创新利用大赛时为交通主题设置分赛道。

在引导赋能方面，组织专门针对交通运输领域的引导赋能活动，如开展主题沙龙、数据供需对接会、利用案例试点等活动，促进交通运输领域数据的开放与利用。

在利用多样性方面，鼓励和引导高校、社会组织、个人等多元社会主体参与交通运输领域开放数据的利用，构建价值共创生态。

案例分享篇

Local Experiences Reports

B.10

浙江省数据开放应用创新的实践与思考

金加和　杨 宇　王沁怡*

摘　要： 浙江省顺应数字化发展浪潮，全面实施数字化改革，加快推进公共数据开放，探索出一条具有“浙江特色”的数据开放创新之路：统筹建设一体化智能化公共数据平台，夯实数字化改革应用数据底座；规划编制数据安全开放制度体系，让数据开放有法可依；开发建设数据开放域系统，让数据开放安全有序；持续组织数据开放创新应用大赛，让数据开放“百花争鸣”；推动产生一批数据开放应用，让数据要素激发市场创新活力。

关键词： 浙江省　公共数据开放　公共数据应用创新

随着大数据、物联网和云计算等新技术飞速发展，万物互联化、数据泛

* 金加和，浙江省大数据发展中心主任，正高级工程师；杨宇，浙江省大数据发展管理局调研员；王沁怡，浙江省大数据发展中心干部。

在化的大趋势日益明显，全球从工业经济时代迈入数字经济时代。“数字革命”引领重塑基于数据流通与链接的社会与经济结构，公共数据的开放共享和数据价值的深度挖掘成为数字革命的重要课题：美国推行“1+N”多举措形成“整体政府”，推进数据共享开放；英国成立开放数据研究所、战略委员会和公共小组；韩国政府进入“以每个人为中心”的更为主动的共享与开放式的政府3.0。加快公共数据挖掘、分析、利用和共享已经成为全球数字化浪潮的关键变量，大数据基础设施底座建设的战略重要性日益凸显。浙江省顺应数字化发展浪潮，全面实施数字化改革，加快推进公共数据开放，探索出一条具有“浙江特色”的数据开放创新之路，为全国数据开放应用创新贡献浙江样板和浙江经验。

一　夯实底座：统筹建设一体化智能化公共数据平台

（一）平台建设背景

2003年，习近平同志在任浙江省委书记时就提出“数字浙江是全面推进我省国民经济和社会信息化、以信息化带动工业化的基础性工程”。同年7月，“数字浙江”建设上升为“八八战略”的重要内容。此后，浙江省委、省政府以“数字浙江”作为建设目标，“四张清单一张网”改革、“最多跑一次”改革、政府数字化转型、数字化改革等重大改革接续推出。2021年2月，《浙江省数字化改革总体方案》提出加快构建“1+5+2”工作体系的重要任务，其中“1”，即一体化智能化公共数据平台。该平台是实现政务数字资源高质量供给、高效率配置、高水平统筹的关键所在，具备重要的战略价值和现实意义。2022年2月28日，浙江省委召开全省数字化改革推进大会，将数字化改革“152”体系构架迭代升级为“1612”一体融合的改革工作大格局。一体化智能化公共数据平台作为数字化改革的底座，横向覆盖党建统领整体智治、数字政府、数字经济、数字社会、数字文化、数字法治等六大领域，纵向贯通省市县乡各层级，全面赋能省域治理现代化。

平台建设贯穿于忠实践行“八八战略”、奋力打造成为“重要窗口”重大标志性成果的改革实践，为新发展阶段浙江高质量发展建设共同富裕示范区、竞争力提升和争创社会主义现代化先行省注入强劲动力。

（二）平台建设情况

浙江省一体化智能化公共数据平台以云计算、大数据、人工智能、互联网等技术为支撑，是省域治理全过程数据感知、数据共享、数据计算的基础平台，是体制机制、组织架构、方式流程、手段工具全方位、系统性重塑的数字化实践和集成运行平台，由基础设施、数据资源、应用支撑、业务应用、政策制度、标准规范、组织保障、网络安全“四横四纵”体系和“浙里办”“浙政钉”两端组成。

浙江省遵循“一体化架构、差异化定位、多层级赋能”基本原则，统筹建设省市县三级公共数据平台，汇聚全省数据、共享国家数据。截至目前，累计归集数据 800 多亿条。统一建设人口、法人、电子证照、信用信息、自然资源和空间地理信息等五大基础库，指导各部门建设生态环境、交通出行、教育、文化和旅游、医疗卫生、社保就业、城建住房、社会救助、法律服务九大省域治理专题库。依托一体化智能化公共数据平台，由省级负责建设全省统一数据开放网站，由各地市建立数据开放分站点，目前已完成 11 个地市数据开放网站建设。截至目前，全省共开放公共数据集 1.9 万余个，开放数据 59 多亿条，为公共数据开放应用创新提供重要支撑。

二　强化抓手：加快推动公共数据开放应用创新

加快数据开放应用创新，让数据“跑起来、活起来、用起来”，是浙江政府数字化改革与数字经济、数字社会全面融合发展的重要战略任务。浙江省在制度设计、技术支撑上构建了一套从顶层设计到基层创新有机结合的完整体系，以“四个一”（构建一套制度规范体系、建设一个数据开放域系统、举办一场数据开放大赛、打造一批数据融合示范应用）为抓手，建设完善浙江省公共数据开放平台和开放网站，推动已归集数据实现“应开放、尽开放”，积极推进数据开放应用创新，探索出一条具有“浙江特色”的数据开放应用创新之路。在复旦大学和国家信息中心数字中国研究院联合发布的“中国开放数林指数”评估中，连续两年获评省级综合第一，走在全国前列。

（一）构建制度规范体系，推动公共数据立法

作为政府数字化转型和公共数据开放的先发之地，浙江省率先对公共数据开放与安全开展立法，出台了地方政府规章《浙江省公共数据开放与安全管理暂行办法》（以下简称《办法》），2020 年 8 月 1 日开始施行。《办法》是全国首部省域公共数据开放立法，首次明确了大数据局作为主管部门的法定地位和相应的责任，重点围绕数据开放、数据利用、数据安全三大领域进行制度设计：一是明确分级分类规则，按照开放风险程度公共数据可分为无条件开放、受限开放、禁止开放三类，受限开放数据开放利用前应当签订安全协议。二是促进数据开放利用，强调公共数据是生产要素，鼓励多元开放、数据融合。三是规范安全管理，明确涉及个人、企业敏感数据开放须经用户授权。

为贯彻落实《办法》，先后制定了《数字化改革　公共数据目录编制规范》《数字化改革　公共数据分类分级规范》《公共数据元管理规范》等 7 个地方标准和《浙江省公共数据开放工作指引（试行）》《浙江省公共数据分类分级指南（试行）》《浙江省公共数据开放安全评估规范（试行）》《浙江省公共数据安全脱敏技术规范（试行）》等 12 个配套规范性文件，形成一套较为完善的制度体系，为全省公共数据有序开放提供指引。

2022 年 1 月 21 日，《浙江省公共数据条例》（以下简称《条例》）经浙江省第十三届人民代表大会第六次会议表决通过，于 3 月 1 日起施行。《条例》旨在破解制约公共数据共享开放的制度性瓶颈，规范公共数据提供主体、使用主体和管理主体之间的权责关系，明确了公共数据边界、范围和多元治理体系，对公共数据授权运营、第三方开发利用等合法合规性进行规

范，是全国首部以公共数据为主题的地方性法规，也是保障浙江省数字化改革的基础性法规，具有全国引领性和浙江辨识度。

（二）建设数据开放域系统，强化安全技术保障

加快数据开放和创新应用，关键要确保数据安全。为在确保安全可控前提下加大数据开放力度，浙江省基于一体化智能化公共数据平台，设计开发数据开放域系统，支撑政府公共数据安全合规地向社会开放，赋能数字经济和数字社会的应用创新。作为政府数据开放和市场数据使用的桥梁，在安全合规的前提下，开放域系统实现了公共数据使用范围和开放方式的突破。系统设置“受限开放数据”合规开放通道，扩展了可开放数据的范围，开启数据开放的新模式，并具备身份认证授权中心、数据沙箱（数据所有权和数据使用权分离，确保数据流通过程安全可控）两大核心功能。其中，身份认证授权中心支持个人、企业对需求方申请的数据范围、使用频次、有效期进行授权，防范数据泄露风险，最大限度地满足个人、企业使用自身数据的需求；数据沙箱管理系统提供租户入驻、申请数据、数据处理、数据输出全链路的数据融合服务，将测试环境和生产环境隔离，测试环境保证数据的脱敏可用，生产环境在黑盒中运行，杜绝各类开发商通过生产环境查看数据的情况，最大限度地保证数据开发安全。企业、科研单位利用系统按需开展公共数据建模分析，截至目前，天道金科股份有限公司、天枢数链（浙江）科技有限公司等 70 家企业已利用开放域系统融合了 230 类 180 万条公共数据和 400 类 500 万条社会数据，构建了 100 个数据模型，开展建模分析，为公共数据、社会数据安全有序融合应用提供技术支撑。

（三）举办数据开放大赛，激发市场创新活力

浙江省大数据局、省网信办、省经信厅联合三大电信运营商、省电力公司、省金控公司、阿里云等有关机构，持续举办浙江数据开放创新应用大赛。

2020 年，浙江省市两级联合举办了首届“浙江数据开放创新应用大

赛”，大赛定位为专业化、全国性赛事，旨在从需求侧推动数据开放，激发市场和社会活力，挖掘一批群众获得感强、社会效益明显、促进治理效能提升的优秀应用。为做好大赛筹备工作，省大数据局组织人员调研学习上海、贵阳等地数据开放大赛经验，广泛征求各地、相关企业意见，制定大赛方案。最终全国 1000 多支参赛团队踊跃参赛，35 项优秀作品入围决赛，并评选出一、二、三等奖共 12 项优秀作品，先后推出高德停车位导航、医护“天使码”、“好融好融”企业融资服务等一批优秀应用，形成了公共数据开放利用的良好氛围，进一步增强了市场和社会主体参与数字化改革的动力。

2021 年大赛以省市县三级联动、点面结合的方式，充分发动社会力量，瞄准数字经济、数字社会、乡村振兴、共同富裕、生态文明、全民健康、公共安全等时代感强、社会关注度高的七大领域，重点聚焦住房保障、看病就医、交通安全、电信诈骗等和群众生活密切相关的问题，促进公共数据资源开发利用。强化数据保障，提前对接政府部门、知名企业以及重点高校等，精准挖掘数据开放需求，决赛期间按需提供公安、民政、市场监管、交通、卫生、农业等领域 142 个有针对性、高质量的脱敏抽样数据集；依托公共数据开放域系统，为入围决赛的队伍提供应用技术环境，将参赛团队自有的 490 个企业数据集和公共数据进行安全融合，支撑数据挖掘、建模分析；首次尝试“融媒体直播”，连续两天对赛事主办方、参赛团队、行业专家开展直播访谈，直播间累计观看量、曝光量超 100 万次。大赛共收到参赛作品 1357 个，涌现出“爱心帮扶宝”“应急救援产业互联——道路安全的守护者”“模来模往”等一批优秀作品，激发市场活力，释放数据价值，加快数字经济、数字社会融合发展，助力数字化改革。

（四）打造数据融合示范应用，发挥数据要素价值

各地各部门主动探索，积极开展数据开放应用创新，形成一批示范应用，并加快推进优秀项目落地，给予政策、技术、数据资源全面保障，以“示范效应”带动应用孵化。比如，“好融好融——草根金融破风者”项目，聚焦服务地方金融组织，破解小微企业贷款难问题，在台州市试点运行客户

量已突破7000户，融资量超过30亿元；基于影像云的肺癌早筛项目，在温州市12家医疗单位试点，服务人次超过40万人次，通过对肺癌患者信息（经脱敏）、个人授权的影像和诊断信息建立训练早筛AI模型，促使影像筛查诊断效率提升80%，预计早筛检出率较传统方式提升近20个百分点。

此外，数字浙江公司联合浙江省大数据发展中心、浙江省科技信息研究院，以中国工程院院士陈纯为学术委员会主任，共同发起设立浙江省数据开放融合关键技术研究重点实验室。首批开放普惠金融、医疗保险、交通出行3个行业实验室，为公共数据开发者提供一个可充分利用开放数据进行安全规范应用创新的平台。作为数据开放创新应用的孵化、开发、交流、培训的一体化众创平台，实验室不断健全数据开发创新全链服务体系，为入驻企业提供实践所需的云资源、系统、数据产品、场地等，定期举办“数字创新沙龙”、组织培训认证，助力入驻企业快速进行应用创新，旨在打造一条从“数据仓库—数据工厂—数据超市—社会应用”的数据供应链，构建共建、共享、共创、共赢的数据开放创新生态体系。

三　融合创新：支撑赋能浙江省数字化改革

推进公共数据开放和应用创新，以数据安全为前提，最大限度地开放公共数据，促进数据关联应用，激发数据生产要素对经济社会的放大、叠加、倍增作用，从而通过数字化提升现代化治理能力。浙江省依托一体化智能化公共数据平台，开辟公共数据开放创新应用的新跑道，积极鼓励各类市场主体参与数据应用创新，推动公共数据与社会数据融合利用，激发市场活力，释放数据价值，为全社会打造示范创新应用提供有力支持。

一是以数字化聚焦公平正义，加快共同富裕建设。如温州“爱心帮扶宝”项目，聚集大病众筹信息不对称和信任问题，经个人明确授权同意使用后，利用低保在册家庭信息查询、个人未履行生效判决信息、企业法人信息查询等10类数据，通过脱敏分析建立爱心捐助模型，提高众筹项目的可信度，有效减少欺瞒骗捐等行为，维护公民参与公益爱心行动的热情，助力互联网公益众筹行业的健康发展。该项目在温州上线试运行短短 1 个月，发布 4 个众筹项目，注册用户 2815 人，共筹得善款 18 万余元。

二是以数字化聚焦协同治理，推动数字社会建设。如台州“应急救援产业互联——道路安全的守护者”，聚焦社会救援资源“调度不足、利用率低、响应不及时”的问题，利用高速公路收费站信息、高速收费站过车信息、货运车辆信息、重点营运车辆联网联控信息、“两客一危”等 5 类相关开放数据，优化施救驻点和救援资源分布，实现社会救援力量调度数字化，形成 1 分钟接警、3 分钟出警、15 分钟到场、30 分钟撤场的标准规范施救流程，平均单次救援时间缩短 10 分钟，有效提高道路应急救援效率。

三是以数字化聚焦低碳绿色，助力生态文明建设。与当前最热的社会热点“双碳”相呼应，浙江省大数据局联合省生态环境厅、省发展改革委、省交通运输厅等部门，以数据开放创新应用大赛为平台，提供空气环境监测类、货运车辆信息、煤炭消费总量信息等共 20 类脱敏公共数据，为企业搭建实现“双碳”目标的数字化度量模型提供有效助力。如“健走江湖”项目基于河道、气象、排污点信息等 10 余类开放数据，方便群众发起公益巡河活动，实现公众参与水环境监测和管理；“碳效码”项目以碳效评价为信息中枢推动地方政府、供电企业、金融机构等 6 类数据融合，构建低碳转型场景，为全产业减碳增效提供新思路。

四是以数字化聚焦产业升级，助力数字经济建设。围绕数字技术和国际贸易的融合精准发力，培育丰富的数据共享开放的应用场景，助推产业数字化改造，形成一批可复制、可推广的行业数字化转型应用。如“模来模往”项目围绕模具行业普遍存在的“品质难保证、成本难控制、交期难控制”等问题，促使 10 余类政府开放数据、7 类企业有效数据实现多方融合，建立“产能画像”，推动精准产业协同治理的“多、快、好、省、准”。

五是以数字化聚焦电信诈骗，助力公共安全建设。通过数字化技术，把数据开放创新应用成果运用到公共安全领域，提高应对突发公共事件的能力。“反诈一哥”项目在充分利用失信被执行人信息、低保救助信息、戒毒人员信息、银行卡绑定信息等 10 余个部门 22 类数据的基础上，通过算法模型刻画诈骗行为特征，为研判分析及时预警预处提供支撑，有效减少电信网络诈骗案件和群众损失。自 2021 年 4 月以来，该平台已劝阻人员 18 万人次，劝阻案件 2979 起，劝阻金额 7030 万元。

加快公共数据开放应用创新，是推进数字化改革、促进经济高质量发展的必然选择。下一步，浙江省将继续拓展数据开放范围，提升数据质量，深化提升公共数据高水平开放体系，通过开展开放大赛、助推计划、补助奖励、合作开发等各类引导赋能活动，推动数据供需充分对接，以应用促开放，更好地服务社会、服务群众、服务经济发展。支持开展公共数据授权运营试点，加强公共数据与社会数据的汇聚整合与关联分析，引导企业基于大数据技术形成一批智能化、可视化的辅助决策产品，不断丰富、拓展大数据交叉融合应用场景，为培育数字产业、数字经济注入活力。同时，坚持“安全是 1，其他是 0”的数据底线思维，加强数据全生命周期管理，重点围绕“人、场景、数据”，构建完善的技术、制度、运营三大支撑体系，防范数据泄露、滥用、篡改，筑牢数据安全防线，确保数据安全，促进数据要素流通安全有序、配置高效公平。

B.11

山东省公共数据开放的实践与启示

赵一新 郑慧 郑辉 杨峰*

摘 要： 山东省以“应开放尽开放”为原则，全面深化数据开放，扩大数据开放范围，提升开放数据质量，推动全省公共数据开放水平位居全国前列。在2021年下半年中国地方政府“数林指数”评估中，山东省公共数据开放成效位列全国第二，成为开放数林标杆省域，青岛、烟台、济南、临沂、日照、潍坊等6市位列全国城市综合排名前十。山东省公共数据开放工作应聚焦健全公共数据开放制度体系，提升数据开放规范化水平；搭建省市一体化的公共数据开放平台，夯实基础支撑；推动公共数据高质量开放，提高数据服务效能；探索公共数据融合应用新模式，激发“数据要素”价值潜能。

关键词： 山东省 公共数据开放 数据应用 数据要素

《中华人民共和国国民经济和社会发展第十四个五年规划和2035年远景目标纲要》提出加强公共数据开放共享，扩大基础公共信息数据安全有序开放。在此背景下，山东省积极推动公共数据向社会开放，已将数据开放写入《山东省国民经济和社会发展第十四个五年规划和2035年远景目标纲要》和《山东省“十四五”数字强省建设规划》。《山东省“十四五”数字

* 赵一新，山东省大数据中心数据开发应用部主任；郑慧，山东省大数据局数据应用管理与安全处，管理学硕士；郑辉，山东省大数据局数据应用管理与安全处副处长；杨峰，山东省大数据局数据应用管理与安全处处长。

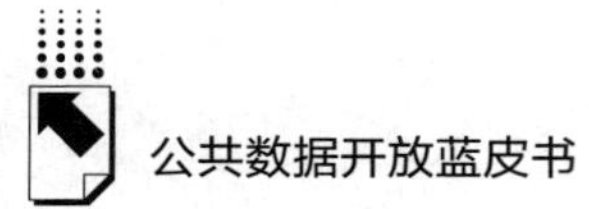

强省建设规划》提出全面深化数据开放，扩大数据开放范围，提升开放数据质量，推动全省公共数据开放水平持续位居全国前列。完善山东公共数据开放网功能，建设“数字实验室”，创新数据开放服务模式。将公共数据开放率作为山东省“十四五”数字强省建设中的主要指标，明确公共数据开放率2022年达到20%、2025年达到30%。

山东省坚持以“应开放尽开放”为原则，全面深化公共数据开放，扩大数据开放范围，提升开放数据质量，推动全省公共数据开放水平位居全国前列。2018年1月18日，山东公共数据开放网上线运行，截至2022年3月，山东公共数据开放网首页显示全省已开放数据目录15.1万个，共47.7亿条数据，山东省开放数据目录量与数据量均处于全国领先水平。在中国地方政府“数林指数”评估中，山东省公共数据开放成效位列全国第二，成为开放数林标杆省域，青岛、烟台、济南、临沂、日照、潍坊等6市位列全国城市综合排名前十。

一　健全开放制度体系，提升数据开放规范化水平

2019年12月16日，山东省政府第57次常务会议通过的《山东省电子政务和政务数据管理办法》，自2020年2月1日起施行，对山东省政务数据共享和开放的范围、分类、途径、程序等作出了具体规定。

2021年9月30日，山东省第十三届人民代表大会常务委员会第三十次会议通过《山东省大数据发展促进条例》，明确了数据开放主管部门、平台建设、开放范围扩大和调整、数据利用和融合创新等方面的要求。

2021年初，山东省启动《山东省公共数据开放办法》的起草工作。该办法以促进和规范公共数据开放、提高社会治理能力和公共服务水平、推动数字经济发展为目的，从数据开放、数据利用两大方面对公共数据开放活动进行了确定并提出了明确要求。该办法于2022年1月正式出台。

除政策法规外，山东省也从标准方面对公共数据开放相关活动进行了规范。山东省大数据局、山东省大数据中心联合相关单位制定了公共

数据开放和信息资源目录等一系列地方标准，进一步规范公共数据开放工作。目前已发布 8 项山东地方标准，分别涉及政务数据资源体系、政务信息资源目录、政务信息资源和公共数据开放四个方面，其中，政务信息资源目录系列标准规范了编码规则、核心元数据和编制指南，公共数据开放系列标准规范了数据开放基本要求、数据脱敏指南和数据开放评价指标体系。

二　搭建省市一体化数据开放平台，夯实基础支撑

依托山东省一体化大数据平台，山东公共数据开放网采用全省一体化建设模式。省级层面负责数据统一汇聚、平台后台统一管理，并在数据方面与全省政务信息资源共享交换体系对接，实现“应开放尽开放”。省级公共数据开放网和 16 市公共数据开放网分站管理、分布式部署，在确保网站架构统一、集约建设的同时，兼顾各市的个性化需求，这一架构有效避免了平台重复建设和投资，确保了财政资金高效规范使用。依托于一体化的公共数据开放平台，山东省公共数据开放体系快速成形，开放数据供给能力迭代提高。

山东省不断优化和完善山东公共数据开放网平台功能，在用户体验提升方面不断发力。一是优化数据检索功能，在单一条件检索的基础上，开发高级检索功能，增加按城市、部门、领域、开放方式、接入方式、发布日期等条件检索，为用户快速准确地获取数据提供了技术保障。二是强化平台互动交流功能，山东公共数据开放网上的“互动交流”板块设置了数据需求、内容建议、问题反馈、纠错列表、咨询提问、问卷调查、举报入口、权益保护等互动功能，对了解用户数据需求并按需开放、发现平台问题并持续优化等具有积极推动作用，能够提升公众对数据开放的参与度。未来公共数据开放网将更加敏捷地关注用户体验和数据利用，持续提高网站的服务水平。

三　推动数据高质量开放，提高数据服务效能

山东省开放的公共数据目录量和数据量庞大。为保障开放数据高质量地提供给社会公众使用，山东省大数据局统一进行了目录梳理，首先，将标题缺失或不清的目录进行规范化处理，并根据社会公众关注的重点将数据开放目录划分为教育科技、文化休闲、地理空间、社保就业、卫生健康、机构团体、城建住房、经贸工商、公共安全、市场监督、交通出行、气象服务、综合政务、社会民生、财税金融、安全监管、农业农村、资源环境和信用服务19个领域。其次，山东省大数据局持续推动各部门单位对未开放数据进行梳理并提报开放计划，各单位按照开放计划分批次开放数据，不断丰富完善数据种类。

2020年4月，山东省出台了《加快数据融合应用深化流程再造实施方案》，要求扩大公共数据开放范围，重点推动公共信用、交通运输、生态环境、市场监管等领域数据向社会开放，并将水、电、气、暖等主要公共服务数据纳入开放范围。在相关政策的支持下，山东省正加快扩大数据开放范围。《山东省公共数据开放办法》明确除法律、法规规定不予开放的外，公共数据以开放为原则，不开放为例外，并提出公共数据提供单位应当根据本地区经济社会发展情况，重点和优先开放与数字经济、公共服务、公共安全、社会治理、民生保障等领域密切相关的市场监管、卫生健康、自然资源、生态环境、就业、教育、交通、气象等数据，以及行政许可、行政处罚、企业公共信用信息等数据，并进行动态调整。山东省正积极推动公共数据安全有序开放。

在数据资源方面，山东省大数据局联合各部门不断拓展数据资源种类和数据数量，并严格制定数据审核机制，保证公开的数据完整可用；在服务接口方面，公共数据开放网完善了数据集查询和下载接口，公众在数据查询使用过程中，可以对数据进行批量的机器读取，进一步简化了使用环节，既方便了群众，也提高了数据使用效率，更降低了数据使用成本。同时，为提高

山东省数据开放整体水平，山东省适时开展数据开放评估工作，持续提升开放数据的整体规模和质量。

四　探索数据融合应用新模式，激发“数据要素”价值潜能

为激发数据应用创新创业新活力，实行政企融合应用新模式，推动全省数字经济新发展，山东省以数据应用创新创业大赛为抓手，不断推进政务数据和社会数据融合应用、激发“数据要素”价值潜能。连续三年举办创新创业大赛，围绕乡村振兴、数字社会、智慧养老、健康医疗、城市管理等领域50余项主题，吸引社会各界约1.4万人参赛，激发了数据应用创新创业新活力，充分释放了数据资源的经济价值和社会价值。2021年11月2日，山东省第三届数据应用创新创业大赛启动，采用“1+10+N”模式举办，省市联动，奖金超过300万元，共设置赛题35道。高校和研究机构是激活数据价值的重要力量，通过搭建政校合作平台，深入推动数据应用。山东省开展公共数据开放“高校行”系列活动，增加大学生对公共数据开放的认知度，以大学生创造性思维，开发利用公共数据，充分挖掘并释放公共数据价值。

除数据应用创新创业大赛外，山东省也高度重视以业务驱动的公共数据开放及数据利用。在创新应用方面，为进一步深化数据开放，助力缓解银企信息不对称和企业融资难、融资贵问题，平台在山东公共数据开放网上线融资服务专栏，推动企业注册、公共信用等数据向金融机构定向开放。

为加快数据要素流通、推动数字经济发展，2019年10月由山东产权交易中心等5家单位共同发起成立山东数据交易有限公司。该公司是省级综合性数据服务平台，将发挥数据交易、产品开发和生态搭建三大功能，并确立数据交易、标准制定、产业孵化和社会服务“四位一体”的发展思路，旨在促进数据资源要素高效流转，培育壮大大数据产业。

在健康医疗数据开放方面，2017年12月，山东省成为健康医疗大数据

中心第二批国家试点省份之一。2018 年 4 月，国家卫生健康委员会与山东省政府、济南市政府签订《关于共建国家健康医疗大数据北方中心合作框架协议》，国家健康医疗大数据北方中心正式落户济南。中心将覆盖中国北方地区约 6 亿人口，汇集从出生到老年的全生命周期的健康医疗数据，吸引一批医疗机构和科研机构入驻，为全民全生命周期的医疗服务提供技术支撑。

B.12
青岛市深化公共数据开放利用的经验与启示

青岛市大数据局

摘 要： 青岛市公共数据开放水平全国领先，《中国地方政府数据开放报告》显示，青岛市在全国173个城市中综合排名第二，仅次于上海。作为最早上线政府数据开放网站的城市之一，青岛市持续推动公共数据的开放和开发利用，其“数林匹克”（四年累计分值）累计分值位列全国第二。青岛市高水平的公共数据开放主要得益于“六个一”：组建一支数据管理队伍、制定一套制度规范体系、构建一套数据开放目录、打造一套支撑平台、实施一系列创新行动、筑牢一个安全底线。青岛市的发展经验可为其他地区提供很好的启示和借鉴。

关键词： 青岛市　公共数据开放　“六个一”

青岛市高度重视政府数据开放共享工作，2012年建立了全市统一的政务信息共享交换平台，推进政府数据在政府各级各部门之间共享；2015年率先在全省建立了政府数据开放网站，供社会各界下载和使用公共数据，有力推动了政府管理体制改革、提升了政府公共服务能力和治理能力、促进了经济社会发展。2019年，数据开放范围由政府部门拓展至具有公共服务和管理职能的企事业单位。2021年，积极开展公共数据开发利用试点，从机制、管理、制度、平台、技术、安全、生态等多个层面发力，构建起数据要素市场化配置的基本框架，探索推动数据开放、释放公共数据价值的路径，打造“青岛样板”。截至目前，青岛公共数据开放网已开放数据目录1万余个，覆盖教育科技、社会民生等19个领域，数据开放总量达1亿条。

青岛市在推动数据开放的创新探索与实践方面持续走在全国前列。自中国开放数林指数评估开始以来，青岛市均名列前茅。在《中国地方政府数据开放报告》2021年度的评估中，青岛市获得最高奖项，即“数开繁盛”大奖。

一　组建一支数据管理队伍

2010年，“青岛市电子政务办公室”增加了全市政务数据统筹规划、共享应用、组织协调、监督指导和技术保障职能。各级各部门都明确了本区（市）、本单位数据管理责任处室，指定专人作为数据管理员，负责数据管理、安全审查、需求审核、创新应用等工作。2019年，在“青岛市电子政务办公室”基础上，组建成立青岛市大数据发展管理局，数据应用管理处承担政务数据共享开放和开发利用工作，对各级各部门进行数据管理、开放、安全等方面的专业培训，助力提升业务人员“大数据”素养。

二　制定一套制度规范体系

2015年，青岛市政府办公厅印发《关于加快推进公共信息资源向社会开放的通知》，要求按照“以开放为常态，不开放为例外”的原则，由承担公共管理服务职能的部门和单位推进数据开放工作。2020年，青岛市政府办公厅印发《青岛市公共数据开放管理办法》，明确了公共数据开放的管理体制，首次提出分级分类开放，扩大开放范围，并对开放数据进行标准化、精细化管理，提升数据质量，鼓励数据开放利用与行为监管并重。围绕数据全生命周期的管理要求，先后制定了《公共数据分类分级指南》《公共数据安全管理规范》《公共数据安全评估指标》等一系列规范和标准，为数据精细化管理和开放应用奠定基础。

三　构建一套数据开放目录

政务信息资源目录是实现公共数据共享开放和业务协同的基础。2018 年以来，依托青岛市政务数据共享平台，青岛市大数据局组织各级各部门根据“三定方案”梳理政务信息资源目录，明确每项政务信息资源目录的责任单位、数据提供方式、共享开放类型、更新周期等，同时对开放类数据明确其场景、领域等属性，方便后期分类，共形成政务信息资源目录 1 万余项。同时组织各部门、各区市依照政务信息资源目录挂接数据、更新数据，并依据开放类型形成公共数据开放目录，经脱敏、审查等流程后面向社会开放。政务信息资源目录体系的建立依据的是“三定方案”，确保了公共数据供给的稳定性、权威性和唯一性。

四　打造一套支撑平台

2015 年，率先建立了青岛市政府数据开放网。2018 年，根据山东省统筹安排，优化完善数据共享开放机制，开始依托省、市、区多级级联的政务数据共享交换平台开展数据汇集，通过改版升级后的青岛公共数据开放网实施公共数据开放。通过此次升级，实现了数据一次汇集，按需共享开放、多元应用；同时，公共数据开放范围由市级部门拓展至市区两级。2020 年，建成全国首个公共数据服务平台，集数据治理、数据开放、开发利用、数据产品和数据服务展示及供需对接、数据安全监测预警等功能于一体，推动社会数据和公共数据高效流通。

依托公共数据服务平台，以公共数据开放为突破口，打造线上“数字实验室”和“数据会客厅”，吸引数据提供商、数据需求商、数据服务商等主体入驻，带动公共数据和社会数据融合应用，激发社会创业创新活力。与其他省市平台不同，青岛市公共数据服务平台不仅支撑公共数据开放工作，还为企业、科研院所、中介机构等社会数据的提供方提供数据挂接和展示平台。平台能有效满足数据需求方的需求发布，为供需双方精准对接提供支撑，促进多元数据有效流通。此外，该平台还支持计算资源服务商、数据分析商、模型服务商等第三方数据服务商入驻，为数据开发利用提供服务。

五　实施一系列创新行动

坚持供给侧和需求侧双向发力，引导各级各部门、社会各方力量积极参与数据创新应用。

（一）开展“数治”行动，做到“有数好用”

数据量越大、越丰富，价值越容易释放。2021 年，聚焦提升开放数据质量，围绕关注范围广、需求量大、价值密度高的疫情防控、交通出行、资源环境等领域，青岛市组织部门、区市开展数据质量清查整改，对低容量、碎片化等问题数据进行下线或整改。同时，收集并筛选其他省市已经开放且下载利用率高的优质数据集，形成先进地区优质数据目录，组织各部门、区市参考该目录，开展优质数据集的开放工作。通过一年的攻坚工作，全市已开放数据集的平均容量翻了一番，公共数据支撑服务能力大大提升。

（二）开展“数用”行动，推动“数尽其用”

一是创新数据开放模式。建设完善线上“数字实验室”，在保障数据安全的前提下，以“原始数据不出域、可用不可得”方式向企业、高校和科研机构提供开放数据。目前，青岛市已与多家企业对接，其中十余家企业入驻，并正在推进“数字化金融风控、商圈选址”等方面的应用开发，支持企业基于公共数据赋能其自有平台，提供用户画像和交易对手风险判断服务。青岛市“数字实验室”应用案例也入选了 2021 年《中国数字经济发展白皮书》，并获评数字政府“二十佳”优秀创新案例。

二是组织开展数据创新创业大赛，激发数据开发利用活力。2019 年承办了山东省数据应用创新创业大赛，提供了道路交通、民生就业等 15 个领域数亿条数据和高达百万元的孵化券赞助。大赛提供的数据维度多、粒度细，以“识别失信企业”赛道为例，为支撑参赛团队从多个角度开展应用开发，大赛提供了600多个维度的数据。大赛受到社会各界广泛关注，激发了社会开发利用的积极性，掀起了一波政府与社会数据融合应用的浪潮。

三是树立示范标杆。为了全面推进大数据创新应用，进一步展示公共数据开发利用成效，发挥标杆引领作用，组织开展了2021年大数据创新应用成果评选活动，评选出市级大数据创新应用典型场景、优秀解决方案各50个。同时，经申报推选等程序，青岛共有16个应用场景、24个解决方案成功入选省级大数据创新应用典型场景，省级大数据创新应用优秀解决方案。

（三）开展“数活”行动，推动数据有序流动

一是加强数据供需对接，促进多元数据融合应用。组织召开全省首场“数据赋能应用场景对接会”，发布数据及应用场景供需“四张清单”，为公共数据、社会数据等数据供需双方，提供面对面精准高效对接，推动“一对一”“一对多”精准对接，加速数据创新应用及项目落地。

二是加快推动社会数据流通。搭建数据流通交易平台，探索培育数据要素市场。2017年，成立了山东省首家数据交易中心——青岛大数据交易中心，探索数据交易。支持青岛大数据中心结合大数据发展新形势，以金融服务为切入点，升级搭建数据交易与服务平台，完善数据交易规则体系，加快推进社会数据交易与流通。

三是举办首届胶东经济圈大数据高峰论坛，推动胶东经济圈公共数据开放专区的共建工作，进一步扩大数据开放范围，提升开放数据的数量和质量，探索推动胶东经济圈内数据要素高效配置和有序流动，助力数字经济高质量发展。

六　筑牢一个安全底线

（一）推动数据分类分级

2020年，制定《公共数据分类分级指南》，并列入数字山东工程标准，

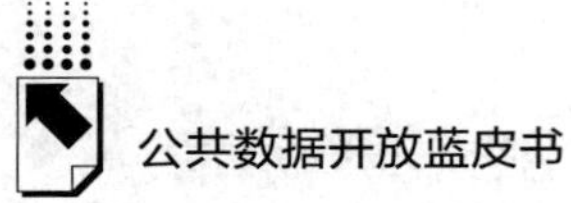

为全市各级各部门提供数据分类分级指导。2021 年，以金融领域为切入点，开展数据分类分级试点。2022 年，积极指导各级各部门结合业务实际，全面开展数据分类分级，针对不同类别和级别数据制定不同的数据安全保护策略，为数据流通交易打下基础。

（二）应用新技术保障数据安全

依托线上“数字实验室”，引入隐私计算、数据沙箱等安全技术，以“原始数据不出域、数据可用不可见”的方式，在确保数据安全的前提下，推动公共数据开放利用。

（三）制定数据安全相关制度规范

研究制定了《公共数据安全管理规范》《公共数据安全评估指标》《公共数据开发利用流程制度》等相关制度规范，建立数据安全使用承诺制度，不断加强个人信息和数据安全保护。

目前，青岛市正在探索开展政府数据授权运营。按照国家“十四五”规划要求，2021 年启动了政务数据运营研究，在 2021 年 12 月印发的《青岛市加快推进政务数据汇聚共享开放实施方案》中，明确提出了探索开展政务数据运营工作。目前正在研究依托国有平台公司优势资源、建立以场景应用为牵引的政务数据运营模式，发挥市场专业力量，挖掘应用场景，推进政务数据增值利用。

B.13

温州市公共数据开放创新应用案例

叶茜茜　陈喜嘉　叶其蕾*

摘　要： 温州市是浙江省数据开放工作试点市，近年来数据开放工作成效显著，在“2020中国开放数林指数”和《2020中国地方政府数据开放报告》中位列113个地市级（含副省级）综合排名第二、居浙江省第一位，2020年、2021年连续两年在浙江省数据开放创新应用大赛中获得全省地市综合成绩第一，并于2021年发布全国首张“个人数据资产云凭证”。温州市聚焦服务实体经济、服务百姓民生，持续加大公共数据开放力度，鼓励企业与个人基于公共数据开展应用创新探索。通过高质量举办市级分赛、开展创意指导、响应数据开放需求、帮助项目孵化落地等举措，不断发掘并落地了一批群众获得感强且社会效益、经济效益显著的优秀作品。

关键词： 温州市　数据开放　应用创新

一　基本概况

2019年温州被列为浙江省数据开放工作试点市之一，当年6月率全省之先上线开通数据开放平台网站——温州公共数据开放平台。目前，全市已

---

* 叶茜茜，温州市大数据发展管理局工程师，长期从事政府数据开放领域相关工作；陈喜嘉，温州设计集团有限公司，2020年首届浙江数据开放创新应用大赛一等奖团队成员；叶其蕾，温州市大数据发展管理局高级工程师，主要负责政府数据开放、公共数据运营与管理。

开放 2262 个数据集（其中无条件开放 1575 个，受限开放 687 个）和 69311.83 万条数据，涉及 47 个市级单位、12 个区县和 2 个功能区，公共数据丰富度、鲜活度和服务能力不断提升。2020 年，复旦大学联合国家信息中心数字中国研究院发布的“2020 中国开放数林指数”和《2020 中国地方政府数据开放报告》中，温州在 113 个地市级（含副省级）中综合排名列第二、居全省第一位，并获得“最佳新上线平台”单项奖。

近年来，温州聚焦服务实体经济、服务百姓民生，持续推进数据开放和应用创新，创新谋划了一批社会效益好、群众获得感强的优质应用，助力市域治理现代化。2019 年 10 月，上线温州“个人数据宝”应用（见图 1），汇集个人在政务、金融、医疗等 57 个领域的公共数据向用户本人开放，推出了一批便民服务应用场景。其中，在普惠金融领域，“个人数据宝”已与 20 家银行实现数据的便捷查询和授权使用，惠及 100 多万用户，累计授信 672 亿元、用信 175 亿元。

图 1　温州“个人数据宝”应用

资料来源：笔者自制。

在推动公众参与数据开放开发利用方面，2019 年起，通过举办本地数据创新应用大赛，优化扶持奖励政策，吸引企业、社会组织和个人参与数据开放创新应用。积极参与浙江省数据开放创新应用大赛，全程做好赛事指导服务工作，梳理创新项目数据开放需求，协调部门配合开展数据编目、归集和开放工作。2020 年，第一届浙江省数据开放创新应用大赛，温州入围决赛的 5 支代表队伍分获一等奖 1 个、二等奖 1 个、优胜奖 3 个。其中，“城市数林公众服务平台”和“基于影像云的肺癌早筛”两个应用分别荣获一等奖和二等奖。2021 年来自温州的“爱心帮扶宝”“健走江湖”全民巡河两个应用再次分别摘得该项赛事的一、二等奖，自该赛事 2020 年举办以来，连续两年综合成绩居全省第一。

二　数据开放创新应用案例

（一）城市数林公众服务平台

1. 案例背景

随着国土绿化深入推进，公众义务植树需求日益强烈，义务植树尽责率不断提高。全民义务植树活动内容、形式和实现方式等不断创新，认种认养、捐资植树、志愿服务、网络参与渐趋流行。当前，公众参与城市绿地建设的主要方式，还是以当地园林管理部门不定期组织开展的指定地区、指定树种的认种认养为主，而大多数公众则期望在日常情况下也能进行认种认养活动，以满足更多个性化的需求。譬如，开展一些富有主题性的认种认养活动，认种认养结婚、生日、毕业等形式的纪念树，同时，认种的树木能靠近自己的居住地，以便对认种树木进行全生命周期的监管与养护。

温州设计集团有限公司以 2020 年浙江省数据开放创新应用大赛为契机，结合背景与市场调研，利用开放的空间数据、园林专题数据、植物详细信息数据，规划建设城市数林公众服务平台（以下简称“城市数林平台”，如图 2 所示），为公众提供“线上认种认养、线下参与实施”的一体化植树模式，公众通过在手机上浏览点击即可基于定位获得认种认养活动推荐信息，并在线完成认种认养下单，后续视个人时间等情况自愿选择是否线下参与种植和养护。认种认养实施后公众还可在平台上查看树木最新的养护状态，监督认种认养公益资金的使用与流转情况。

图 2　城市数林公众服务平台

资料来源：笔者自制。

2. 案例分析

对标用户的核心需求，通过温州开放的公共数据与社会数据的创新融合，以微信公众号作为载体，利用空间可视化、全景 VR 集成、二维码支付、基于 LBS 的移动 GIS 等技术，构建城市数林平台，完善在线认种认养、园林信息一张图、场景化公园服务、植物科普辅助、资金监管等功能，通过将园林绿地养护信息公开共享的方式，提供公众参与城市园林建设的渠道，引入社会资金缓解政府园林养护的财政压力，并为养护企业创造增加收益的机会，实现多方共赢。

城市数林平台使用了三方面的开放数据。一是空间数据，包括电子地图、影像地图、城市园林规划、地名地址等政府开放的国土空间数据，该类数据为平台提供了基本的可视化地图，基于地图进行定位、搜索与导航，并为认种认养地块规划等提供数据支撑。二是园林专题数据，包括古树名木、城市绿地、行道树、公园、绿道、认种认养树木等政府开放的城市园林专题空间信息，用于让公众了解城市园林建设成果的分布情况，知悉哪里有认种认养的公益林、哪里绿地多、哪个公园近。三是植物详细信息数据，该部分数据用于植物科普功能、植物生长环境匹配、认种树木的寓意等。例如，梧桐有象征高洁美好、爱情忠贞之义，因此人们可以通过认种梧桐以寄托爱情长久。

在平台功能方面，在线认种认养是城市树林平台的核心功能，改变传统捐资助绿、以资代劳用户参与模式，面向公众提供参与感更强、选择性更广的个性化认种认养服务。同时，为公众提供绿地与园林信息查询，公众可通过地图与影像直观浏览园林建成情况，覆盖公众游园全过程，并配备全景VR、植物科普等知识信息浏览。

3. 案例成效

城市数林平台创新性地提供认种认养渠道，解决公众无法随时参加家乡园林建设的问题。筹集的公益园林绿化养护经费，可有效缓解园林城市建设养护资金紧缺问题，让政府能更好地保障公共服务提供。同时以植树造林为契机，提升种养植物存活率，从而营造山清水秀、环境优美、生态宜居的人居环境。开放数据的创新性应用为政府、园林养护机构、公众提供了一个认种认养的三方沟通渠道，最终实现三方共赢。

（二）肺癌早筛 AI 服务

1. 案例背景

肺癌一直是全球发病率最高的癌症，2020 年全球肺癌新发病例约 220 万例，死亡病例 180 万例，远超其他癌症类型，位居癌症死亡人数第一。中国的肺癌发病数和死亡数分别占全球的 37%和 39.8%，远高于中国人口占

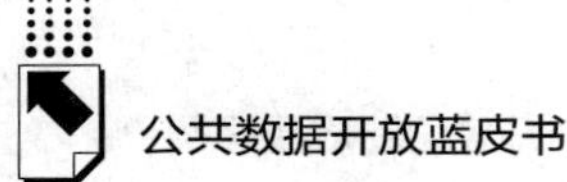

全球人口的18%这一比例。肺癌高死亡率的一个非常重要原因是诊断偏晚。据统计，肺小结节阶段即T1期肺癌，5年生存率达92%以上，T4期肺癌，5年生存率只有4.2%，如果在T1期明确肺癌诊断，及早治疗，将大大降低肺癌的死亡率。不同时期的治疗费用同样差异巨大，T1期的治疗费用2万元左右，T4期的治疗费用则高达20万元以上。因此，早期诊断是提高治愈率、减轻患者经济负担的重要诊断方式。

传统的肺癌早期诊断，放射科医生依靠“人工拍片，人工阅片”诊断方式，并基于患者200~300张的CT影像做出最终判断，这要求医生具备精确的阅片能力和丰富的临床经验。有统计数字显示，医学影像数据年增长率为63%，而放射科医生数量年增长率仅为2%，而这一问题，在乡镇医院、卫生所等医疗机构更为严重。面对日读上万张影像的工作强度，因放射科医生精力和准确度的下降而极易出现误诊的情况。而基层医院医疗资源不足和人手短缺的问题更为严峻，很多早期癌变、不典型癌变的患者，不仅错过最佳的治疗时期，而且在后期治疗中面临极大的精神痛苦和经济负担。

2. 案例分析

2020年浙江数据开放创新应用大赛获奖作品——“基于数据开放的肺癌早筛AI服务”，利用脱敏后的肺癌影像资源与诊断结果构建和训练肺癌早筛AI模型，并将模型部署上线到温州医学影像云平台及温州市域医院各医院的RIS系统。用户授权“温州个人数据宝”后，平台调用模型对影像进行AI识别，并将早筛结果反馈至医院与用户本人。

近年来，卷积网络在计算机视觉和医学图像分析领域有了很广泛的应用，但大多都是用来处理2D图像，而医学图像却大多是3D的。本项目采用基于全卷积神经网络设计的3D图像分割网络框架（V-Net），利用大量切割后的三维图像进行深度训练并构建AI模型，并将模型用于识别每一个被切割的3D栅格，对每一个栅格做出肺结节预判，形成一个0（不是肺结节）和1（是肺结节）的3D结果矩阵，最终将导出的结果矩阵还原到重建后的3D影像中，精准识别出结节体积和位置。同时，通过对3D结果矩阵进行表征（毛刺、胸膜凹陷、空泡、分叶、钙化、牵拉）和类型（实性结节、非实性结节、毛玻璃结节）识别，可识别出肺结节的表征和性质。根据不同性质的结节，结合不同的算法可以对结节大小进行识别和测量从而得到AI分析模型。

3. 案例成效

运用肺癌早筛AI服务，对影像数据进行自动检测、定位病灶、初步诊断，为提升医生的诊断效率和精度打下基础。人机协作的新方式下，医生只需对系统的初诊建议进行复审，工作强度和误诊率大大降低。并且，肺癌早筛AI服务的成本低、诊断快的特性，可以解决人工早筛难推广的问题，有助于肺癌早筛行动的大范围展开，让患者更快更早地接受治疗，提高治愈率。目前，肺癌早筛AI服务能在获取患者影像数据后5分钟内返还诊断建议及报告，肺结节定性诊断精确度达到96%以上，对于一些难以判别的病情也能给出精准的判定。温州市内296家医疗机构通过上线该应用，累计为患者提供AI早筛服务40万余人次，平均减少患者个人检查费用200元/次，节省用户肺癌早筛成本数千万元。

基于数据开放的肺癌早筛AI服务只是医学影像人工智能的一个缩影。同样，这种模式也可拓展至其他医学学科，通过模型训练，可提供骨龄检测、胰腺肿瘤筛查等，提供病情诊断、病情早筛等服务，以公共卫生数据的深入应用支持医学影像人工智能的开发，促进公共卫生事业发展。

（三）爱心帮扶宝

1. 案例背景

当前，我国已经建成了以城镇职工基本医疗保险、城镇居民基本医疗保险、新型农村合作医疗和城乡医疗救助为主体，其他保障形式为补充的“多层次、广覆盖”的医疗保障体系，但是在实践中依旧存在诸多问题和困难。例如，医疗救助的报销范围、报销额度的限制经常成为阻碍贫困家庭获得医疗服务的无形障碍。大病救助机制尚未真正完善，需要更精确地瞄准边缘易致贫户人口需求。公益众筹作为一种新兴的社会救助方式，能够鼓励更多的人参与医疗救助等互助行动，在解决贫困群体生活困难、完善社会保障体系、缓解政府压力等方面具有重要作用。然而，在个人大病救助众筹迅速发展的同时，虚假信息、“随意”审核和善款挪用等事件频发且有愈演愈烈的趋势，致使大众质疑声从未停止。因此，规范救助行为，建立制度信任，完善公益众筹模式，成为一项迫切而又具有现实意义的重要工作。

2021 年浙江数据开放创新应用大赛一等奖作品——“爱心帮扶宝”系统（见图 3），基于用户本人授权开放的个人数据，通过将大数据技术和人工智能技术应用到温州地区的公益众筹管理实践中，精准帮扶因病致贫、因病返贫对象，有效解决求助者、帮扶者、平台监管三方稳定且可持续的信任问题，探索规范化网络众筹平台建设、管理模式，将打造一个基金管理、帮扶有力、群众放心的爱心帮扶宝产品，为全省乃至全国的公益众筹活动提供一个可复制、可推广的温州模式。

2. 案例分析

爱心帮扶宝系统通过温州“个人数据宝”应用中获取求助者的本人授权个人公共数据，如不动产抵押信息、个人车辆信息、个人社保参保信息、残疾人信息、低保信息、信用信息等数据，结合工商部门的企业股东信息和法院的个人未履行生效判决信息，将数据划分为基本生活类指标、安全稳定类指标、发展类指标和社会价值类指标，通过构建扶病募捐风险评估、扶病募捐需求预测两个主要分析模型，建立求助者用户画像。

面向公众求助者、爱心捐助者、平台监管部门，系统建设了求助、帮扶以及评估等三个服务场景。在求助场景中，求助者通过授权“爱心帮扶宝”系统调取温州“个人数据宝”应用中的个人信息和医院诊疗等数据，分析建立帮扶募捐风险评估模型，结合大病扶助政策，判断用户是否符合帮扶条件。在帮扶场景中，捐助者利用大数据建立扶病募捐风险评估模型和扶病募捐需求预测模型，不仅能获取爱心凭证，还能查询善款的去向，建立更加精准、透明、高效的帮扶机制。在评估场景中，爱心帮扶宝将精准识别申请大病捐助者的资产情况，明确众筹金额和措施，实现众筹项目安排精准、资金使用精准、措施到人精准。

图 3　爱心帮扶宝系统

资料来源：笔者自制。

3. 案例成效

本案例在运用政府授权开放的个人数据、医院诊疗数据以及受捐者申报数据的基础上，利用大数据分析技术，打造一款集可信度高、复制性强、部署迅捷、操作简便于一体的智能众筹产品——爱心帮扶宝，为每一个大病众筹项目找到了强有力的信用背书，杜绝欺瞒、骗捐事件的发生，也可以将运营过程中产生的数据，包括众筹项目信息、捐赠信息提供给其他大病众筹平台或社会救助组织，为解决重复救助问题，提供数据支撑。保障互联网公益众筹的健康发展、维护公民参与的热情。系统上线并在积累一定数量的用户后，可以将用户转化为健康险客户，通过有效利用“爱心帮扶宝”的社交关系网络，获客成本低，保险转化率也高于一般互联网保险平台，因为捐助过大病众筹的公众比普通民众更容易接受健康险。同时，保险公司可以通过“爱心帮扶宝”积累的大病众筹数据，进一步理解公众的痛点与需求，从而量身定制一些保险产品。可谓性能齐全，益处颇多。

（四）“健走江湖”全民巡河

1. 案例背景

“巡河”，顾名思义，即在河边进行巡逻，以及发现、制止、处理和报告河湖内各种破坏水环境违法行为。温州市水域面积辽阔、河道众多，全市有 14465 条河，共计 18935.6 公里，部分地区水域和陆地面积比高达 1.1∶1。当前的巡河任务主要为网格员负责，而网格员同时要兼网格内人、房、物、事、情组织等基础信息的采集、上报、普查、日常巡查和收集社情民意等工作，难以满足每天巡查 2 次、每次巡查时间不少于 1.5 个小时的巡河工作要求。为解决政府监管人员任务重问题，推出了民间河长制，但仍存在诸多问题，如河段无法全覆盖；排污口、污染企业难以溯源；巡河无法周期性开展；以举报为主，但不涉及河岸垃圾清理等。

温州现有 284 万名在册志愿者（截至 2021 年 7 月 20 日统计数据），若每次活动按 20 人计，每人 1 年参加一次，每天至少需要创建 389 次活动。目前活动数量每天不足 400 次，勉强满足每人一年一次的公益活动需求，志愿者资源丰富但志愿活动有限。同时，根据《2020 年温州市国民体质监测公报》，对温州市民进行的抽样检测显示，与 2019 年度相比，市民体重正常人数占比下降 0.6 个百分点，体重超重人数占比上升 1.4 个百分点，肥胖人数占比上升 2.8 个百分点。市民的健康减肥势在必行。

将巡河、志愿服务、减肥三方的需求结合，便诞生了“健走江湖”全民巡河（以下简称“健走江湖”）。

2. 案例分析

“健走江湖”主要用到三大类开放数据。一是地图数据。为平台提供了基本的可视化地图，基于地图进行定位、搜索与导航，并为巡河活动河道、路径规划等提供数据支撑。二是市域河道数据。通过对河道等水利资源数据进行分析，将水源区域进行平均分段，根据河段推荐算法，对重点监管区域或人气低的河段提高积分获得比例、人气高的河段降低积分获得比例，以及根据不同时段等条件自动安排不同的巡河活动场次。三是志愿者数据。根据志愿者预留联系方式推送巡河活动，并将志愿者的活动数据作为个人信用和星级志愿者评级的依据之一，促进志愿者积极参与生态环境监督，形成良性循环。大量的志愿者参与巡河活动，对于巩固五水共治成果可以起到关键的作用。

“健走江湖”实现了三大主要功能。一是河道治理。网格员和民间河长每日可检查管辖区域是否已有志愿者巡逻过，避免重复巡河，有效减轻基层人员的工作量。志愿者也可以通过巡河发现问题，协助河长治理水源问题，提升政府社会治理水平和效能。二是全民健走。报名活动的公众将接受健康行走 15 分钟（1 公里）巡河任务。平台为保障公众生命安全，设置了组队人数不低于 5 人、购买保险、综合评估天气情况决定活动是否开展等先决条件，保障公众安全健走、轻松健身。三是多样趣味玩法结合。除普通巡河任务外，“健走江湖”提供亲子巡河、积分任务、健走排行榜、健走个人多维度画像、分享与邀请等多样玩法，让巡河变得不再枯燥，全民参与健走巡河。

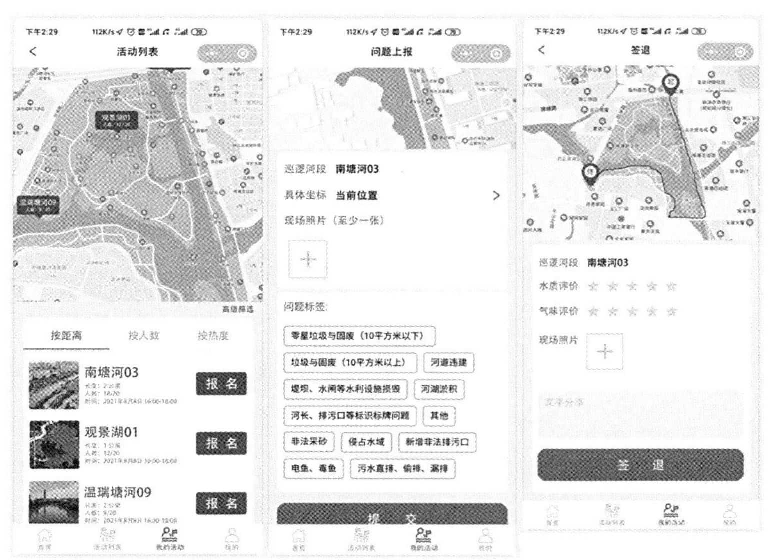

图 4 “健走江湖”全民巡河应用

资料来源：笔者自制。

3. 案例成效

“健走江湖”利用政府开放的地图、河道、志愿者等数据搭建平台，上线巡河任务。公众、志愿者领取任务后完成巡河健走，并将巡河结果反哺基层四平台和治水办等，协助河长和网格员监测生态环境情况，减轻河长、网格员的工作量，提升政府社会治理水平和效能。提供全民参与巡河治水的新渠道，增加群众的城市管理参与感，实现“全民共治、全民共享”社会管理机制创新。通过河段的合理分配，在实现保护环境的同时，实现轻松健身，以增强全民体质。

热点篇

Hotspots Reports

B.14
公共数据开放视角下的数据合规与隐私科技发展趋势

惠志斌　周雪静*

摘　要：　数据经济时代下，数据资源在更多的维度和更广的领域实现流动、融合与价值激活。其中，公共数据作为价值密度高的重要数据资源，成为数据开放浪潮中不可忽视的重要资产。本文以开放的视角，将全球数据安全风险挑战、数据合规路径及企业在隐私保护方面的努力作为主要研究范围，对当前的数据合规与隐私科技发展环境开展定量与定性研究；系统总结了数据泄露、不当使用、非法访问等主要安全风险，为公共数据开放提供威胁洞见；梳理分析了国内外法律法规体系，提出数据合规监管的重要举措和侧重范围，为数据安全建设提供合法性建议与合规思路；创新

* 惠志斌，管理学博士，上海社会科学院互联网研究中心主任，上海赛博网络安全产业创新研究院院长，首席研究员，兼任全国信息安全标准化技术委员会委员、上海人工智能产业安全专委会委员、上海公共数据专家咨询委员会委员，主要研究方向为数字经济与网络安全；周雪静，上海赛博网络安全产业创新研究院高级研究员，主要研究方向为网络安全和数据合规。

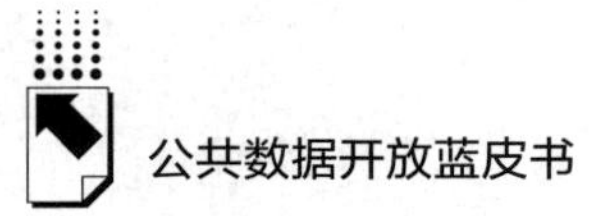

性提出了隐私科技概念，结合企业在隐私保护领域的建设实践，提出隐私科技作为嵌入 IT 架构和业务场景中的一系列技术解决方案，可以有效支撑隐私保护与合规的日常运营流程，并将快速获得行业规模化应用。通过上述研究，本文尝试解决开放下的数据安全挑战，为进一步推动公共数据开放提供决策参考。

关键词： 数据开放　数据合规　隐私科技　安全风险

托夫勒在《第三次浪潮》（*The Third Wave*）一书中指出，伴随科学技术的发展，人类文明以浪潮的方式演进，每次浪潮都有若干重要的子波。发端于 20 世纪中叶的数字文明先后经历了计算机、互联网等重大的工具性革命之后，迎来了云计算、移动互联网、物联网、大数据、人工智能等新一代信息技术群落的形成和扩散，数字文明的一个重要子波——以“数据”为关键生产要素驱动经济社会创新发展的时代已然来临。

数据经济时代意味着数据资源需要在更多的维度和更广的领域实现流动与融合，才能产生更高的价值。目前，根据数据源主体的政府或市场属性，在数据要素市场中流动的数据可以分为公共数据和社会数据。其中，“公共数据开放”作为推动公共数据资源开发利用、充分释放公共数据价值的重要举措之一，目前在美国、英国、澳大利亚及中国均已有相应实践。与此同时，开放也带来一个国际性难题，即公共数据开放与个人信息保护的冲突——公共数据开放可能损害作为数据原始主体之一的个人的信息安全及隐私权益。因此，除了从政策制度、数据质量等维度做好开放准备外，公共数据开放还需要平衡好数字经济社会发展与数据安全的关系、厘清数据开放的数据安全责任。

鉴于公共数据安全与数据安全存在一定共性，本文依托《2021 全球数据合规与隐私科技发展报告》，围绕全球数据安全风险和挑战及企业在隐私保护方面的建设现状展开，一方面，为公共数据开放可能面临的安全风险提供洞见，另一方面，在公共数据开放日益成为国际社会主流的环境下，借助企业（同样是基于公共数据开放进行数据再利用的市场主体）的视角与实践，探讨以个人信息保护为核心的数据合规问题、研究企业在隐私科技方面的应用现状，对于公共数据在开放阶段采取隐私科技措施、保障个人信息安全有着重要的现实参考价值。

一　全球数据安全风险挑战

随着数据技术的普及、数据的泛在流通以及数据价值的激增，针对数据资源的外部攻击和内部滥用现象屡见不鲜，与之对应的企业数据合规和风险治理能力存在不足，企业数据安全和用户隐私已经成为关系个人权益、社会稳定和国家安全的核心议题。当前全球数据安全面临的主要风险挑战包括数据泄露、数据不当使用、边缘数据防护脆弱、数据跨境流动等带来的安全威胁。

（一）数据泄露引发多重风险

数据泄露作为典型的数据安全问题，大多是各类网络安全事件的“衍生品”。数据泄露不仅给受害企业带来名誉和业务影响，在合规性的要求下，数据泄露还可能给企业带来警告、罚款乃至负责人刑事拘留等处罚。其在全球范围内主要呈现以下几个特点。

Web 攻击、网络钓鱼、勒索软件仍为数据泄露的主要因素。Web 应用程序攻击作为主要攻击手段，是数据泄露的主因之一。在遭受撞库攻击的组织中，95%的组织全年面临 637 次至 33 亿次的恶意登录尝试；网络钓鱼经久不衰，网络钓鱼模板的点击率覆盖范围愈加广泛，成为典型且行之有效的手段；主流的勒索软件运营团伙基本完成了从数据加密索要赎金的“粗糙勒索方式”到建立数据泄露站点并将数据泄露或出售作为其获益的重要手段的转变。

数据泄露成本持续高涨。海量的业务数据与用户个人数据由于其潜在的高价值备受攻击者青睐，由此带来的是数据泄露规模、频次与成本急剧增长。Verizon 通过建模对违规行为对组织的影响进行深入的分析，测试结果表示，86%的违规行为会为组织带来数据泄露成本，中位数高达 21659 美元。2021 年 7 月 28 日，IBM 安全部门公布的一项全球研究成果《2021 年数据泄露成本报告》，更是指出每次数据泄露事件平均为公司带来 424 万美元的损失，为 17 年来之最。其中，大型数据泄露的平均成本达到 4.01 亿美元，泄露记录达到 5000 万~6500 万条。

数据泄露引发次风险方面，在数据泄露事件中，泄露主体不仅要面临监管处罚、直接经济损失、企业名誉损失，同时还面临不可挽回的用户信任损失。部分遭受数据泄露的企业因为担忧利益受损而将安全事件隐而不报或延后公开，这也造成用户对其个人信息泄露毫不知情，进一步扩大用户遭受相应网络威胁的可能性。泄露事件受害者则必须面对个人隐私外泄的不安，以及由敏感信息泄露所带来的潜在安全风险。

目前，针对大规模个人信息的窃取和倒卖已经形成了较为成熟的黑灰产交易链，尤其是银行卡账号、社保卡号、支付类应用登录信息等涉及个人经济信息的泄露将带来继信息泄露后的次级风险，引发典型的电信诈骗和金融欺诈。

（二）数据不当使用侵占隐私空间

数据是一种可以反复使用并且在使用中创造更多价值的资源，在高频的数据再利用过程中不可避免地出现数据不当使用现象。数据不当使用也称数据滥用，是未经数据所有者允许或以数据所有者所不乐见的方式使用、处理其信息。鉴于互联网特有的开放性，用户缺乏隐私意识、部分企业或个人为谋取个人收益、企业或机构开展商业活动或研究工作等都有可能造成数据不当使用，进而侵害隐私空间，损害个人隐私。

1. 群体维度的隐私侵害

大数据背景下信息结构发生变化，个体隐私利益出现彼此关联、互相依存的关系，同时形成群体维度的隐私形态。群体隐私形态包括以某个特定标签或关键词汇聚特定群体的大量个人信息，以及基于特定群体的海量数据得出的统计或推论数据。群体隐私是群体作为一个特定群体所拥有的权利。近年来，基于数据不当使用而侵害群体隐私事件并不少见。以“选民群体”为例，2016 年美国总统大选中的剑桥分析丑闻，即 8700 万名选民在 Facebook 上的数据被泄露给政治咨询公司剑桥分析，因数据被不当使用而导致选举操控。

2. 算法决策的黑箱运作

大数据“杀熟”、算法歧视是算法普遍应用后的阶段性“副作用”。由于个人数据在精准营销、产品优化、流程再造等方面发挥关键作用，部分企业过度利用算法决策攫取个人隐私、过分关注行为特征，形成“黑箱运作”。Frank Pasquale 在《黑箱社会》一书中指出，与数据收集和使用过程中的程序不透明、权力不平等相比，算法决策过程中的不透明性更为严重。为了节省算法决策过程中的数据获取成本，用户个人信息甚至被一些企业用于交换、交易，在违法违规的情况下形成用户数字画像，为其算法决策构建信息网络。伴随算法决策对于数据不当使用和隐私权的进一步侵犯，大数据算法在提升便利的同时也为数据安全带来巨大的风险和挑战。

（三）边缘数据防护薄弱暴露用户隐私

在全球范围内的物联网和 5G 网络架构的快速发展下，智慧城市、位置服务和移动支付等新型服务模式不断涌现，智能手机、可穿戴设备、联网家居设备等传感设备数量呈现爆炸式增长趋势，海量的物联网终端通过数据收集、存储、传输至云端及计算，实时产生“海量级”数据。

由于物联网设备存在分散、边缘化特点，其边缘 IT 架构和边缘计算环境在计算和安全管控资源上受限，这使得物联网设备的风险排查和合规体系化管理存在诸多挑战，大多物联网终端设备暴露出严重的隐私风险。最为常见的是物联网终端设备风险防护措施薄弱或直接暴露于互联网，使其面临联网设备数据的非法访问、用户位置隐私泄露、通信传输脆弱性导致的信号劫持与通信窃听等安全挑战，对企业数据及用户隐私构成严重威胁。

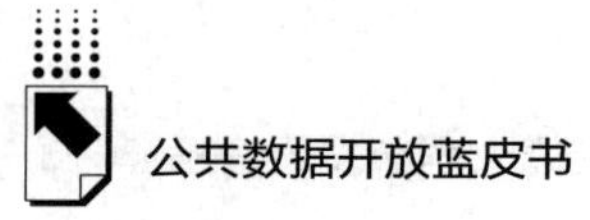

（四）数据跨境流动引发合规担忧

全球化数字经济推动下，数据跨境趋于频繁。跨境数据中不可避免地涵盖了个人信息、关键企业运营数据和国家信息数据等重要数据。伴随着数据跨境存储、流通和使用的规模越来越庞大，数据种类越来越丰富，数据跨境越来越频繁，安全风险日益加剧。

出于数据安全性考虑，一些国家通过数据本地化，强化数据跨境流动合规限制，加强地域化的数据治理。针对数据的跨境传输的合规要求是维护网络空间主权的必然举措。综观世界各国应对数据跨境的举措，大体分为两类。一类是试图通过国内立法，在数据主权方面做出超地域的扩展，如美国的《澄清境外数据的合法使用法案》（*Clarifying Lawful Overseas Use of Data Act*）为其调取域外数据提供管辖权依据；另一类是赋予国内政府和监管机构管辖权，对特定数据实施本地化存储或处理的措施来保护本国个人数据免受外国监视与调取。不过，数据跨境流动相关概念界定、规范界定在不同国家仍然存在差异，目前主要有两类：①数据跨国传输、处理与存储；②数据仍然存储于本国，但能够被境外主体进行访问（公开信息、网页访问除外）。

鉴于全球尚未形成统一的数据跨境治理框架，跨境数据往往受限于数据存储当地的防护水平，可能出现数据泄露风险。加之不同国家地区在相关数据合规政策与法律上存在差异乃至冲突，可能存在跨境数据使用权限模糊现象，导致跨境数据合规风险进一步凸显。此外，跨境数据一旦泄露，影响范围更为广泛，且其往往与暗网/地下市场数据交易挂钩，恶意分子将窃取的数据和个人信息打包售卖，企业难以进行溯源和响应处置。数据跨境流动带来的安全风险是出海企业需要面临的重大挑战，亟须加强数据保护关键技术手段建设，实行有效发现和响应敏感数据违法跨境流动的安全举措。

二　数据合规监管路径与重点

数据风险和挑战层出不穷，伴随数据场景的复杂化、数据参与主体的多样化，建立健全数据安全法规与监管体系成为全球性趋势。据不完全统计，全球已有近 100 个国家和地区制定了数据安全保护法律。个人信息作为数据保护中不可忽视的要素，其重要性越来越凸显，加之个人信息保护的复杂性，不乏国家或地区出台个人信息或隐私保护专项立法。

目前，国内外数据安全监管主要表现出以下特点。

第一，基于国内外法规体系的建立及近几年相关国家的数字战略计划可以发现，大型跨国科技公司更容易成为优先监管对象。一方面，大型跨国科技公司基于业务需要所收集、存储与处理的数据，在数据量和数据重要程度上一般会高于普通公司，具有更高的数据价值与潜在风险。例如，近年来国内外的大型跨国科技公司侵犯个人隐私、滥用数据、数据泄露等问题层出不穷，使得更加严格的监管势在必行。另一方面，数据安全不仅仅要以监管机构为主导，还需要社会、企业、群众等主体共同发挥作用，而大型跨国科技公司具有更大的社会影响力，可以借助其平台优势发挥行业作用，推动建设更好的数据安全环境。因此，将跨国互联网巨头作为数据保护监管的重点对象，不仅有利于海量数据保护，而且在执法层面也更具有示范和预警效果。

第二，安全审查成为关键领域数据安全强监管的重要举措。网络安全审查一般是针对关系国家安全和社会稳定的信息系统中所使用的信息技术产品与服务开展审查与监督。当前美国、中国等多个国家已设置审查制度，并且随着安全态势变化，审查范围也在进一步拓展。以美国为例，其网络安全审查涵盖外国投资、关键基础设施保护、供应链安全管理等。目前，全球网络安全审查更聚焦关键领域及信息科技行业。值得注意的是，国家将安全审查作为重要监管手段之一，以实现数据安全这一最终目的，但考虑到不同国家的网络安全审查制度和体系可能存在法条竞合或法条冲突，需要企业进行预先自审自查。

第三，跨境数据流动被纳入重点监管范围，数据本地化趋势在全球范围内尤其是发展中国家愈发凸显。关键信息基础设施的运营者、大型跨国企业或开展海外业务的企业需要重点关注围绕“跨境数据传输”“数据本地化存储”“数据隐私保护”的当地法律规定。目前跨境数据流动治理及监管暂未形成全球性规制体系，但包含中国在内的部分国家已经出台相应法律法规。以我国最新发布的《数据出境安全评估办法（征求意见稿）》为例，除法律、行政法规另有规定外，数据处理者向境外提供在中华人民共和国境内运营中收集和产生的重要数据和依法应当进行安全评估的个人信息，都应当按照办法的规定进行安全评估。

目前跨境数据监管重点主要体现在以下几个方面。

（1）数据跨境传输目的是否正当与合理，譬如数据传输为了满足必要的业务开展需求，或是为了满足境外监管报备需要；

（2）传输数据的范围和类型以及境外接收方处理数据的用途和处理方式；

（3）数据发送方和接收方的安全防护能力，为了展示安全性，相关数据处理者在向境外提供数据前，应事先开展数据出境风险自评估。

第四，个人信息管理的监管活动呈常态化趋势。个人信息作为一种特殊的数据，其创造的价值显著，无论是企业还是犯罪分子，在多种利益的驱动下，侵犯公民个人信息的行为都日益增加。自 2018 年起，围绕个人信息违法违规收集使用的专项监管活动陆续开展，并取得显著的阶段性成效。

第一，无论是在法律层面，还是在部门规章、国家标准与实践指南层面，违法违规收集使用个人信息的评估依据都日益清晰、明朗，并对监管部门、检测机构、分发平台、企业等均发挥着有力的作用。第二，各监管机构如网信办、工信部、各地通管局等均会定期对移动 App 进行技术检测，对无法进行及时整改的移动 App 进行通报批评、下架处理等，执法力度逐渐加大与常规化。第三，强化关键责任链监管，督促应用分发商城落实平台责任，实施移动 App 商家审核机制，做好个人信息保护“守门人”。第四，推进技术检测平台的建设与推广，形成自动化检测能力，提高覆盖率，协助企业将个人信息保护工作日常化。

三　企业隐私保护建设现状

伴随着法规的完善，全球的隐私环境经历了一场蜕变。企业必须遵守一系列新的合规要求，而日益复杂的网络空间和严峻的威胁环境对个人信息保护提出了更高的要求，传统的数据安全解决技术和方案无法有效应对新的以个人信息为核心的数据合规问题。伴随着云计算、大数据、区块链、超级计算等领域的研发和应用取得突破性的进展，基于新的技术手段为数据合规与隐私保护提供可靠的解决方案开始成为各界探寻的新方向。

隐私科技是指用于支撑隐私保护与合规的日常运营流程，且嵌入 IT 架构和业务场景中的一系列技术解决方案，在保证个人信息全生命周期的增强保护和个人信息处理活动规范化的基础上，实现保护个人信息权益，推动数据流通、共享与开放，促进个人信息合理开发利用的目的。

一个全面、完善的隐私合规体系应从顶层设计开始，自上而下围绕战略、高级管理层责任制进行配套定义，并从人员、组织、流程和技术方面进行落地实施。根据《2021 全球数据合规与隐私科技发展报告》，安永（中国）企业咨询有限公司对近百家头部企业进行问卷调研，覆盖金融、科技、媒体与通信、消费品、生命科学等行业，客观了解企业数据合规的现状及其在隐私保护建设上的真实需求，为国内外企业数据合规实践提供创新思路。

调查显示，95%的被调查企业已陆续开展了数据合规与隐私保护工作，尤其是集中在 2018~2020 年，这与国内网络安全空间领域法律法规的逐步完善密切相关。

（一）组织架构层面

大部分（89%）被调查企业已经具备了数据合规与隐私保护职能。《数据安全法》《个人信息保护法》的出台，均对企业数据安全保护与个人信息保护的责任人提出了相关要求。《数据安全法》中第二十七条明确规定，重要数据的处理者应当明确数据安全负责人和管理机构，落实数据安全保护责任。《个人信息保护法》也增加了“守门人条款”，第五十七条明确规定，发生或者可能发生个人信息泄露、篡改、丢失的，个人信息处理者应当立即采取补救措施，并通知履行个人信息保护职责的部门和个人。同时，第五十八条指出，提供重要互联网平台服务、用户数量巨大、业务类型复杂的个人信息处理者应当按照国家规定，建立健全个人信息保护合规制度体系，成立主要由外部成员组成的独立机构对个人信息保护情况进行监督。

信息安全部门和法务部门是数据合规与隐私保护工作的主要责任部门。调查表示，59%的被调查企业信息安全部门需要担任部分数据合规与隐私保护职能，51%的被调查企业法务部门也需要担任部分职能。无论是从法律层面还是从实践层面，当前针对企业的数据合规与隐私保护职能都没有固定的规范，不同企业会根据实际情况、已有职能划分而在定义上有所不同，且考虑到数据合规与隐私保护工作的复杂性和学科交互性，部分企业数据合规与隐私保护工作会由多个部门共同负责。

首席信息官/IT 总监是当前数据合规与隐私保护工作的主要汇报对象。根据调查统计，33%的被调查企业的数据合规与隐私保护工作是向首席信息官/IT 总监进行汇报，也有部分企业向法律事务部门主管（17%）和运营总监（10%）汇报，只有 9%的企业是直接向企业高级管理层进行工作汇报。总体来说，当前数据合规与隐私保护依然被视为与 IT 更为相关而非业务相关的工作。

企业负责数据合规与隐私保护工作的人员数量随着监管日趋严格而逐渐增加。在已启动数据合规与隐私保护工作的被调查企业中，有专职负责数据合规与隐私保护工作人员的企业，占比达到 63%，一般为 2~5 人，且仍有 15%的企业没有全职人员负责数据合规与隐私保护工作。2021 年 10 月在工业和信息化部网络安全管理局的指导下，工业和信息化部网络安全产业发展中心联合部人才交流中心及相关机构、人力资源企业共同发布了《2021 网络安全产业人才发展报告》，指出 2021 年网络安全工作人才市场供小于求，人才缺口仍超过百万。对于大部分企业尤其是中小型企业来说，仍然存在较大的数据合规与隐私保护的专业人员缺口，人才缺乏也成为部分企业无法满足实际的数据合规和隐私保护工作需求的原因之一。

（二）管理制度层面

制度与流程是数据合规与隐私保护体系的重要组成部分，也是基础性工作。大部分企业在启动数据合规与隐私保护工作时，会从制度与流程建设入手，对内部管理进行标准化、规范化，设立运营流程以保证数据处理活动符合相关法律法规要求。调查显示，从制度的定义进程而言，已有87%的被调查企业定义了相关方针政策以及管理制度与操作规程；从制度的完善性来说，42%的被调查企业认为公司已制定了完善的管理制度和操作规程；而从执行的效果而言，大部分被调查企业（84%）虽有制度流程但并未开始执行或执行效果还有待提升。

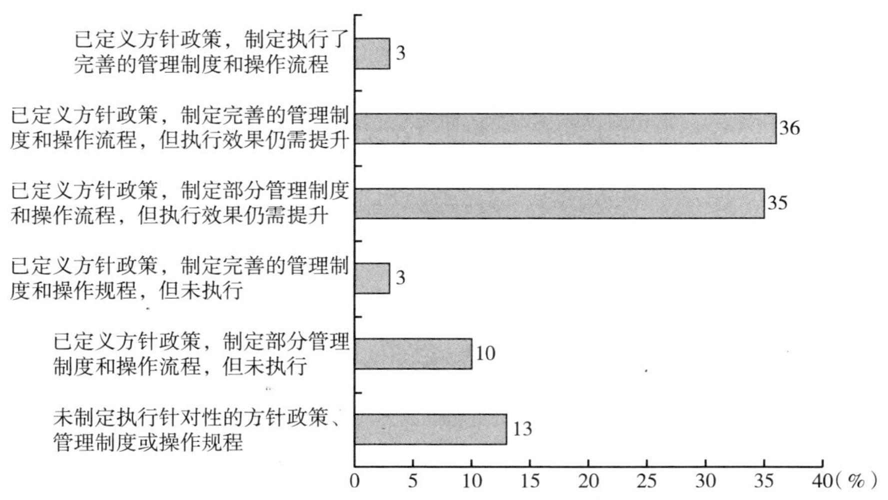

图1　企业数据合规与隐私保护的制度定义与执行情况

资料来源：安永（中国）企业咨询有限公司与上海赛博网络安全产业创新研究院：《2021全球数据合规与隐私科技发展报告》，http：//www. sicsi. org. cn/Upload/ueditor_ file/ueditor/20211231/1640943375438233. pdf，2021年12月31日。

（三）隐私科技的应用程度

一个全面、有效的数据合规与隐私治理体系，技术的支撑必不可少，尤其在当今大数据时代，海量的数据、复杂的场景，需要采用技术手段实现弹性、主动的管控效果。

调查显示，有92%的被调查企业已启动隐私科技计划。其中，57%的被调查企业正在实施部分隐私科技解决方案，35%的被调查企业则表示已在规划实施计划。针对常见的隐私科技解决方案，总结了整体实施程度较高的（即实施中、部分已实施和已实施较完备的解决方案）解决方案排前三的有：细粒度访问权限控制（84%），数据去标识化、匿名化技术（76%），个人信息主体同意授权管理（65%）。隐私科技解决方案整体实施程度较低的包括隐私计算平台（29%）、数据流动监控（33%）。在整体实施程度较高的解决方案中，有较少的企业认为其已实施了较完备的解决方案，大部分处于部分实施或实施中的阶段，可见当前隐私科技在企业中的整体实施现状仍处于起步阶段。

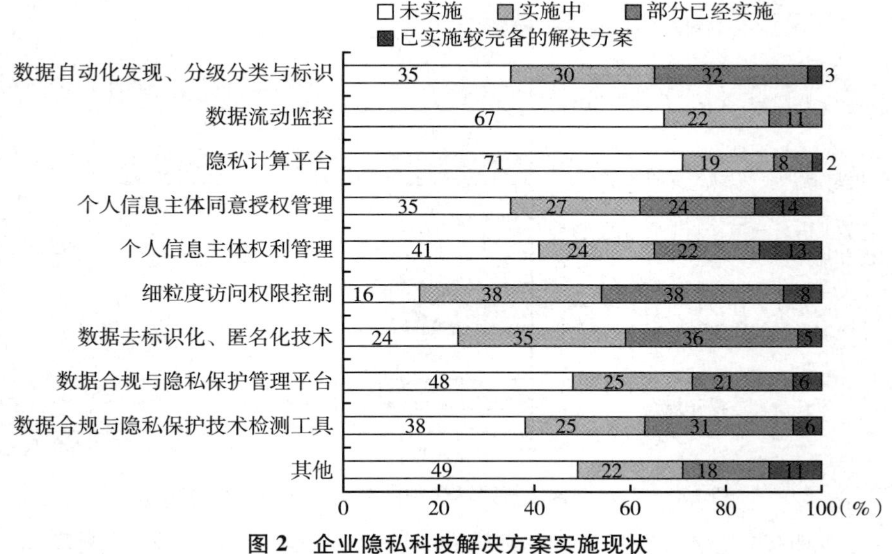

图2　企业隐私科技解决方案实施现状

资料来源：安永（中国）企业咨询有限公司与上海赛博网络安全产业创新研究院：《2021全球数据合规与隐私科技发展报告》，http：//www.sicsi.org.cn/Upload/ueditor_file/ueditor/20211231/1640943375438233.pdf，2021年12月31日。

实施现状与需求仍存在较大差异。调查显示，企业需求最迫切的三类隐私科技解决方案是：数据自动化发现、分级分类与标识（60%），数据流动监控（52%），数据去标识化、匿名化技术（38%），这与在实践中企业实施程度最高的三类存在较大差异。由此可知，当前企业的需求与实施现状仍存在较大的差距，部分需求高的解决方案实施程度仍有待提升。同时，随着各行业企业对数据合规与隐私保护工作的重视，隐私科技市场也应该结合客户需求培育出更加成熟完善的解决方案。

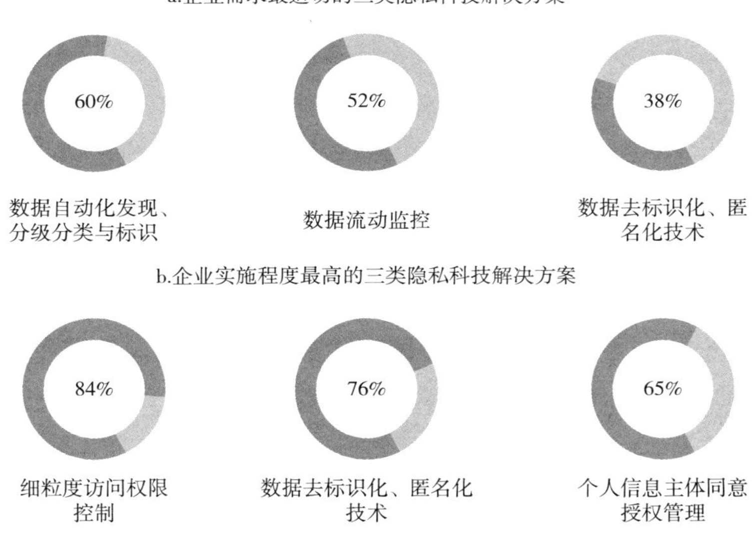

图3　企业隐私科技解决方案需求与实施现状排行

资料来源：安永（中国）企业咨询有限公司与上海赛博网络安全产业创新研究院：《2021全球数据合规与隐私科技发展报告》，http：//www.sicsi.org.cn/Upload/ueditor_ file/ueditor/20211231/1640943375438233.pdf，2021年12月31日。

整体上，隐私科技解决方案自主开发和外采产品的促进比例相似，但针对与已有系统环境存在紧耦合关系的解决方案，自开发比例较高。个人信息主体同意授权管理（70%）是自开发程度最高的解决方案，其次分别是个人信息主体权利管理（65%），数据去标识化、匿名化技术（63%）。这是由于这三类解决方案需要对现有的系统进行升级改造，作为系统本身的内生能力去实现对数据和隐私的保护，同时通过传统的安全技术解决方案在一定程度上可以满足业务需求。比如，数据去标识化、匿名化技术方面，市场上也有很多成熟的工具，如动态脱敏、静态脱敏解决方案等，应用成熟度也比较高，但有很多企业仍选择自开发方式，如通过代码、脚本的方式来实现脱敏，这在一定程度上可以满足需求，但需要加强流程、规范的管控，如脱敏规则的统一化和标准化，以保证脱敏的有效性。

对于技术门槛较高、管控规则需长期沉淀的解决方案，大部分企业选择购买成熟产品来实施。调查显示，外采产品比例最高的是零信任解决方案（76%），其次是数据合规与隐私保护技术检测工具（67%）和数据自动化发现、分级分类与标识（66%）。

在企业的日常运营过程中，数据合规与隐私保护管理平台是应用较广泛的解决方案之一，调查特别针对数据合规与隐私保护平台功能的需求与实施现状进行了调研。调查显示，企业在隐私保护管理平台的功能实现与实际需求存在较大差距。企业对数据合规与隐私保护安全意识培训（93%）、数据/个人信息安全事件应急响应（92%）、数据安全与个人信息保护合规自评估（90%）等功能有较大的需求，但是大部分功能仍处于未实施的状态。

针对已实施的功能，从需求满足程度来看，无法满足需求和满足需求的占比相似，已实施且效果超出预期的功能极少。整体来说，数据合规与隐私保护管理平台功能仍有较大的提升空间，尤其是数据处理活动记录与数据清册和数据流等功能。

四　企业隐私科技投资趋势

为了更加积极主动地应对数据安全和隐私合规风险，在后疫情时代企业缩减预算的情况下，不少企业仍然选择了加大对数据合规与隐私保护工作的投入。通过对企业过去 12 个月和未来 12 个月的投入进行调查，发现有 52% 的被调查企业认为公司在过去 12 个月内数据合规与隐私保护方面的投入能

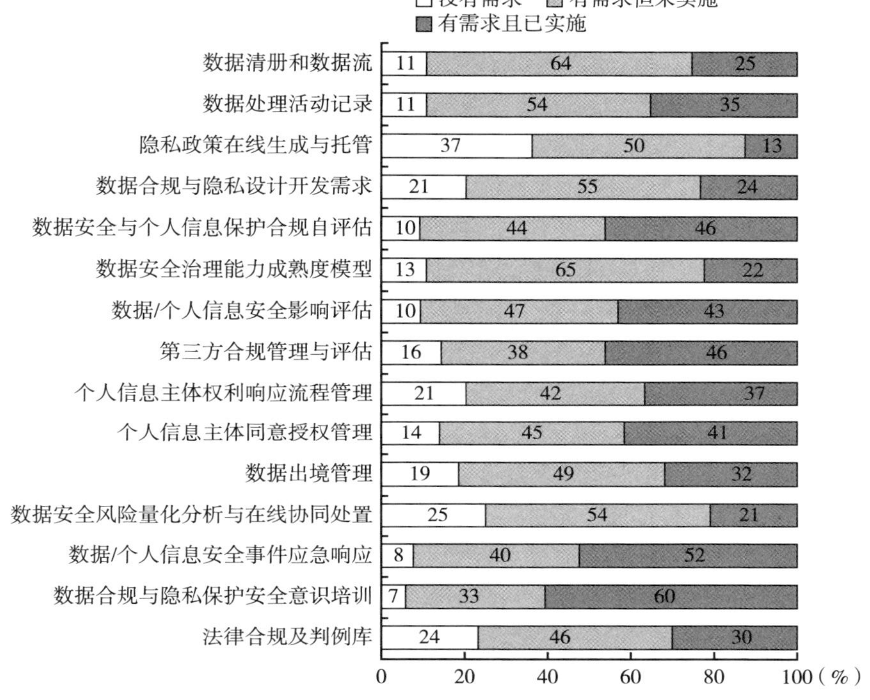

图 4　企业对数据合规与隐私保护管理平台所支撑功能的需求现状

资料来源：安永（中国）企业咨询有限公司与上海赛博网络安全产业创新研究院：《2021 全球数据合规与隐私科技发展报告》，http：//www. sicsi. org. cn/Upload/ueditor_file/ueditor/20211231/1640943375438233. pdf，2021 年 12 月 31 日。

够基本满足需求，有 46%的认为无法满足需求。

虽然数据合规与隐私保护投入有所增加，但过去 12 个月在隐私科技上的投入仍非常少。根据调查，22%的企业过去 12 个月在隐私科技上的投入占公司数据合规与隐私保护整体投入的比例低于 5%。仅有 6%的企业过去 12 个月在隐私科技上的投入占公司数据合规与隐私保护整体投入的比例大于 50%。总体来说，企业在隐私科技方面的投入还较少，这也是企业对很多解决方案有需求但仍未实施的原因之一。同时，也有部分科技类解决方案的投入会由 IT 部门所承担，尤其是嵌入式的 IT 解决方案，如脱敏、去标识化等。

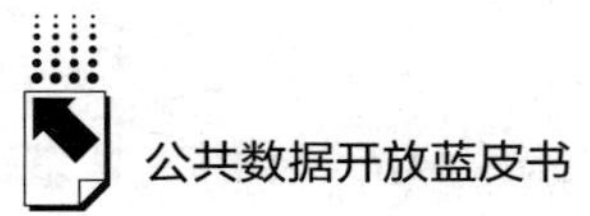

未来 12 月内，大部分企业将在隐私科技方面加大投入。61%的被调查企业将会在未来 12 个月内增加对隐私科技解决方案的预算，并且增长率大于 5%，仅有 4%的企业会进行隐私科技解决方案预算的缩减。政策环境的助力与隐私科技价值的凸显，使得越来越多的企业开始对隐私科技解决方案进行投入，隐私科技逐渐成为数据合规与隐私保护工作的关键突破口。

仍有超过四分之一（29%）的被调查者认为未来 12 个月内对隐私科技投入的调整是无法满足实际需求的。监管的常态化驱使企业建设高效、内生的个人信息保护能力，而隐私科技解决方案作为能力建设的一大基础支撑，其投入需求十分显著，企业应当有效长远规划，选择最适合企业现状和成熟度的解决方案，将有限的资源予以合理分配。

针对具体的隐私科技解决方案，超过 50%的被调查企业表示，未来 12 个月将会针对数据自动化发现、分级分类与标识，数据流动监控，数据去标识化、匿名化技术等增加投入。

五　数据合规及隐私治理行业趋势

在数据开放浪潮与个人信息保护的全球性需求下，数据合规及隐私治理行业将步入快车道。隐私科技产业发展将以愈发成熟的隐私设计理念为基础，依托快速迭代的技术、产品及服务抢占市场份额，通过开源形成广泛协作的生态圈，从而完成规模化行业应用，构建未来的数据智能网络。

PrivacybyDesign 隐私内嵌于设计方面，成熟的企业及机构越来越积极地从被动合规转向主动隐私设计，与此同时，聚焦个人信息安全问题的隐私科技也在向全链路式安全模式发展。

鉴于所有的数据安全都并非简单的技术问题，其中不仅涉及数据与业务之间的场景关系、数据与人之间的处理关系，而且涉及法律法规、标准流程等合规合法问题。因此，将安全前置，将数据合规贯穿于数据安全生命周期已然成为数据合规与治理的重要思路。与之相对应的是，聚焦个人信息安全问题的隐私科技也需要快速向全链路式安全模式发展。一方面，将个人信息安全理念嵌入IT系统，通过技术手段优化隐私计算、完善个人信息安全能力框架。另一方面，将个人信息安全与业务流程设计相结合，基于企业内部业务场景、业务流程，从技术能力、合规能力、运营能力、管理能力、流程制度等维度快速搭建内部个人信息安全壁垒，实现机器+人工的全流程隐私科技综合管理与运营方案。

数据合规及隐私保护专业培训推动合规实践方面，当前数据合规与隐私保护的专业人员仍然存在较大的市场缺口，专业人员的缺失导致部分企业无法满足实际的数据合规和隐私保护工作需求。与此同时，《个人信息保护法》规定，需定期对从业人员进行安全教育和培训；《数据安全法》规定，开展数据处理活动应当依照法律、法规的规定，建立健全全流程数据安全管理制度，组织开展数据安全教育培训。在多因素作用下，加快推进数据安全理念文化建设，积极开展外部人才引进和内部人员定期隐私保护相关培训将成为企业完善数据安全能力、推动合规实践的重要举措。

越来越多的中小型企业将在数据安全合规领域增加支出，依托专业的培训服务，定期开展人员培训、意识教育以及相关资质认证，满足监管要求，快速搭建数据安全专业人才领域。培训类安全服务的需求增长也将成为隐私科技等发力数据合规的安全产业的突破口。

针对技术成熟度和通用性亟待制定标准。大众对于数据安全的关注聚焦安全性、技术成熟度、通用性和落地可实施性四个方面。诸如零信任、隐私计算、同态加密等新型理念与技术将被引入数据合规领域，从技术落地为切实可行的解决方案，为传统的数据安全解决思路增加创新力和完善性。未来，超大规模云提供商将进一步提供可信的执行环境，帮助越来越多上云企业在云环境获得安全性和隐私性的保障，隐私计算等新型理念与技术进一步从学术研究项目过渡到商业解决方案，被积极应用于金融、电子政务和医疗保健领域。

与此同时，围绕隐私科技中的关键技术，利益相关方需要合力制定多方安全计算、联邦学习、同态加密、差分隐私等技术应用标准，建立技术成熟度模型，进一步推动技术快速成熟与市场化。目前，已有相关隐私计算系列标准制定完成，如《基于多方安全计算的数据流通产品技术要求与测试方法》《基于联邦学习的数据流通产品技术要求与测试方法》《基于可信执行环境的数据计算平台技术要求与测试方法》《区块链辅助的隐私计算技术工具技术要求与测试方法》，后续技术安全性的标准还将进一步统一和规范；技术成熟度方面，需要强化计算效率和性能；通用性方面，则涉及不同行业、不同企业、不同业务场景之间相关技术是否通用。这些都是促进隐私科技发展必须思考的问题，只有持续地推动隐私计算技术成熟度和通用性的标准化，才能为数据合规流通夯实技术基础，提升隐私科技产品在市场化阶段的可复制性。

开源驱动行业创新发展与生态建设。开源是驱动协同创新、推动产业链发展及生态建设的重要模式。目前，基础软件市场的开源模式已经基本成熟，新兴技术在技术萌芽期、发展期及市场完全成熟后这三个阶段往往也会迎来一波开源项目的增加。尤其是在技术发展期，开源不仅降低研发成本，而且社区协作的框架可以对现有技术进行优化和“打补丁”。

基于此，隐私计算的发展路径将与技术开源休戚与共。目前，国内外诸多开源项目将促进隐私科技在技术层面的交流共享。虽然前期主要由国内外众多科技巨头投入隐私计算开源生态的构建，但随着开源积极性的提升，后续将继续吸引更多国内外企业和研究人员的加入，各方针对不同的应用场景改进隐私计算各环节的技术，进一步完善整个隐私计算乃至隐私科技生态链。

规模化行业应用构建数据智能网络平台。随着个人信息安全的市场需求进一步增长，大型企业面临业务场景复杂、数据类型多样、数据流通频繁跨域/跨境、自身安全能力有限等挑战，无法独立完成全覆盖的个人信息安全及合规工作。因此，企业将寻求第三方的安全能力支撑。隐私合规服务供应商或成企业可选择的重要解决方案提供者。

随着隐私科技应用成熟化，安全产品与服务供应商将考虑市场接受程度、技术市场化、产品可复制等问题。相关供应商将以软件销售和服务为主，基于特定的行业与用户场景，提供个性化与定制化的解决方案，并且注重低代码/零代码开发、轻量化部署，从而快速拓展隐私科技市场。同时，隐私计算并不会局限于一个技术模块或 IT 系统，更多的安全服务提供商将选择使隐私计算能力平台化，融合多个功能，形成个人信息管理或运营平台，促使企业形成工具化、整体性的个人信息安全能力。而当隐私科技的行业应用达到一定规模之后，将形成一个庞大的数据智能网络平台，从而降低个人信息合规成本、创造更多的业务发展可能。

B.15
中国省级政府数据开放利用政策现状与优化建议*

房海旭　付熙雯**

摘　要： 为探究我国省级政府数据开放利用政策体系的发展现状及其优化方向，本文基于政策外部结构与政策内部特征两个维度，对我国省级政府数据开放利用政策的发布时间、政策主体、政策形式、政策目标、政策工具进行多维度的系统梳理与分析，为我国地方开放政府数据工作提供优化建议。研究发现，我国省级数据开放利用政策存在政策制定主体联合度低、政策效力等级弱、政策目标设置有待优化、政策工具使用失衡等问题。建议我国省级政府应着力优化政策外部结构，注重政策目标的协同匹配，调整政策工具内部结构，加强需求型政策工具的使用，切实提高政策执行效力，促进我国数据开放利用工作的高质量发展。

关键词： 数据利用　开放政府数据　政策分析　地方政府

自2012年上海、北京率先建立数据开放平台以来，地方层面的开放政府数据实践范围在我国逐步拓展。2015年《促进大数据发展行动纲要》提

---

* 本文系国家社会科学基金青年项目“地方政府开放数据利用效果的影响因素与治理路径研究”（项目编号：20CGL042）的研究成果之一。

** 房海旭，东北大学文法学院硕士研究生，研究方向为数字治理与公共政策等；付熙雯，博士，西北大学公共管理学院教授，研究方向为政府数据共享与开放、移动公共服务、数字政府的经济与社会效果评价等。

出建设数据强国，也预示着数据资源的潜能挖掘被正式纳入我国政府数字化转型战略，为地方层面开放政府数据实践的进一步深化明确方向。2016 年起，我国各地方政府陆续发布了大量数据开放利用相关政策文件，从数据供给、数据开放、数据利用、数据安全、监督保障、法律责任等多个层面对数据开放利用工作进行规范，有力推动了我国开放政府数据实践进程。截至 2021 年 10 月，我国已上线地方数据开放平台 193 个，其中 31 个省（自治区、直辖市）共上线平台 24 个。① 由此可见，当前我国地方层面开放政府数据建设已经实现了初期阶段的建设与探索，积累了相对充分的政策发布数量，具备良好的政策研究基础。

在开放政府数据政策研究方面，当前学界也已完成了一定的学术探索，多以综合分析视角对开放政府数据政策进行深入研究。其中，赵润娣、陈美、张勇进、陈朝兵、马海群、朱贝等学者对美国、英国、澳大利亚、新加坡、加拿大等国的开放政府数据政策进行了相关研究，② 为我国开放政府数据实践提供了经验借鉴，陈兰杰、洪伟达、赵玉攀、屠健等学者从政策工具、政策形式、政策内容、政策执行、政策协同等多个视角对我国开放政府数据政策进行了深入分析，并提出了相应的优化建议。③ 但现有研究多局限

---

① 复旦大学数字与移动治理实验室：《中国地方政府数据开放报告——省域（2021 年度）》，http：//ifopendata. fudan. edu. cn/report，2022 年 1 月 20 日。

② 赵润娣：《开放政府数据思想的时代已经到来：中美开放政府数据政策议程分析》，《电子政务》2018 年第 7 期；赵润娣：《国外开放政府数据政策：一个先导性研究》，《情报理论与实践》2016 年第 1 期；陈美：《澳大利亚中央政府开放数据政策研究》，《情报杂志》2017 年第 6 期；张勇进、王璟璇：《主要发达国家大数据政策比较研究》，《中国行政管理》2014 年第12 期；陈朝兵、郝文强：《国外政府数据开放隐私影响评估的政策考察与启示——以美英澳新四国为例》，《情报资料工作》2019 年第 5 期；马海群、陶易：《基于 WSR 方法论的开放数据政策分析框架结构解析——以美国和加拿大为例》，《图书馆理论与实践》2018 年第 2 期；朱贝、盛小平：《英国政府开放数据政策研究》，《图书馆论坛》2016 年第 3 期。

③ 陈兰杰、赵元晨：《政策工具视角下我国开放政府数据政策文本分析》，《情报资料工作》2020 年第 6 期；洪伟达、马海群：《我国开放政府数据政策协同机理研究》，《情报科学》2020 年第 5 期；赵玉攀：《基于三维框架的中国省级政府数据开放政策分析》，《图书馆学研究》2020 年第 13 期；屠健：《我国政府开放数据政策执行因素研究》，《图书馆研究与工作》2020 年第 3 期。

于数据的发布与开放环节，缺少以增值利用为导向对现有数据开放利用政策体系的系统梳理与深入剖析。

基于此背景，本文采用内容分析法，面向数据的开放利用环节对我国省级政府数据开放利用政策进行量化研究。政策量化研究一般从政策外部结构与政策内部特征两个维度展开。其中，政策外部结构包含政策时序、政策主体、政策形式等，政策内部特征则主要针对政策文本内容，包含政策目标、政策工具等。对我国省级数据开放利用政策系统的描述性统计分析，有助于梳理我国地方层面开放政府数据工作的政策概貌，识别当前阶段地方政府数据开放利用促进措施的关注焦点与薄弱环节。因此，本文基于政策外部结构与政策内部特征两个层面，对省级数据开放利用政策的政策时间、政策主体、政策形式、政策目标、政策工具等进行多维梳理与分析，旨在探究我国地方层面开放政府数据政策体系的聚焦核心与比较差异，同时厘清现有政策设计的内容结构，从而针对性地提出政策优化的相应建议，为我国未来开放政府数据实践的发展提供借鉴。

一　数据来源与筛选标准

本文以我国省级政府数据开放利用相关政策文本为研究对象，包含 31 个省（自治区、直辖市）为推动开放政府数据发展、促进数据增值利用所发布的政策文本。在政策收集选取过程中为保证样本的有效性，采用了如下筛选标准：其一，从各省级人民政府网站、各省级数据开放平台、各省级具有数据管理相关职能的委办局网站等官方门户进行政策检索；其二，通过“中国法律资源库”“北大法宝”等数据库及搜索引擎进行样本比对与补充；其三，政策文本中需涉及与数据开放利用相关度较高的实质性内容，且“数据开放”“开放数据”等核心词语在文本中出现次数高于 5 次；其四，排除政策形式为技术标准、回复、征求意见稿等行政效力弱或仅作用于特定领域的政策文件。经过样本筛选与处理后，最终获取样本对象共计 101 份有效文本，样本收集截止日期为 2022 年 1 月 1 日（见表 1）。

表 1　中国省级政府数据开放利用政策（节选）

编码	政策名称	发布时间	区域
1	福建省政务数据管理办法	2016	福建省
2	贵州省政务数据资源管理暂行办法	2016	贵州省
3	北京市大数据和云计算发展行动计划（2016—2020 年）	2016	北京市
……	……	……	……
100	上海市数据条例	2021	上海市
101	黑龙江省“十四五”数字政府建设规划	2021	黑龙江省

二　中国省级政府数据开放利用政策外部结构分析

（一）政策时间

从时间维度来看，2016 年起我国地方政府数据开放利用相关政策呈现逐年增加态势，至 2019 年一直保持较为稳定的增加状态，而 2020 年、2021 年地方层面政府数据开放利用相关政策发布量则分别实现了第一次与第二次激增（见图 1）。综观我国开放政府数据工作的阶段进程可知，两次政策发布量峰值的产生均与国家层面关键性政策的发布密切相关。2020 年 4 月，中共中央、国务院发布《关于构建更加完善的要素市场化配置体制机制的意见》，将数据要素正式纳入生产要素范围，提出培育数据要素市场，2021 年《中华人民共和国国民经济和社会发展第十四个五年规划和 2035 年远景目标纲要》提出明确的数字中国建设愿景，成为我国开放政府数据建设的另一重要节点。结合政策时序情况及实践进展可知，未来我国数据开放利用相关政策的发布量还将持续增加。

（二）政策主体

当前阶段我国地方数据开放利用政策多以单一部门发布为主，占比

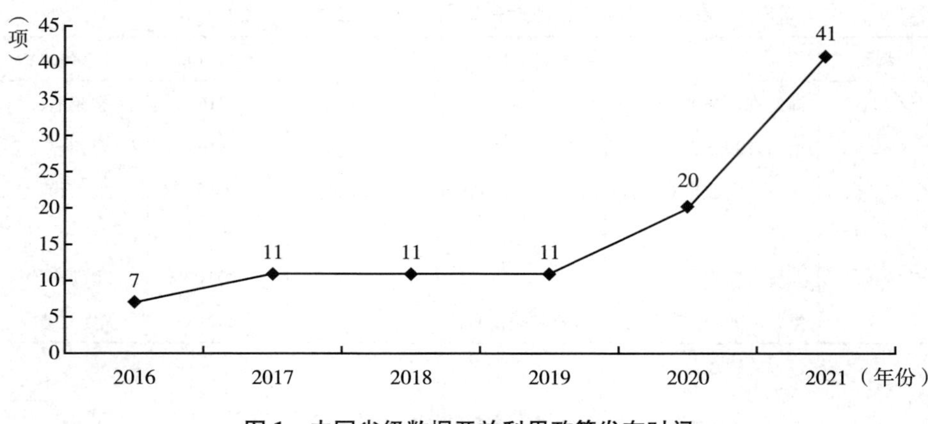

图1　中国省级数据开放利用政策发布时间

97.03%，仅有3项政策采用多部门联合发布形式，占比2.97%，涉及党委办公厅、省（市）委办公厅、人民政府办公厅3个主要部门。由此可见，我国地方数据开放利用实践尚未形成主体协同的良好合作机制。同时，当前我国省级数据开放利用政策发布主体主要为人民政府办公厅、人民政府，分别发布政策39项、37项；其次为人民代表大会常务委员会，共发布政策11项；最后为涉及数据管理相关职能的地方其他委办局，包含工信厅、大数据发展局等部门，共发布政策17项（见表2）。

表2　中国省级数据开放利用政策主体情况

项目	单一部门发布				两部门联合发布	
	人民代表大会常务委员会	人民政府	人民政府办公厅	其他委办局	党委办公厅/人民政府办公厅	省(市)委办公厅/人民政府办公厅
政策项数	11	37	36	14	1	2
占比(%)	11.22	37.76	36.73	14.29	33.33	66.67
总计	98				3	
占比(%)	97.03				2.97	

（三）政策形式

我国省级数据开放利用政策类型具有多样化特点，目前主要采用规划、办法、方案、条例等政策形式（见图2）。其中，以“规划”类政策发布量最高，共计27项政策，其次为“办法”类政策，共计23项政策，“方案”类政策，共计20项政策，除此之外，“条例”“计划”两种政策形式各发布10项政策，其他政策类型涉及11项政策。由此可见，我国省级数据开放利用政策整体效力有待提高，规范性法律文件数量较少，对地方开放政府数据工作约束力有限，处在初期发展阶段，仍待进一步完善。

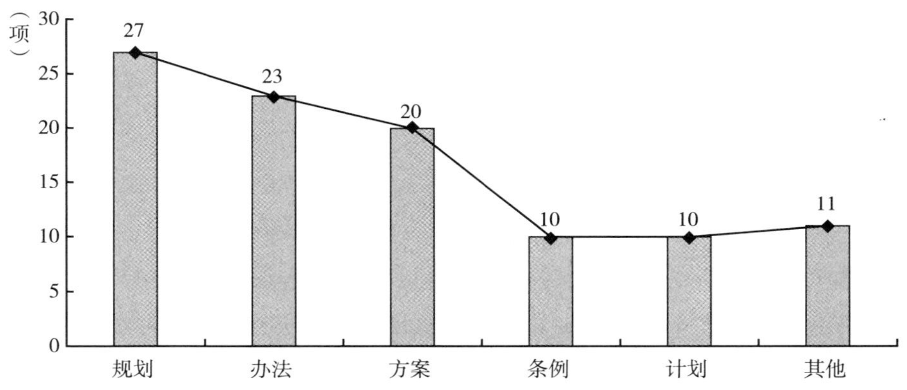

图2　中国省级数据开放利用政策类型

三　中国省级政府数据开放利用政策内部特征分析

（一）政策目标

在政策目标维度，本文通过对101项政策文本内容的深入挖掘，将全部有效政策样本分为专门性政策与非专门性政策两种类别。其中，专门性政策指地方政府为促进政府数据开放、推动数据利用增值而有针对性地发布的政策及法律文件；非专门性政策则为除专门性政策外，其余满足样本筛选标准但仅为部分章节涉及数据开放利用的政策及法律文件。最终获得《上海市公共数据开放暂行办法》《浙江省公共数据开放与安全管理暂行办法》《广东省公共数据管理办法》等9项专门性政策（见表3）。

表3　中国省级数据开放利用专门性政策

编码	政策名称	时间	地区
31	上海市公共数据开放暂行办法	2019	上海
41	天津市公共数据资源开放管理暂行办法	2020	天津
43	浙江省公共数据开放与安全管理暂行办法	2020	浙江
46	重庆市公共数据开放管理暂行办法	2020	重庆
50	广西公共数据开放管理办法	2020	广西
62	浙江省公共数据开放与安全管理暂行办法实施方案	2020	浙江
87	广东省公共数据管理办法	2021	广东
92	上海市数据条例	2021	上海
94	江苏省公共数据管理办法	2021	江苏

数据统计分析结果表明，9项专门性政策的制定目标主要涉及规范促进数据开放利用及安全管理、推动政府数字化转型、提升政府治理能力及公共服务水平三个方面（见表4），代表了当前阶段地方数据开放利用工作的核心内容。具体而言，其一，9项专门性政策均明确将规范促进数据资源的开放利用、加强安全保障作为主要政策目标；其二，除《广东省公共数据管理办法》外，其余8项政策均提及政府数字化转型的政策目标，涉及数字经济、数字政府、数字社会等方面；其三，除《天津市公共数据资源开放管理暂行办法》《上海市数据条例》外，其余7项政策均着眼于数据开放利用在政府治理能力与公共服务水平方面的价值效用。总体而言，当前阶段我国地方数据开放利用专门性政策关注点重合性较高，体现了地方政府对于开放政府数据工作的重视程度，但在政府数字化转型与治理能力提升方面仍需进一步予以调整明确。

表 4　中国省级数据开放利用专门性政策目标情况

政策目标	政策编码								
	31	41	43	46	50	62	87	92	94
规范促进数据开放利用及安全管理	√	√	√	√	√	√	√	√	√
推动政府数字化转型	√	√	√	√	√	√		√	√
提升政府治理能力及公共服务水平	√		√	√	√	√	√		√

（二）政策工具

在政策工具维度上，本文首先对全部有效政策样本依据时间序列进行编号统计，其次借助 NVivo12 软件对 101 项政策按照“政策编号-章节编号-分析单元”进行编码，以编号为 94 的《江苏省公共数据管理办法》为例，“第一章　总则”中“第一条　为了规范公共数据管理，保障公共数据安全，推进数字化发展……结合本省实际，制定本办法”编码为“94-1-1”。本文借鉴 Rothwell 和 Zegveld 的政策工具分类标准，[①] 参考汤志伟等、陈玲等学者的具体研究成果，[②] 将工具性维度分为供给型政策工具、需求型政策工具、环境型政策工具三种工具类型并展开分析。供给型政策工具涉及建设数据开放平台、建立数据开放利用保障机制、规范管理数据资源等内容，以资源投入的形式为地方开放政府数据工作提供保障。需求型政策工具涉及对数据开放及利用形式进行宣传推广、鼓励多元主体参与数据开放利用、推动利用成果落地、进行利用成果展示、促进政府数据与社会数据进行多源融合等内容，旨在刺激数据开放利用需求，吸引数据潜在利用者参与。环境型政策工具涉及政府管理机制、安全保障机制、利用行为管理、利用环境培育、主体责任明确等内容，突出以利用为导向的内外部环境建设。统计结果表明，

① Rothwell R. , Zegveld W. , *Reindusdalization and Technology*, London: Logman Group Limited, 1985.

② 汤志伟、龚泽鹏、郭雨晖：《基于二维分析框架的中美开放政府数据政策比较研究》，《中国行政管理》2017 年第 7 期；陈玲、段尧清：《我国政府开放数据政策的实施现状和特点研究：基于政府公报文本的量化分析》，《情报学报》2020 年第 7 期。

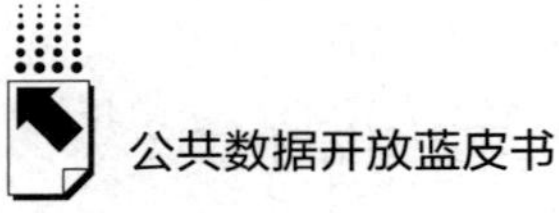

当前阶段我国地方数据开放利用政策兼顾供给型、需求型、环境型三种政策工具（见表5）。

在三种政策工具中，环境型政策工具使用频次最高，累计653次，占比44.60%。在其细分工具类型中，频次分布依次为管理机制（195次）、利用环境培育（151次）、安全保障机制（144次）、利用行为管理（83次）、主体责任（80次）。环境型政策工具内部使用情况呈现如下特征：其一，管理机制中监督考核机制占比最高，累计使用61次；其次为应急管理机制累计使用39次、动态调整机制累计使用37次。使用频次最低为开放激励机制，累计使用13次，仅有少部分地区在政策文本中明确提及对数据供给主体、数据利用主体参与的激励措施。其二，利用环境培育中标准体系与技术规范的建立提及次数最高，累计50次；其次为数据要素市场与制度保障，分别累计45次、37次；使用频次最低为优化开放环境，仅累计19次，表明地方政府对于开放环境优化培育的重视程度有待进一步加强。其三，安全保障机制中安全管理制度的设立占比最高，累计使用75次；其次为安全管理职责，累计使用47次；安全利用义务与安全利用措施使用频次最低，均为11次，体现出在安全保障方面对利用主体的责任义务与行为规范关注度较低，存在薄弱环节。其四，利用行为管理中利用行为监管占比最高，累计使用21次；其次为失范行为处理累计使用11次、利用行为记录累计使用10次；使用频次最低为合法权益保护，仅累计使用7次，体现出在利用主体行为管理方面，地方政府对于利用行为的记录、反馈、监管均已有所意识，但对于数据利用者及数据被利用者隐私安全等合法权益的保护尚待加强。其五，主体责任中开放主体法律责任占比最高，累计使用31次，关于利用主体、平台管理主体、安全管理主体法律责任也均有不同程度的规范，除此之外，部分地区将责任豁免制度引入数据开放利用政策设计，在我国开放政府数据实践发展初期能够较好地保障各利益相关者的参与积极性，为其开放管理行为提供合理的容错空间，进一步推动地方开放政府数据实践。

当前阶段，我国地方数据开放利用政策中供给型政策工具的使用频次占比仅次于环境型政策工具，累计 593 次，占比 40.51%。在其细分工具类型中，数据资源频次最高，累计 255 次；其次为保障机制，累计 214 次；使用频次最低为开放平台，累计 124 次。数据资源中，包含数据开放清单（81 次）、开放数据质量（63 次）、数据开放重点（54 次）、数据开放类型（41 次）、数据获取方式（16 次）五个方面，体现我国地方数据开放利用工作当前已较好地在数据质量、分级分类标准、优先开放范围等方面进行了相应规定，但在数据获取方式上仅有少数地区明确提及。保障机制中，包含组织保障（80 次）、资金保障（57 次）、人员能力保障（50 次）、成效评估（27 次）四个方面，体现多维度数据开放利用保障机制在地方层面已经得到了初步建立，但对于数据开放利用成效的评估审查仍需进一步加强。开放平台中，包含平台建设（83 次）、平台功能（31 次）、平台规范（10 次）三方面内容，截至 2022 年 1 月已上线的 24 个省级（自治区、直辖市）数据开放平台与政策文本中高频次出现的平台建设内容相契合，但对平台功能及平台运行规范的规定仍存在不足之处。

需求型政策工具作为我国地方数据开放利用政策文本中使用频次最低的政策工具，在 101 项政策样本中仅累计使用 218 次，占比 14.89%。其中，多元协同累计使用 115 次，利用促进累计使用 103 次。多元协同包含多元主体参与（62 次）、专家委员会（18 次）、需求征询机制（18 次）、区域协同（9 次）、国际合作交流（8 次）五个方面，这一统计结果表明数据开放利用生态系统中多元主体的参与价值已经得到地方政府的普遍肯定，设立专家委员会以及针对数据开放进行需求征询已成为地方政府促进数据开放利用质量提升的主要措施，但在区域协同与国际交流合作上的关注程度仍处于较低水平。利用促进包含鼓励数据利用（72 次）、宣传推广（20 次）、利用成果应用（7 次）、利用成果展示（4 次）四个方面。经过多年数据开放利用实践的成果积累，数据资源所蕴含的巨大价值潜力已逐渐显现，实现利用增值成为地方政府对开放政府数据工作进行大量投入的主要出发点之一，宣传推广作为提高社会知晓度、吸引潜在利用主体的有效措施在现有政策中被明确提及，但针对利用成果的展示以及促进利用成果落地运营仍鲜少在政策文本中出现，这一结果从侧面上表明现阶段我国地方数据开放利用实践尚且处在刺激发布与促进开放的初期发展阶段，在以增值利用为关注核心的政策设计方面存在薄弱之处，有待进一步深化探索。

表 5　中国省级数据开放利用政策工具使用情况

单位：次，%

政策工具	细分维度	累计频次	所占比例	总占比
供给型	开放平台	124	8.47	40.51
	保障机制	214	14.62	
	数据资源	255	17.42	
需求型	利用促进	103	7.04	14.89
	多元协同	115	7.86	
环境型	管理机制	195	13.32	44.60
	安全保障机制	144	9.84	
	主体责任	80	5.46	
	利用行为管理	83	5.67	
	利用环境培育	151	10.31	

在政策工具维度，对专门性数据开放利用政策的比较分析是进一步衡量地区间数据开放利用政策差异的重要方式。9 项专门性数据开放利用政策涉及 7 个地区，其中，上海、浙江两地政策发布量最高，均累计发布 2 项专门性政策，天津、重庆、广西、广东、江苏五地均累计发布 1 项专门性政策（见表 6）。在供给型政策工具的使用上，上海表现最佳，累计 20 次；其次为浙江，累计 18 次；而广东所发布的专门性政策文本中供给型政策工具使用频次最低。在需求型政策工具的使用上，上海专门性政策累计使用 12 次；其次为浙江、广西，均累计使用 7 次；最低为广东，仅累计使用 3 次。在环境型政策工具的使用上，使用频次最高的地区为上海，累计使用 35 次；其次为浙江，累计使用 29 次；使用环境型政策工具频次最低的地区为广东，仅累计使用 12 次。数据统计分析结果表明，在专门性政策的内容结构上，上海发布的专门性政策整体表现

领先，在供给型、需求型、环境型政策工具的使用频次上均处于优势地位，相对其他6个地区政策学习价值最高。而广东虽已发布《广东省公共数据管理办法》这一专门性数据开放利用政策，但其实质性内容仍有限，在政策工具的协调与组合方面整体表现有待加强。政策工具作为政策意图与政策行为之间实现有效转化的关键,[①] 其合理运用需要地方政府进一步的实践探索。

表6　各地区专门性政策工具使用情况

单位：次

地区	政策数量	政策工具		
		供给型	需求型	环境型
上海	2	20	12	35
天津	1	8	5	15
浙江	2	18	7	29
重庆	1	9	6	23
广西	1	8	7	21
广东	1	7	3	12
江苏	1	10	5	17

四　结论与政策建议

本文基于政策外部结构与政策内部特征两个维度，从政策发布时间、政策主体、政策形式、政策目标、政策工具对我国省级数据开放利用政策展开多维度分析。研究发现，在政策外部结构方面，我国省级数据开放利用政策发布数量呈逐年增加态势，政策主体以单一部门为主，多数地区数据开放管理方面的政府内部协作机制尚未建立，政策形式较为多样，但仅

① 陈振明、薛澜：《中国公共管理理论研究的重点领域和主题》，《中国社会科学》2007年第3期。

有部分地区发布了数据开放利用相关的规范性法律文件，整体政策效力较低。在政策内部特征方面，我国省级数据开放政策的核心定位主要包含规范促进数据开放利用及安全管理、推动政府数字化转型、提升政府治理能力及公共服务水平三个方面，缺少对发挥数据资源在促进多元主体参与利用方面价值潜力的关注，政策工具使用情况兼顾供给型、需求型、环境型三种工具类型，但需求型政策工具使用频次较低，且政策工具内部结构存在失衡问题。

基于上述研究结论，提出如下政策建议。

（一）优化政策外部结构，着力提高政策效力

在政策主体维度，当前阶段我国省级数据开放利用政策主要呈现以单一部门发布为主、多数地区部门协同发布机制尚未建立的特点。在政策形式维度，省级数据开放利用政策效力等级较高的规范性法律文件发布量仍旧有限。地方政府需着力优化政策外部结构，增加系统性较强、实质性内容占比较高的政策文件的发布数量，从而更好地指导地方数据开放利用实践。同时，部门间数据壁垒、信息壁垒的存在也切实影响着当前阶段我国地方数据开放利用工作的实际成效，需进一步优化政府内部协调机制，鼓励加强部门间的协同合作，发挥政府内部资源优势，促进开放政府数据工作的高质量发展。

（二）明确政策核心定位，注重目标协调匹配

目前，我国省级数据开放利用政策目标的关注核心主要为规范促进数据开放利用及安全管理、推动政府数字化转型、提升政府治理能力及公共服务水平三个方面。由此可见，当前阶段我国地方政府开放政府数据工作聚焦数据要素的管理应用及政府内部建设层面。政府作为我国数据资源的最大持有者，在数据管理规范上的资源优势十分明显，但实现数据价值的关键在于对其的增值利用，需要地方政府进一步探索数据开放利用的发展规律和趋势，调整政策目标的内容结构，刺激多元主体的参与积极性，促进多源数据的融

合利用，将开放政府数据工作的建设视野扩展至社会维度，推动数据开放利用工作的深化发展。

（三）加强政策工具运用，重视内部结构调整

从当前我国省级数据开放利用政策工具的使用情况来看，需求型政策工具使用频次较低，且供给型、需求型、环境型政策工具的内部结构均存在不同程度的失衡问题。需切实加强稀缺型政策工具的使用，将对数据开放利用需求的征询与创造纳入现有政策制度体系，通过举办数据开放利用赛事等活动进行宣传推广从而提高社会知晓度，鼓励多元主体的数据利用与价值创造，完善利用成果落地的多样化支持机制，针对成熟利用成果进行推广展示，设立专家委员会促进决策优化及成效评估，加强区域协同与国际合作交流，吸纳先进实践经验，围绕多元主体搭建数据价值流通链，提高对需求型政策工具的重视程度。同时，注重优化环境型、供给型政策工具的内部结构。在环境型政策工具的使用方面，建立政府内部开放激励机制，进一步提高政府内部人员数据开放利用工作的参与积极性，同时针对数据利用主体的利用义务与利用行为进行管理与约束，明确数据安全利用措施，强化数据开放利用全周期多元参与主体法律责任的规范，保障利益相关者的合法权益，注重个人隐私安全保护，优化开放环境。在供给型政策工具的使用方面，未建立数据开放平台的地区需加快平台搭建与功能设置，扩大数据开放范围，有利于潜在利用者的数据访问与获取，为数据供给者与需求者提供稳定的数据流通环境。已建立数据开放平台的地区则需要在平台规范方面进行更为完整的政策规范，保障平台的安全运行与管理升级。在数据获取方式上，现有政策也存在较为明显的薄弱之处，地方政府可参考上海、重庆等地的相关规定进行完善。在成效评估上，地方政府可借鉴引入第三方评估机构的方式，对数据开放利用成效进行定期考察监督，并纳入地方行政绩效考评环节，切实提高数据开放管理主体能力提升与责任意识，保障数据开放利用工作的可持续发展，提高政府公共服务水平。

参考文献

复旦大学数字与移动治理实验室：《中国地方政府数据开放报告——省域（2021 年度）》，http：//ifopendata. fudan. edu. cn/report，2022 年 1 月 20 日。

赵润娣：《开放政府数据思想的时代已经到来：中美开放政府数据政策议程分析》，《电子政务》2018 年第 7 期。

赵润娣：《国外开放政府数据政策：一个先导性研究》，《情报理论与实践》2016 年第 1 期。

陈美：《澳大利亚中央政府开放数据政策研究》，《情报杂志》2017 年第 6 期。

张勇进、王璟璇：《主要发达国家大数据政策比较研究》，《中国行政管理》2014 年第 12 期。

陈朝兵、郝文强：《国外政府数据开放隐私影响评估的政策考察与启示——以美英澳新四国为例》，《情报资料工作》2019 年第 5 期。

马海群、陶易：《基于 WSR 方法论的开放数据政策分析框架结构解析——以美国和加拿大为例》，《图书馆理论与实践》2018 年第 2 期。

朱贝、盛小平：《英国政府开放数据政策研究》，《图书馆论坛》2016 年第 3 期。

陈兰杰、赵元晨：《政策工具视角下我国开放政府数据政策文本分析》，《情报资料工作》2020 年第 6 期。

洪伟达、马海群：《我国开放政府数据政策协同机理研究》，《情报科学》2020 年第 5 期。

赵玉攀：《基于三维框架的中国省级政府数据开放政策分析》，《图书馆学研究》2020 年第 13 期。

屠健：《我国政府开放数据政策执行因素研究》，《图书馆研究与工作》2020 年第 3 期。

Rothwell R. , Zegveld W. , *Reindusdalization and Technology*, London: Logman Group Limited, 1985.

汤志伟、龚泽鹏、郭雨晖：《基于二维分析框架的中美开放政府数据政策比较研究》，《中国行政管理》2017 年第 7 期。

陈玲、段尧清：《我国政府开放数据政策的实施现状和特点研究：基于政府公报文本的量化分析》，《情报学报》2020 年第 7 期。

陈振明、薛澜：《中国公共管理理论研究的重点领域和主题》，《中国社会科学》2007 年第 3 期。

B.16

公共数据安全与数据流通的实践思考

刘杰 汤羿*

摘 要： 以数据为核心的数字技术逐渐成为经济发展的新动力，数据要素安全有序的开放流通是让数据要素参与经济活动并发挥作用的必要基础。数据安全是数据流通的前提，做好数据安全防护，对于提振用户信心、促进数据流通、推动数字经济发展至关重要。隐私计算技术在数据所有权不变的基础上，实现数据使用权的流通，并可应用于数据霸权和数据主权的安全防护。

关键词： 数据安全 数据开放 隐私计算

一 背景

大数据正在成为数字时代的核心战略资源，对国家治理能力、数字经济发展、社会生活方式产生重要影响，然而其背后的数据安全风险也日益凸显。特别是近年来，在数据泄露、数据窃听、数据滥用等方面发生的安全事件层出不穷，对经济发展、个人隐私保护形成了严重的潜在威胁，数据安全已然上升到国家主权的高度，如何保护本国数据资产引起世界各国的高度重视。与此同时，在2020年3月出台的《中共中央 国务院关于构建更加完善的要素市场化配置体制机制的意见》中，数据成为重要的生产要素之一。

* 刘杰，优刻得科技股份有限公司副总裁，博士，高级工程师，研究方向为网络安全、数据流通；汤羿，优刻得科技股份有限公司政府事务副总监，硕士，经济师，研究方向为数据流通和应用。

要让数据要素参与经济活动并发挥作用，就必须促进数据要素的共享开放和“安全有序”流通。数据安全和数据流通并不是矛盾的，数据安全是数据流通的前提，数据流通是数据经济发展的基础。数据安全和数据流通相辅相成、同步推进、共同发展。

二 数据安全

《数据安全法》中第三条明确，数据是指任何以电子或者其他方式对信息的记录。数据处理包括数据的收集、存储、使用、加工、传输、提供、公开等。数据安全是指通过采取必要措施，确保数据处于有效保护和合法利用的状态，以及具备保障持续安全状态的能力。有效保护和合法利用，是数据安全的关键要义，而具备保障持续安全状态的能力则是强调数据安全贯穿于数据从产生到消亡的全生命周期。

在工作实践中，根据“有效保护和合法利用”的安全要义，结合数据来源、分级分类、共享开放属性综合考量，把数据安全从下往上划分为四层：第一层是传统意义上的数据安全，包括数据的保密性、完整性和可用性；第二层是数据要素安全，即数据作为生产要素在流通过程中的安全保障；第三层是防范数据垄断霸权，即数据的过度采集和滥用，因大量用户数据被集中在少数互联网巨头企业而形成的数据霸权；第四层是维护数据主权，即有效应对可能会影响到国家安全的数据安全风险。这四层是相互关联和交叉的。例如，个人隐私保护本质上是数据保密性的范畴，但在大数据环境下，与第二层、第三层、第四层也有关联。

（一）有效保护

数年前，国际标准化组织（ISO）定义的数据安全三要素包括数据的保密性（Confidentiality）、完整性（Integrity）、可用性（Availability），简记为CIA。其中，保密性是指保障数据不被未授权的用户访问或泄露；完整性是保障数据不被未授权的篡改或在篡改后能够被迅速发现；可用性是指保障已

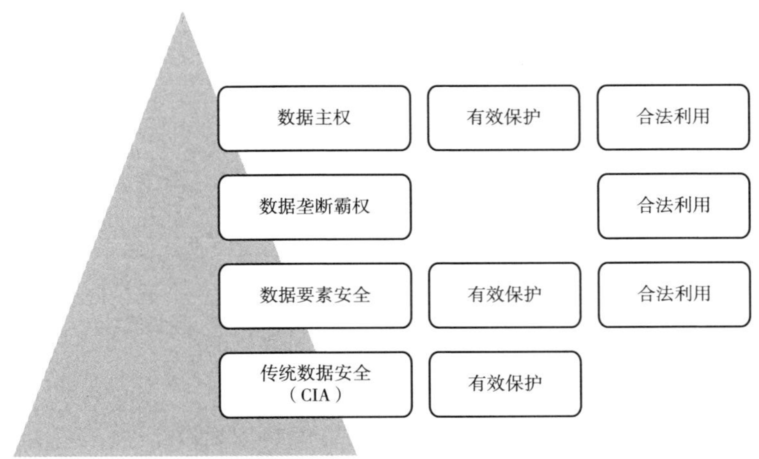

图 1　数据安全分层示意

资料来源：笔者自制。

授权用户合法访问数据的权利。时至今日，这个定义依然适用。数据安全的有效保护，就是保障数据全生命周期的保密性、完整性、可用性，这是数据安全的最基本要求。

（二）合法利用

数据作为生产要素，是数字经济的生产资料；数据作为战略资源，拥有海量数据的互联网平台企业会产生数据霸权；数据在国家之间流通时会产生数据主权。这些都属于数据“合法利用”的安全范畴，数据作为生产要素要鼓励合法使用，作为战略资源要限制互联网平台企业违法滥用，在国家间流通则要视具体应用场景而采取鼓励或限制的模式。

1. 数据要素安全

与土地、劳动力、资本等其他生产要素的区别在于，数据不具有独占性，非常易于复制和传播，数据的权属难以界定。这样导致的结果有：一是数据的保密性和完整性得不到保障；二是数据的价值得不到保全，一份价值 100 万元的数据经过几次倒手后价格可能 10 万元都不到。这让数据拥有者

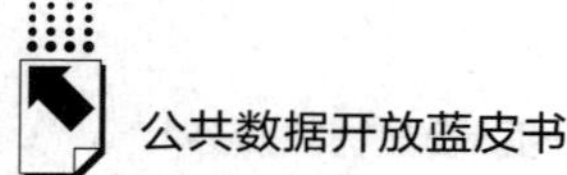

不敢、不愿把数据开放出来，进行共享和交易，制约了数据的流通，阻碍了数据作为数字经济生产资料作用的发挥。

2. 数据垄断霸权

数据霸权是由以色列学者尤瓦尔·赫拉利在《今日简史》中提出的，指的是大型互联网平台企业掌握了数亿甚至数十亿全球用户的长期数据，得以深入、全面地了解用户生活模式，甚至比用户还了解自己。通过持有巨量数据、大量运算资源，以及最先进的分析能力，这些公司不仅仅获利巨大，还能无束缚地扩展商业范围。这种收集、使用数据的能力及其带来的企业影响力，称为数据霸权。

对用户而言，站在大型互联网平台企业的数据霸权面前，普通用户看似拥有勾选同意或不同意用户隐私保护条款的选择，而实质上并没有选择权。对中小企业而言，大型互联网平台企业具有的用户优势、技术优势、基础设施优势，以及掌握的巨量用户数据，可以通过数据的运用轻松获得竞争优势，从而占据市场垄断地位，导致市场丧失创新活力。

数据霸权的兴起除了是企业商业策略成功外，也有用户在大数据时代忽视个人数据重要性的原因。元宇宙的到来，意味着运营元宇宙的互联网平台可以获得更多的用户个人数据。当数据巨头比用户更了解自己，当“在线”成为一种生存方式，如何规范数据的所有权？实践证明，数据的收集和使用必须要遵守最小、必要的原则，以及实施最严格的监管措施。

3. 数据主权

数据主权是网络空间中的国家主权，体现了国家作为控制数据权的主体地位，拥有对本国数据进行管理和利用的独立自主性，不受他国干涉和侵扰，并且有能力做到排除他国的干涉和侵扰，有力保障本国数据的安全和稳定。数据主权最大的特征就是独立自主性，其本质上是体现了国家的独立自主性。

随着互联网产业的发展，数据安全成为国家安全的重要组成部分。谁掌握了更多数据，谁就拥有更多话语权。西方发达国家通过本国的互联网巨头，掌握了其他国家的大量数据，自然就有了对他国舆论、经济等方面的影响力。最新施行的《网络安全审查办法》强化了数据安全审查，将数据处理活动和国外上市行为纳入网络安全审查内容，及时弥补了我国数据安全制度漏洞，有效应对数据霸权主义带来的国家安全风险。

三　数据安全保护技术

（一）数据有效保护的安全技术

经过数十年的发展，现代密码理论和密码技术很好地解决了数据的保密性、完整性问题；不断发展的信息系统技术有效地解决了数据的可用性问题。

大数据对传统的 CIA 安全模式带来了极大的挑战。一方面，数据量的指数级增长对密码运算的性能要求越来越高，需要保障数据保密性、完整性的成本也越来越高；海量数据的实时可用性难度也越来越大。另一方面，对不同类别的数据进行分析计算，能够得出一些有价值的信息，从而破坏了数据的保密性，尤其是在一些复杂应用场景，这也是对数据“合法利用”的挑战。

值得引起重视的是，进入大数据时代，人们越来越关注数据安全治理和数据开发利用，关注数据非法交易、个人隐私泄露等情况，对于数据保密性、完整性、可用性的有效保护的重视度不够。尤其是数据集中统一管理导致安全风险汇聚，更加要重视数据的保密性、完整性和可用性。数据安全的有效保护，是数据安全全生命周期的最基本要求，是开展数据共享开放和合法利用的基础，是做好各项数据工作的前提。在图 1 定义的数据安全中，数据安全的有效保护包括数据要素安全、数据主权等场景，必须在系统的设计、开发、运营等过程中都予以重视。

（二）数据要素流通的安全技术

数据要素安全本质是数据流通安全，其核心是数据确权问题。数据作为新型生产要素，数据确权问题一直是巨大的挑战。这种挑战既存在于法律层面，又体现在技术层面。一方面，数据自身的所有权、使用权、收益权等权属尚不明确；另一方面，多源数据的重新组合又会产生新的数据，新生成数据的权属更加难以界定。数据确权问题严重阻碍了数据要素的市场化配置。

隐私计算技术能够在确保数据所有权不变的情况下，很好地实现数据使用权的流通。隐私计算可以在数据不对外泄露的前提下实现数据分析计算的技术集合，实现对数据“可用不可见”“可用不可拿”的目的；在充分保护数据安全和信息隐私的前提下，实现数据价值的转化和释放。

从技术角度出发，隐私计算是涵盖众多学科的交叉融合技术，主要分为以下几个方向：一是以多方安全计算为代表的基于密码学的隐私计算技术；二是以联邦学习为代表的人工智能与隐私保护技术融合衍生的技术；三是以可信执行环境为代表的基于可信硬件的隐私计算技术。这些不同技术往往组合使用，在保证原始数据安全和隐私性的同时，完成对数据的计算和分析任务。与传统数据使用方式相比，隐私计算的加密机制能够增强对于数据的保护、降低数据泄露风险。

国内最早的隐私计算产品“安全屋数据沙箱”，是基于可信执行环境的隐私计算技术。在一个虚拟环境中，不能运行任何本地的可执行程序，不能从本地计算机文件系统中读取任何信息，也不能往本地计算机文件系统中写入任何信息。在这种特殊限制环境下，结合云平台和数据交换技术，提供访问控制、数据脱敏、安全审计、数据分级管理，在保证系统数据安全性的同时，实现数据价值挖掘。

（三）数据霸权和数据主权的安全防护

近年来，国家相继出台了《网络安全法》《数据安全法》《个人信息保护法》《网络安全审查办法》《互联网信息服务算法推荐管理规定》等一系列法律法规，以消除互联网平台企业的数据霸权，有效保障我国数据主权。

隐私计算技术，也可以应用于消除数据霸权和保障数据主权方面的安全防护。针对数据霸权问题，可以利用隐私计算技术，实现数据的收集、存储和使用的分离。如图2所示，互联网公司A、B、C将收集的用户数据上传到第三方监管平台，监管方可以查看哪些数据被收集、是否合规；互联网公司要使用数据的时候，必须告知使用范围、用途，并将算法上传，经监管方同意后，方可使用平台数据；同时，结果数据留作备案，以便事后审计。通过这种方式，将原本存在互联网平台的社会数据转变成具有一定公共属性的公共数据。同时，推动公共数据和社会数据的共享开放，促进数据要素的有序流动。

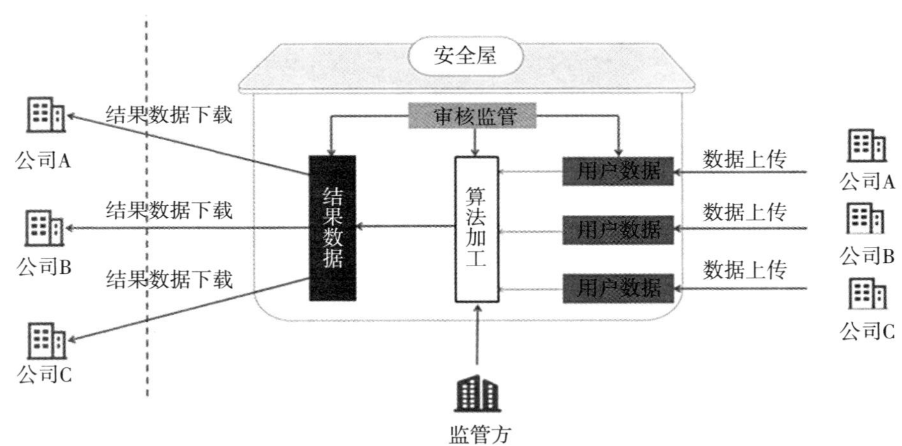

图2　数据监管平台示意

资料来源：笔者自制。

同样，针对数据主权问题，可以利用隐私计算技术实现境外机构对境内数据的受控访问（限定访问主体、限定访问内容、限定访问方式），既扩大了开放，也可有效保障我国的数据主权。

当前，上海正在按照国家部署，推进建设数据交易所和国际数据港。基于隐私计算的数据流通平台，能够为数据使用权的安全流通提供高效可靠的技术支撑。

四　数据安全视域下数据流通的实践和建议

（一）上海公共数据开放应用实践

上海是在全国最早推行政府数据开放的城市，出台了国内首部针对公共数据开放的地方法规，并且基于开放的公共数据推出很多场景应用。

上海大数据中心融资服务信用信息共享平台，是由上海市大数据中心依托市公共数据开放平台，向银行开放与普惠金融密切相关的政务、公用事业等数据，包括企业注册登记、居民社保缴纳、住房公积金、纳税、行政处罚、司法诉讼等近400项公共数据。基于安全屋可信数据沙箱构建的融资服务信用信息共享平台，在保护上海市各委办局数据所有权的同时，又向各家银行提供了数据的使用权，使得数据的价值得以发挥，有效解决中小微企业贷款难的问题。自2019年底上线至2021年12月，有18家在沪银行为5.4万多家企业提供超过700多亿元普惠金融贷款。在这个过程中，银行的风控算法通过隐私计算平台调用大数据中心的数据超过200万次，在缓解银政企信息不对称、提高本市中小微企业融资便利度和可获得性方面取得积极成效。

2021年4月，上海市推出惠民保险“沪惠保”，将申请人投保所需的医保数据接入平台，自动、快速地进行数据计算，并将结果反馈到用户端，通过多维数据交叉，确认用户的参保资格，最终将结果输出至保险机构。而涉及个人隐私的原始数据，则与保险公司完全隔离。截至2021年12月，沪惠保完成739万人投保，成为公共数据赋能民生的典型样本。

（二）关于促进数据流通的建议

在数据流通场景中，企业掌握的数据、个人拥有的数据等社会数据，关于其权属界定、价值评估、交付方式等尚无成熟有效的做法，其流通应用还处在探索过程中。而政府部门（包括履行公共管理和服务职能的事业单位）

在依法履职过程中，采集和产生的各类公共数据，可以在一定的场景中，尤其是有利于公共利益的场景中，率先进行开放和开发利用。

政府部门是最主要的数据持有者。据测算，其掌握的公共数据占全社会数据总量的80%以上。可见，数据流通的“牛鼻子”就在于政府数据的开放共享，继而以此引领示范全社会数据的有序流通。党的十九届四中全会首次提出将数据作为生产要素参与分配，特别是在公共数据开放和开发利用方面提出了一系列目标要求。“十四五”规划明确提出要加强公共数据开放共享，扩大基础公共信息数据的安全有序开放。

1. 建议一：进一步推动公共数据开放和授权运营

上海已经以立法形式制订公共数据授权运营制度。《上海市数据条例》明确提出，构建统一协调的公共数据运营机制，推进公共数据和其他数据融合应用。政府部门作为公共数据的拥有者，由于工作职能、体制机制等限制，缺乏对公共数据开放的原生动力，数据开放能力不足，开放的数据质量不高。同时，市场主体对于来自政府部门，特别是来自金融、税收、人社等部门的公共数据有着大量的需求。公共数据的授权运营机制能够很好地解决这个矛盾。充分发挥市场竞争机制，遴选有技术能力、有经营能力、安全可靠的实体来运营政府公共数据，不断提高数据开放能力和开发利用水平，在促进数字化转型和数字经济建设的同时，运营收益可以进一步反哺数据开放工作，形成良性循环。

2. 建议二：进一步规范互联网平台企业的数据收集和使用，推动平台数据向中小企业共享开放

打破数据垄断最有力的方式是数据共享开放。建议将大型互联网平台企业收集的数据集中存放到第三方监管的数据平台，并通过安全可靠的数据流通平台在按需、受控的情况下开放给中小企业，让中小企业同样能够享受数据红利。政府授权运营的公共数据和汇聚在数据平台的社会数据相结合，一定能够创造出更多的数据应用场景，加快推动数字化转型，持续激发数字经济活力。

五　结束语

以数据为核心的数字技术逐渐成为经济发展的新驱动力，为数字经济的进一步发展带来新动能，随之而来的是我们面临前所未有的数据安全问题。数据安全不是单方面强调数据的绝对安全，关键在于数据安全保护和数据开发利用并重。做好数据安全防护，对于提振用户信心、促进数据流通、推动数字经济发展至关重要。通过一系列的制度体系和技术平台建设，在确保数据安全的前提下，鼓励数据的共享开放和有序流动，以数据安全保障数据流通，促进数据开发利用，进而推动数据产业的健康发展。

B.17
基于公共数据开放的安全隐私防护技术浅析

王晓斌　李志华*

摘　要： 数字经济时代，大数据资源已成为驱动经济转型发展、服务民生、创新社会治理的核心要素。持续探索公共数据开发利用，是助推数字经济与实体经济融合发展的加速器。我国在数据安全及个人隐私保护方面取得了一定的成绩，但在推进数据资源共享开放的过程中，数据的可复制性、易篡改性等特征使得数据安全工作仍面临着很多挑战和矛盾，导致有些单位对于一些敏感程度高、安全等级高的数据集不敢开放、不愿开放，开放的数据质量、数据价值不高，社会公众利用度不高等。本文将围绕公共数据开放安全，从数据安全制度体系、技术防护体系、组织保障体系三个方面提出合理化建议和举措，旨在统筹好数据安全与数据开放的关系，更好地推动我国公共数据开放工作的开展，更大化发挥数据价值。

关键词： 开放数据　数据安全　隐私防护

* 王晓斌，浪潮云信息技术股份公司政府数据运营事业部副总经理，“中国开放数林指数”评估专家委员会委员，研究方向为电子政务、政府大数据、政府数据共享开放、政府数据治理、基层治理等；李志华，浪潮云信息技术股份公司高级工程师，研究方向为政府大数据、政务数据共享开放、政府数据治理、城市治理等。

一　引言

数字经济时代大数据资源已成为驱动经济转型发展、服务民生建设、创新社会治理模式的核心要素。数字化改革推动我国生产模式的变革，数据已经成为我国政府和企业最核心的资产，数据治理、利用及安全保护能力，已成为衡量国家间竞争力的核心要素。党的十九届四中全会的决议中首次将"数据"增列为生产要素，为重视数据价值、推动数字转型指明了方向。2020 年 4 月 9 日，中共中央、国务院发布的《关于构建更加完善的要素市场化配置的体制机制的意见》提出要推进政府数据开放共享，加强数据资源整合和安全保护。

发展数字经济，确保数据安全是重中之重。当前，世界主要发达国家纷纷提速前行、立体布局，加强数据安全及个人隐私保护的探索研究。近几年，我国也加快了在制定数据安全立法、标准规范研究及数据安全技术方面的探索。在立法及标准规范方面，2015 年以来，国务院连续发布多个文件，包括《促进大数据发展行动纲要》（2015）、《科学数据管理办法》（2018）、《关于构建更加完善的要素市场化配置体制机制的意见》（2020）、《中华人民共和国国民经济和社会发展第十四个五年规划和 2035 年远景目标纲要》（2021）等，都强调数据开放与安全管理工作。2021 年 6 月 10 日，第十三届全国人民代表大会常务委员会第二十九次会议通过《中华人民共和国数据安全法》，明确了数据安全政策导向，国家数据战略更加清晰。在数据安全技术研究方面，国家及有关企业积极加强数据安全技术研究探索，研究出了一些技术成果。例如，依托区块链技术构建数据安全隐私集成防护系统，实现数据的安全使用模式——"非授权不可用""可用不可见""数据不出笼"。

二　痛点问题

目前我国在推动政府数据开放方面做了一些探索，随着数据开放工作的不断深入，数据开放的重心将逐步从聚集数据、开放数据转向促进公共数据再利用和创新性利用，实现公共数据资源价值最大化。虽然我国在数据安全及个人隐私保护方面取得了一定的成绩，但在推进数据资源共享开放的过程中，仍面临着很多挑战，特别是数据开放过程中如何保障数据安全与隐私保护的问题，由于数据的可复制性、易篡改性等特征，数据开放的同时对数据安全与隐私的保护带来了巨大挑战，导致有些单位对于一些敏感程度高、安全等级高的数据集不敢开放、不愿开放，开放的数据质量、数据价值不高，社会公众利用度不高，主要体现在当前数据安全保障体系仍不完善，缺乏有针对性的标准规范，数据安全技术体系尚不足以保障数据安全和个人隐私，专业攻关团队较为分散等。

目前各地建设的公共数据开放平台主要通过库表交换和接口调用等方式实现了数据开放，但对于一些敏感程度高、安全等级高的数据集还不敢完全共享和开放，主要是担心数据一旦放出去就可能失去控制，导致无法估量的后果，这就形成了数据供需不匹配的局面。

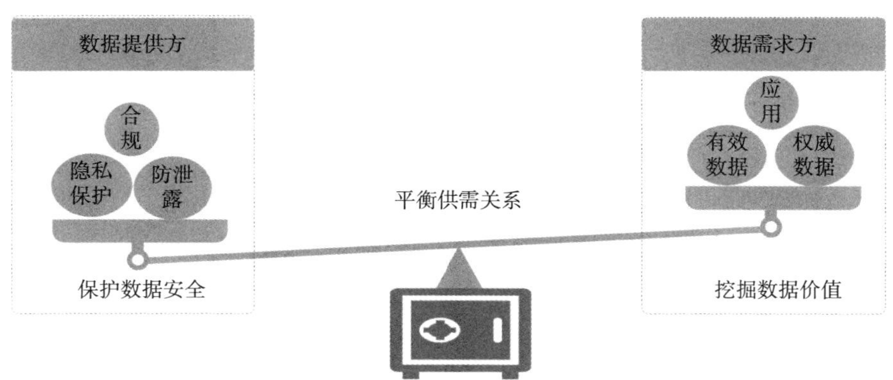

图 1　数据安全集成防护系统目标定位

资料来源：笔者自制。

三　建议措施

为了更好地推动我国公共数据开放工作的开展，更好地发挥数据价值，同时又能保障数据提供单位的数据安全以及公众个人隐私保护，需基于数据开放条件与要求、提供方式、使用场景等维度建立数据隐私分级模型，并基于数据沙箱、区块链、加密算法等技术建立集成防护系统，对数据开放过程整个生命周期进行管理，保证数据的整个申请使用过程可管可控和不可抵赖，提升开放数据资源保护能力，增强数据安全预警和溯源能力，为数据使用过程中的权责划分保驾护航。为加强数据安全管理，进一步完善数据安全及个人隐私保护体系，特提出以下建议。

（一）建立数据分级分层标准规范，进一步完善数据安全保障体系

数据分级分层在数据安全治理过程中至关重要。数据分级分层的意义不在于对数据进行分级分层，而在于对分级分层后的数据如何进行精细化安全管理。针对不同级别和层次的数据采取不同的安全防护措施，有利于提升数据安全管理水平。

一是建议在遵循国家数据安全相关政策和国家标准的基础上，明确牵头部门和责任分工，加快研究编制数据的分级分层标准规范。对数据分级分层进行总体规划，明确数据分级分层总体框架、数据分级分层原则、数据分级分层矩阵等内容，实现公共信息资源开放、信息安全和公共利益的协调发展。数据分级是按数据涉及主体及其影响程度进行分级，如分为个人数据和组织数据，并根据数据泄露影响程度及具体场景分别进行定级；数据分层是按数据使用方式进行分层，如分为机密、有条件共享、无条件共享、有条件开放、无条件开放等不同的层级。

二是先行先试，分步实施，开展数据分级分层试点示范工作，在总结试点经验的基础上，制定国家层面的数据分级分层标准规范。第一步，根据各地区数据开放工作情况，开展数据分级分层开放试点，并在试点中分析问题

与总结经验，进一步完善数据分级分层体系。第二步，结合地方试点经验，依托国家数据共享、开放平台进一步予以完善。通过实践探索与经验总结，形成国家数据分级分层标准规范，并逐步在全国推广。

（二）依托区块链技术构建数据安全隐私集成防护系统，进一步提升数据安全技术防控能力

2019 年 10 月，习近平总书记在第十八次集体学习中强调，加大对区块链作为核心技术的投入，加快推动产业创新发展，加强区块链技术在数据安全及个人隐私保护中的支撑作用。

一是建议以地方政府为单元，依托区块链技术搭建个人（企业）数据使用授权系统。个人或企业在登录系统时需实名认证，并对需要使用自己数据的政府部门申请进行授权确认；经个人或企业同意授权后，申请使用的单位才有权调用个人或企业在各部门的隐私数据。整个过程信息保存在链上，保证数据的整个申请使用过程可管、可控和不可抵赖，提升开放数据资源保护能力，增强数据安全预警和溯源能力，为数据使用过程中的权责划分保驾护航。

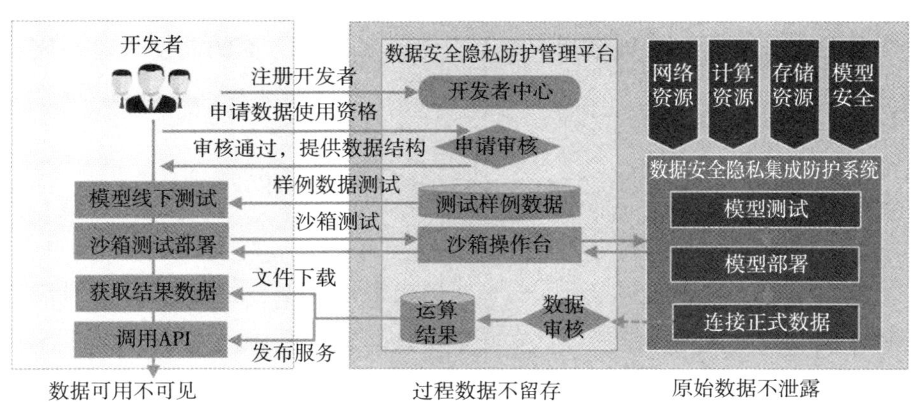

图 2　数据安全集成防护系统业务架构

资料来源：笔者自制。

二是依托国家及地方建设“互联网+监管”系统，加强个人隐私数据使用的监管。通过归集各地方部门监管政务数据、投诉举报数据、舆情信息等，利用关联、比对、机器学习等大数据分析方法，及早发现、识别个人隐私数据违法违规线索。通过建立互联网用户隐私泄露风险预警模型，开展风险分析研判，提升针对市场主体事中事后监管的智能化、精准化水平。强化对个人隐私数据全生命周期的过程监控、动态管理和风险预警，提高第三方数据使用的透明度，督促第三方依法依规诚信使用个人隐私数据。

（三）成立国家级数据安全研究中心，集中政产学研等优势力量加强数据安全及个人隐私保护

目前，虽然我国有些地方已经成立大数据安全研究所。这些研究所由地方政府牵头成立或者是企业自行成立，但都是地方性组织，在组织协调、人才队伍、资金支撑方面存在一定缺陷。因此，建议由中央网信办牵头组织协调，联合地方政府、有关企业、高校、研究所等，从国家层面成立国家级数据安全及个人隐私保护研究中心，明确各主体分工及职责，集中政产学研等方面专业的优势力量，加强我国数据安全及个人隐私保护方面的制度、标准规范研究和技术攻关。在财政支持方面，建议国家批复专项资金支持研究中心加强数据安全及个人隐私保护方面的制度规范研究和技术攻关。

四　价值意义

实践证明，数据安全与个人隐私保护成为各地推进公共信息资源开放工作时面临的巨大挑战，统筹好数据安全与数据开放的关系成为迫切需要解决的问题，形势紧迫。为落实党中央、国务院关于推进公共信息资源开放的决策部署，更好地推动政府公共数据开放工作的开展，破解公共信息资源开放中的开放与安全的关系这一难点，通过研究开放数据安全隐私集成防护系统，以保护国家安全、商业秘密和个人合法权益为底线，在数据开放利用和

数据安全之间积极寻找平衡点，在数据安全及个人隐私得到有效保护的前提下拓展公共数据开放深度，引导社会主体对公共数据的创新应用和价值挖掘，共同推进形成以数据要素为纽带的数字经济与实体经济深度融合创新生态体系，从而推动数字产业发展。

Abstract

Open public data has become an important component of promoting digital development and building a digital government, a digital economy and a digital society in China. Since 2017, the Lab for Digital and Mobile Governance (DMG) at Fudan University developed and released the "China Open Data Index" and the "China Local Government Open Data Report", which is the first and most recognized third-party assessments on the open data maturity of local government in China. The "Open Data Forest" symbolizes the ecosystem for the opening and utilization of government data in China. Since 2017, the "China Open Data Index" has been regularly released to assess and foster the development of China's open data ecosystem, providing data support for the Information Development Bureau of Cyberspace Administration of China (CAC) to track and monitor the openness of China's public information resources, to boost the construction and development of Chinese open government data ecosystem.

Starting from 2022, the "China Open Data Index" and its related research reports and papers will be published in the form of a blue paper, carrying out current situation assessment, experience sharings and frontier discussions around Chinese open public data. This paper is based on the basic concepts and principles of open data, the experiences of the international open data assessment framework and the policy requirements and local practices of China government open data, in order to build a systematic, scientific and practical local government open data assessment framework, including four key dimensions: Readiness, Platform, Data and Use, with multiple sub-indicators under each dimension. Based on this index system, the paper focuses on the hot issue of open public data, and has completed a series of publications such as provincial reports, city reports, sub-dimension reports, regional reports and industry reports to reflect the current overall situation of open government data in China.

The general report finds that the number of local platforms has increased year by year, showing a trend of continuous expansion from southeast to the central and western regions of China. The open government data platform has increasingly become the standard for local digital government construction and public data governance, but it also presents an uneven status quo. The report puts forward a series of suggestions from the aspects of institutional supply and organization support, platform improvement and sustainable operation, data quantity enhancement and quality assurance, data use and ecology cultivation. In addition, the sub-dimension reports further analyze the specific performance of local governments in each indicator dimension, and shows benchmark cases.

The regional report finds that there is currently a lack of laws and policies to promote regional government data openness and collaboration, regional interconnection and collaboration of open data platforms have not yet been achieved, the consistency of data standards needs to be improved, cross-regional data integration and utilization are weak, and the overall level of development in the region varies greatly. The report suggests that the region should formulate and improve policies and regulations, strengthen the exchange of experience in the region, and improve the breadth and depth of open data in the entire region.

The transportation industry report shows that local regulations and policies are relatively backward, and there are significant regional gaps in the total quantity and capacity of open datasets, and there are problems such as data fragmentation, low capacity, untimely updates, and inconsistent standards. The types of use promotion activities in the field of transportation are still relatively simple, and the number of effective data applications is low. Finally, the report makes recommendations from the aspects of formulating regulations and policies, expanding the scope of open data, and encouraging data use.

The practice sharing section focuses on the practical experience of Zhejiang Province, Shandong Province, Qingdao City, and Wenzhou City. The hotspots and frontiers section discusses topics related to the open public data for innovation and exploration in theory and practice.

Keywords: Open Government Data; Data Use; Data Security; Data Authorized Operation

Contents

Ⅰ General Reports

B.1 China Open Public Data Provincial Report (2022)

Zheng Lei, Liu Xinping, Zhang Xinlu and Lü Wenzeng / 001

Abstract: This report describes the assessment framework, data collection and analysis methods, and indicator calculation method of China Open Public Data Provincial Index. The report evaluates 27 provinces in the country except Hong Kong, Macao, Taiwan and municipalities directly under the Central Government, and gives suggestions for future development. The report shows that up to October 2021, 193 provincial and city governments in China have open data platforms in service, including 20 provincial platforms (including provinces and autonomous regions, excluding municipalities and Hong Kong, Macao and Taiwan). The number of provincial platforms has increased year by year, showing a trend of continuous expansion from southeast to the central and western regions. Zhejiang and Shandong provinces performed best overall. In the four key dimensions, Zhejiang Province ranks first in Readiness, Platform and Data dimension, and Shandong Province ranks first in Use dimension. The report uses a four-year cumulative score of "ODympic" to reflect a place's continuous level of open data in the past four years (2018－2021), and finds that Zhejiang Province has the highest score, followed by Shandong Province, Guizhou Province. and Guangdong Province. The report further shows the provincial benchmarks in four key dimensions: Readiness, Platform, Data and Use, and put forward a series of suggestions from the aspects of institutional supply and organization support, platform improvement and sustainable operation, data quantity enhancement and quality assurance, data use and ecology cultivation.

Keywords: Open Public Data; Province; Open Data Index

B.2 China Open Public Data City Report (2022)

Liu Xinping, Zheng Lei, Lü Wenzeng and Zhang Xinlu / 035

Abstract: This report describes the assessment framework, data collection and analysis methods, and indicator calculation method of China Open Public Data City Index, evaluating 173 cities across the country that have launched open government data platforms, and give suggestions for future development. The report shows that Shanghai and Qingdao have the best overall performance. In the four key dimensions, Shanghai ranks first in Readiness, Platform and Use, and Yantai ranks first in Data. The report uses a four-year cumulative score of "ODympic" to reflect a place's continuous level of open data in the past four years (2018 – 2021), and finds that Shanghai has the highest score, followed by Guiyang, Qingdao, Shenzhen and Jinan. The report further shows the city benchmarks in four key dimensions: Readiness, Platform, Data and Use, and put forward a series of suggestions from the aspects of institution supply and organization support, platform improvement and sustainable operation, data quantity enhancement and quality assurance, data use and ecology cultivation.

Keywords: Open Public Data; City; Open Data Index

Ⅱ Dimensions Reports

B.3 Readiness Analysis of Open Public Data

Hua Rui, Liu Xinping / 061

Abstract: Readiness is the foundation of open government data. The indicator system of readiness in China Open Public Data assessment includes three first-level indicators-Laws, Regulations and Policies, Standards and Guidelines, and Organization and Leadership. Based on this indicator system, this report evaluates the current situation and level of local open government data readiness. The report uses descriptive statistics and text analysis methods to analyze relevant laws and regulations, policies, standards and norms, annual plans and programs, and news reports, based on which, benchmark cases from various places are recommended. In general, most local governments have a good foundation in organization guarantee, and more and more places have included open data as a normal task. Some localities have issued local government regulations and local standards specifically for open data. However, the national regulations and policies are not comprehensive enough in content, and the standards and norms are generally lacking.

Keywords: Laws, Regulations and Policies; Standards and Guidelines; Open Pubcic Data; Open Government Data

B.4 Platform Analysis of Open Public Data

Zhang Hong / 076

Abstract: The construction and operation of the open data platform is an important part of OGD (open government data). This report gives an overall analysis of the Platform dimension of the China Open Data Index, including first-level indicators such as Platforms Relationship, Data Navigation and Preview, Data Accessibility, Submission and Display of Data Applications, Interaction and Feedback, and User-friendliness. Specifically, the assessment framework for provinces pays more attention to trans-regional collaboration, while city assessment framework emphasizes daily operation and maintenance. According to this framework, this report evaluates each local government open data platform through the observation method and introduces excellent cases of each indicator for reference. Overall, many local government open data platforms have made significant progress in function construction, of which some have also explored new functions to meet diverse needs, while the level of operation and maintenance has gradually become the main source of the gap between platforms.

Keywords: Open Government Data; Open Data Platform; Function Construction; Operation and Maintenance

B.5 Data Analysis of Open Public Data

Lü Wenzeng / 102

Abstract: The quantity and quality of data is an important part of opening government's data. This paper firstly analyzes the index system of the data layer in the evaluation of open data forestry, including four first-level indicators: data quantity, data quality, data specification and open scope. Among them, the provincial evaluation index system focuses on reflecting the empowerment effect of the provincial government on the data opening work of the cities under its jurisdiction, while the urban evaluation index system pays more attention to the data itself. Based on this indicator system, the report evaluates the data on the local government data open platforms and introduces various indicators through the automatic capture and processing of open data on local government data open platforms by machines, combined with manual observation and collection of relevant information. The overall national situation and outstanding cases of the country are provided for reference in each part. The report found that the overall openness of the data layer across the country is insufficient, especially when more high-capacity datasets are opened, and the capacity of a single dataset needs to be improved. It is still necessary to improve data quality, maintain a stable update frequency, ensure the standardization of open data, and expand the scope of openness.

Keywords: Open Government Data; Data Quantity; Data Quality; Data Specification; Open Scope

B.6 Use Analysis of Open Public Data

Hou Chengcheng / 128

Abstract: Data utilization is the terminal link of Open Government Data. This report gives an overall analysis of the Data utilization of the China Open Data Index, including first-level indicators such as Use Promotion, Diversity of Data Applications, Quantity of Data Applications, and Quality of Data Applications. Among them, the provincial evaluation pays more attention to the provincial empowerment of cities, while the urban evaluation index system pays more attention to the results. According to this indicator system, this report obtains research data through Internet retrieval, open data platform collection, observer experience and so on. It assesses the state of use in each place and recommends great cases for each indicator. On the whole, most places have carried out various types of utilization promotion activities, and significant progress has been made in the quantity of data applications, but the diversity of utilization and quality of data applications still need to be further improved.

Keywords: Open Data; Quantity of Data Applications; Quality of Data Applications; Government Data

Ⅲ Regional and Industrial Reports

B.7 Yangtze River Delta Government Open Data Integration Report

Liu Xinping, *Lü Wenzeng* / 150

Abstract: This report studies and analyzes the status and level of open government data and integration in the Yangtze River Delta from the four key dimensions-Readiness, Platform, Data and Use. On the whole, the level of government data opening in the Yangtze River Delta is uneven. Zhejiang, Shanghai and other places have taken the lead in the country, but there are still some places in the region that have not yet carried out data opening work. The study found that the Yangtze River Delta currently lacks the support of laws and policies to promote regional government data openness and collaboration; platforms in the Yangtze River Delta have reached a high level in terms of functional settings, and the differences between them are small, but collaboration has not yet been realized. Besides, the overlap of dataset topics, the matching degree of dataset contents and the consistency of original data standards need to be improved. The Yangtze River Delta region has not yet held any cross-provincial open data innovation and utilization activities, and lacks cross-provincial data applications, failing to effectively promote the cross-regional integration and utilization of open data. The report recommends that all parts of the Yangtze River Delta continue to explore frontiers, break through difficulties, strengthen the exchange of experience within the region, and enhance the breadth and depth of data opening in the entire Yangtze River Delta region.

Keywords: Open Government Data; Use of Data; Yangtze River Delta Integration

B.8 Guangdong–Hong Kong–Macao Greater Bay Area Open Government Data Report

Zheng Lei, *Zhang Xinlu* / 172

Abstract: This report studies and analyzes the status and level of open government data and integration in the Guangdong–Hong Kong–Macao Greater Bay Area from the four key dimensions–Readiness, Platform, Data and Use. At present, two special administrative regions and nine cities in the Guangdong–Hong Kong–Macao Greater Bay Area have launched government data open platforms. On the whole, Shenzhen and Hong Kong have the highest comprehensive level of open data, followed by Guangzhou and Dongguan, followed by Jiangmen, Macau and Zhongshan. In terms of single dimension, Hong Kong performed the best in terms of Readiness and Use, and Shenzhen was in the leading position in Platform and Use. This report also presents benchmark cases of open government data in the Guangdong-Hong Kong-Macao Greater Bay Area in various dimensions. The report recommends formulating and improving policies, regulations and documents to promote and standardize the open of government data; strengthen the platform's supporting role in the use of open data, and focus on platform users' experience and sense of gain; open high-capacity, high-demand and high-quality datasets, and maintain continuous growth and dynamic update of open data; hold various guiding and empowering activities to create a good ecosystem in the Guangdong-Hong Kong-Macao Greater Bay Area that is conducive to the open and use of government data.

Keywords: Open Government Data; Use of Data; Guangdong-Hong Kong-Macau Greater Bay Area

B.9 Open Transportation Public Data Report

Lü Wenzeng, Zhang Xinlu and Zheng Lei / 203

Abstract: This report studies and evaluates the status and level of open public data in China's transportation field from three dimensions: Readiness, Data, and Use. On the whole, 11 provincial and 83 city open government data platforms in China have opened data in the field of transportation. The total number of datasets opened by the transportation sector is 8, 985, and the open data capacity has reached 278 million, which is the top of all fields. The provinces that have opened up a large amount of data in the field of transportation nationwide are mainly concentrated in the eastern region and some parts of the western region. In terms of readiness, seven cities including Beijing and Taizhou have formulated regulations and policies specifically for open data in the field of transportation. In terms of data quantity and quality, there are significant regional disparities in the total amount and capacity of open datasets in various regions. The open transportation data is still dominated by static data, and there are also problems such as fragmentation, low capacity, untimely update and inconsistent standards, etc. In terms of use, the use of open data in the field of transportation is still in its infancy, the types of use promotion activities are still relatively simple, and the number of effective data applications is small. This report also draws on the cases of foreign open transportation data in the United States, Paris, London and other countries. The report recommends that localities improve laws and regulations on open data in the field of transportation; continue to open more and higher-quality datasets in the field of transportation to expand the scope of data openness; encourage and guide the use of open data in the field of high-traffic transportation, and build value co-creation ecology.

Keywords: Open Public Data; Use of Data; Transportation

Ⅳ Local Experiences Reports

B.10 Practices and Thoughts of Innovative Open Data Application in Zhejiang Province

Jin Jiahe, Yang Yu and Wang Qinyi / 244

Abstract: Zhejiang Province follows the wave of digital development, comprehensively implements digital reform, accelerates the opening of public data, and explores a road of data opening and innovative with "Zhejiang characteristics": Coordinate the construction of an integrated intelligent public data platform, and consolidate the data base for digital reform and application; Plan and formulate a system for data security and data openness, so that data openness has a legal basis; Develop and build a open data domain system to make open data safe and orderly; Continue to organize open data innovation application competitions to make open data "a hundred flowers contend"; Promote the generation of a number of open data applications, to make data elements stimulate the vitality of market innovation.

Keywords: Zhejiang Province; Open Public Data; Innovation Public Data Application

B.11 Practice and Enlightenment of Open Public Data in Shandong Province

Zhao Yixin, Zheng Hui, Zheng Hui and Yang Feng / 253

Abstract: Based on the principle of "opening as much as possible", Shandong Province comprehensively deepens data opening, expands the scope of open data, improves the quality of open data, and promotes the province's public data opening level to be at the forefront of China. In the evaluation of the "China Open Data Index" of local governments in the second half of 2021, Shandong Province ranked second in the country in terms of the effectiveness of open public data, becoming a benchmark province. Meanwhile, Qingdao, Yantai, Jinan, Linyi, Rizhao, Weifang are among the top ten cities in the country. The open public data work in Shandong Province focuses on four aspects: First, improving the open public data system and improving the standardization level of data opening; Second, building a provincial and municipal integrated open public data platform to consolidate basic support; Third, promoting high-quality public data openness, improve the efficiency of data services; Fourth, explore new models of public data integration and application, and stimulate the potential value of "data elements".

Keywords: Shandong Province; Open Public Data; Data Application; Data Elements

B.12 Experience and Enlightenment on Deepening the Use of Open Public Data in Qingdao

Qingdao Big Data Bureau / 259

Abstract: Qingdao's public data openness level leads the country. The 2021 report shows that Qingdao ranks second among 173 cities in the country, only behind Shanghai. As one of the first cities to launch open government data platform, Qingdao continues to promote the openness, development and use of public data, and its cumulative score of "ODympic" (four-year cumulative score) also ranks second in China. Qingdao's high-level of public data opening mainly benefits from the "six–A": forming a data management team, formulating a set of institutional systems, building a set of open data catalogues, building a set of supporting platforms, implementing a series of innovative actions, and build a safe bottom line. Qingdao's excellent development experience can provide good inspiration and reference for other regions.

Keywords: Qingdao; Open Public Data, Six–A

B.13 Open Public Data Innovative Application Cases in Wenzhou City

Ye Xixi, Chen Xijia and Ye Qilei / 265

Abstract: Wenzhou City is a pilot city for open data in Zhejiang Province. In recent years, open data has achieved remarkable results. In the "2020 China Open Data Index" and "2020 China Local Government Open Data Report", Wenzhou ranks second in the ranking of 113 prefecture-level (including sub-provincial) cities, while Zhejiang Province ranks first in 2020 and 2021. In 2020 and 2021, Wenzhou won the first place in the Zhejiang Open Data Innovation Application Competition for two consecutive years, and Wenzhou released China's first "Personal Data Assets Cloud Certificate" in 2021. Wenzhou City focuses on serving the real economy and people's livelihood, continues to increase the opening of public data, and encourages enterprises and individuals to carry out application innovation and exploration based on public data. By holding high-quality city-level competitions, carrying out creative guidance, responding to open data needs, and helping project incubation and implementation, a group of outstanding works with strong sense of public gain and significant social and economic benefits have been continuously discovered and implemented.

Keywords: Wenzhou; Open Data; Application Innovation

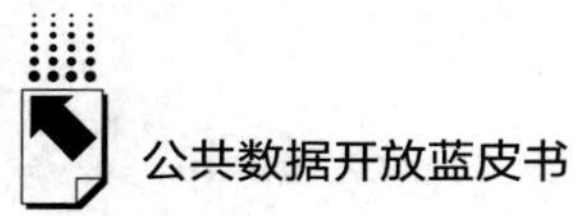

Ⅴ Hotspots Reports

B.14 Trends of Data Compliance and Privacy Technology from the Perspective of Open Public Data

Hui Zhibin, *Zhou Xuejing* / 277

Abstract: In the era of data economy, data resources realize flow, integration and value activation in more dimensions and wider fields. Among them, public data, as an important data resource with high value density, has become an important asset that cannot be ignored in the wave of data opening. From the perspective of open, the paper takes global data security risks and challenges, data compliance path and enterprises' efforts in privacy protection as the main research scope, and carries out quantitative and qualitative research on the data compliance and privacy technology development environment. Systematically summarize the main security risks such as data leakage, improper use and illegal access, so as to provide threat insight for open public data; Combine and analyze the domestic and international legal and regulatory systems, propose important initiatives and focus areas for data compliance regulation, and providing legitimacy suggestions and compliance ideas for data security construction; Innovatively put forward the concept of privacy technology. Combined with the construction practice of enterprises in the field of privacy protection, this paper puts forward that privacy technology, as a series of technical solutions embedded in architecture and business scenarios, can effectively support the daily operation process of privacy protection and compliance, and will quickly obtain large-scale application in the industry. Through the above research, the paper tries to solve the data security challenges under the opening, and provides decision-making reference for further promoting open public data.

Keywords: Open Data; Data Compliance; Privacy Technology; Security Risk

B. 15 The Current Situation and Optimization Strategies of China's Provincial Open Government Data Use Policies

Fang Haixu, Fu Xiwen / 296

Abstract: In order to explore the development status and optimization strategies of China's provincial open government open use policy system, based on the two dimensions of the external structure and internal characteristics of the policy, this paper systematically combs and analyzes the policy time, policy subject, policy form, policy objective and policy tool of China's local open government data use policy, so as to provide optimization suggestions for China's local open government data work. It is found that there are some problems in China's provincial open data use policies, such as low coordination ability of policy subjects, inefficient policies, unreasonable setting of policy goals, and ill-structured use of tools. It is suggested that local governments should focus on optimizing the external structure of policies, paying attention to the coordination and matching of policy objectives, optimizing the structure of policy tools, strengthening the use of demand-based policy tools, improving the effectiveness of policy implementation, and promoting the high-quality development of China's data openness and use work.

Keywords: Data Use; Open Government Data; Policy Analysis; Local Government.

B. 16 Practical Thinking on Public Data Security and Data Circulation

Liu Jie, Tang Yi / 311

Abstract: Digital technology with data as the core has gradually become a new driving force for economic development. To allow data elements to participate in economic activities and play a role, it is necessary to promote the safe and orderly open circulation of data elements. Data security is the premise and foundation of data circulation. Doing a good job in data security protection is crucial to boosting user confidence, promoting data circulation, and promoting the development of the digital economy. Privacy computing technology can effectively realize the circulation of data usage rights while ensuring that data ownership remains unchanged, and can be applied to the security protection of data hegemony and data sovereignty.

Keywords: Data Security; Open Data; Privacy Computing

B.17 Analysis of Security and Privacy Protection Technology Based on Open Public Data

Wang Xiaobin, *Li Zhihua* / 321

Abstract: In the era of digital economy, big data resources have become the core elements of driving economic transformation and development, serving people's livelihood construction, and innovating social governance models. Continuing to explore the development and use of public data is an accelerator to promote the integrated development of the digital economy and the real economy. Although China has made certain achievements in data security and personal privacy protection, in the process of promoting the sharing and opening of data resources, due to the characteristics of data reproducibility and easy tampering, there are still many challenges and contradictions in data security. For example, some units are afraid to open or unwilling to open some datasets with high sensitivity and high security level, the quality and value of open data are not high, and the public use is not high. This paper focuses on the security of open public open, and puts forward specific rationalization suggestions and measures from three aspects: data security system, data security technology protection system, and data security organization guarantee system, aiming to coordinate the relationship between data security and open data, to better promote the development of China's open public data, and maximize the value of data.

Keywords: Open Data; Data Security; Privacy Protection

权威报告·连续出版·独家资源

皮书数据库

ANNUAL REPORT(YEARBOOK) DATABASE

分析解读当下中国发展变迁的高端智库平台

所获荣誉

- 2020年，入选全国新闻出版深度融合发展创新案例
- 2019年，入选国家新闻出版署数字出版精品遴选推荐计划
- 2016年，入选“十三五”国家重点电子出版物出版规划骨干工程
- 2013年，荣获“中国出版政府奖·网络出版物奖”提名奖
- 连续多年荣获中国数字出版博览会“数字出版·优秀品牌”奖

皮书数据库

“社科数托邦”微信公众号

成为会员

登录网址www.pishu.com.cn访问皮书数据库网站或下载皮书数据库APP，通过手机号码验证或邮箱验证即可成为皮书数据库会员。

会员福利

- 已注册用户购书后可免费获赠100元皮书数据库充值卡。刮开充值卡涂层获取充值密码，登录并进入“会员中心”—“在线充值”—“充值卡充值”，充值成功即可购买和查看数据库内容。
- 会员福利最终解释权归社会科学文献出版社所有。

数据库服务热线：400-008-6695
数据库服务QQ：2475522410
数据库服务邮箱：database@ssap.cn
图书销售热线：010-59367070/7028
图书服务QQ：1265056568
图书服务邮箱：duzhe@ssap.cn

中国社会发展数据库（下设 12 个专题子库）

紧扣人口、政治、外交、法律、教育、医疗卫生、资源环境等 12 个社会发展领域的前沿和热点，全面整合专业著作、智库报告、学术资讯、调研数据等类型资源，帮助用户追踪中国社会发展动态、研究社会发展战略与政策、了解社会热点问题、分析社会发展趋势。

中国经济发展数据库（下设 12 专题子库）

内容涵盖宏观经济、产业经济、工业经济、农业经济、财政金融、房地产经济、城市经济、商业贸易等12个重点经济领域，为把握经济运行态势、洞察经济发展规律、研判经济发展趋势、进行经济调控决策提供参考和依据。

中国行业发展数据库（下设 17 个专题子库）

以中国国民经济行业分类为依据，覆盖金融业、旅游业、交通运输业、能源矿产业、制造业等 100 多个行业，跟踪分析国民经济相关行业市场运行状况和政策导向，汇集行业发展前沿资讯，为投资、从业及各种经济决策提供理论支撑和实践指导。

中国区域发展数据库（下设 4 个专题子库）

对中国特定区域内的经济、社会、文化等领域现状与发展情况进行深度分析和预测，涉及省级行政区、城市群、城市、农村等不同维度，研究层级至县及县以下行政区，为学者研究地方经济社会宏观态势、经验模式、发展案例提供支撑，为地方政府决策提供参考。

中国文化传媒数据库（下设 18 个专题子库）

内容覆盖文化产业、新闻传播、电影娱乐、文学艺术、群众文化、图书情报等 18 个重点研究领域，聚焦文化传媒领域发展前沿、热点话题、行业实践，服务用户的教学科研、文化投资、企业规划等需要。

世界经济与国际关系数据库（下设 6 个专题子库）

整合世界经济、国际政治、世界文化与科技、全球性问题、国际组织与国际法、区域研究 6 大领域研究成果，对世界经济形势、国际形势进行连续性深度分析，对年度热点问题进行专题解读，为研判全球发展趋势提供事实和数据支持。

法律声明

“皮书系列”（含蓝皮书、绿皮书、黄皮书）之品牌由社会科学文献出版社最早使用并持续至今，现已被中国图书行业所熟知。“皮书系列”的相关商标已在国家商标管理部门商标局注册，包括但不限于LOGO（ ）、皮书、Pishu、经济蓝皮书、社会蓝皮书等。“皮书系列”图书的注册商标专用权及封面设计、版式设计的著作权均为社会科学文献出版社所有。未经社会科学文献出版社书面授权许可，任何使用与“皮书系列”图书注册商标、封面设计、版式设计相同或者近似的文字、图形或其组合的行为均系侵权行为。

经作者授权，本书的专有出版权及信息网络传播权等为社会科学文献出版社享有。未经社会科学文献出版社书面授权许可，任何就本书内容的复制、发行或以数字形式进行网络传播的行为均系侵权行为。

社会科学文献出版社将通过法律途径追究上述侵权行为的法律责任，维护自身合法权益。

欢迎社会各界人士对侵犯社会科学文献出版社上述权利的侵权行为进行举报。电话：010-59367121，电子邮箱：fawubu@ssap.cn。

社会科学文献出版社